城市共享停车吸引力研究

郭建伟 孙坤佳 著

燕山大学出版社
·秦皇岛·

图书在版编目(CIP)数据

城市共享停车吸引力研究 / 郭建伟，孙坤佳著.
秦皇岛：燕山大学出版社, 2025. 4. -- ISBN 978-7
-5761-0825-5

Ⅰ. U491.8

中国国家版本馆 CIP 数据核字第 20254EE268 号

城市共享停车吸引力研究
CHENGSHI GONGXIANG TINGCHE XIYINLI YANJIU

郭建伟 孙坤佳 著

出 版 人：陈 玉	
责任编辑：孙志强	策划编辑：孙志强
责任印制：吴 波	封面设计：刘馨泽
出版发行：燕山大学出版社	电 话：0335-8387555
地 址：河北省秦皇岛市河北大街西段 438 号	邮政编码：066004
印 刷：涿州市殷润文化传播有限公司	经 销：全国新华书店
开 本：710 mm×1000 mm 1/16	印 张：16.5
版 次：2025 年 4 月第 1 版	印 次：2025 年 4 月第 1 次印刷
书 号：ISBN 978-7-5761-0825-5	字 数：251 千字
定 价：82.50 元	

版权所有 侵权必究

如发生印刷、装订质量问题，读者可与出版社联系调换
联系电话：0335-8387718

前言

随着我国城镇化步伐的加快及机动化出行需求的快速增加,城市停车成为城市管理的重要问题。由城市停车难带来的各种社会问题日益突出,成为影响城市高质量发展的关键因素之一。共享停车是有效解决当前城市停车供需矛盾、停车资源利用率不高问题的重要途径。

城市共享停车随着城市的发展而发展,经历了不同的发展阶段,在一定程度上缓解了城市停车难问题。当前,随着数字平台技术的发展,数字平台式共享停车(Digital Platform Shared Parking,DPSP)已经成为共享停车在数字经济时代一种新的发展模式。DPSP 以平台为主要载体,以数据为关键要素,以停车资源利用最大化为目标,将有效促进共享停车的新发展。然而,在当前共享停车实际运营中存在的推荐车位数量不足、位置不准确、计时计费不精确、停车需求反馈滞后、电动汽车用电需求难以满足等问题,是影响其目标实现的重要因素。

本书从 DPSP 发展实际需求出发,立足于现代城市交通管理特性,将数据采集与融合、数据处理、数据通信与应用作为研究重点,综合运用系统分析、机器学习和数据挖掘等方法,对 DPSP 关键技术进行深入研究,解决城市共享停车中存在的技术问题。综合运用组织学、管理学等现代科学,建立多边协同的管理机制,解决共享停车中存在的管理问题,有效提升共享停车的吸引力,解决城市停车难、停车资源利用率不高的问题。

根据研究需求,本书结构共分为三个部分:第一部分导论,介绍研究背景、价值意义,并对共享停车的发展历程及数字共享停车的概念与特征进行分析;第二部分城市共享停车关键技术研究,立足数字管理视角,对共享停车数据采集、处理、通信与应用等关键技术开展研究;第三部分城市共享停车管理体系研究,分析共享停车管理的主要影响因素,构建多边协同管理框架和共享停车吸引力模型,并进行验证。主要研究内容及创新性工作如下:

(1)数字共享停车基础理论与系统设计。通过梳理国内外相关研究成果,阐明数字共享停车概念,并对其属性特征、功能定位进行研究与界定,设计完整的数字共享停车服务流程,构建一套数字共享停车系统框架,并对影响数字共享停车的关键问题进行了分析。

(2)考虑可靠性需求的共享停车数据采集与融合优化研究。数据采集与融合是以数据为核心的 DPSP 运行的首要问题。针对数字共享停车管理智能化与可靠性要求,开展多源交通信息采集与融合优化研究,设计基于轻量化卷积(CNN)的 SSD-MobileNet-v1 目标检测算法和基于 LPR-Net 网络设计的多源交通目标识别方案,构建基于遗传算法和粒子群算法的多源交通信息组合优化模型与多源交通信息融合优化模型,研究结果有效提高了数据采集与融合的效率和可靠性。

(3)考虑精确度需求的共享停车数据处理优化研究。针对共享停车运营中存在的供需匹配准确率较低、计时计费不精确等问题,研究构建冗余数据消除、虚假数据过滤和滤波降噪处理模型,建立了基于可变长度数据聚合算法(Changeable LengthData Aggregation Algorithm, CLDAA)、均值滤波算法、动态密钥筛选方案(Dynamic-Key Filtering Scheme,DKFS)的数据处理优化系统,该系统可以有效消除冗余数据,并过滤虚假数据,能够有效提升数据传输效率与精度。

(4)考虑及时性需求的共享停车实时匹配技术研究。针对共享停车需求反馈滞后和信息匹配不对称导致的停车寻位响应延迟等问题,研究提出将5G技术应用到DPSP车辆定位、停车预约和分配中,设计基于5G和GPS/BDS双模式下的静态预约与实时动态匹配相结合的车位匹配方案,构建基于5G技术的隐马尔可夫车辆定位模型、停车利用率及车位分配预测模型、基于交替方向乘子法(Alternating Direction Method of Multipliers,ADMM)的停车位匹配模型和基于灰色支持向量机(GM-SVR)的停车位预约模型,有效解决了车辆定位偏移、车位匹配不准确、需求响应延迟等问题,提升了停车寻位的精准度、实时性和停车资源利用率。

(5)考虑能耗效应的共享停车用电系统优化设计。共享停车的根本目标是降低停车成本,提高停车资源利用率。针对电动汽车发展可能引发的电力集成与能耗问题,开展共享停车用电系统优化研究。基于DPSP的智能化和数字化,构建以充放电为基础,集成电力存储、能源转换功能的能源互补系统,设计基于鲁棒优化(ROA)的风险约束方法和智能电动汽车停车场(Intelligent Electric Vehicle Parking Lot,IPL)调度优化方案,有效降低了电力负荷和系统运行成本。

(6)城市共享停车多边协同机制研究。研究通过建立基于科层制组织模式的共享停车安全管理和社会效益补偿机制,有效解决平台运营方、车位提供方与停车场管理方基于不同利益与责任视角对于安全管理权责和处理方式存在的差异与冲突问题;通过制定基于市场制的共享停车定价策略,平衡泊位需求方与泊位收益方之间的利益关系;通过制定基于平台机制的共享停车收益分配策略,调整泊位收益方不同主体之间的利益博弈关系。从而找到不同参与主体之间的最佳利益结合点,建立协同发展体系,激发共享停车各参与主体的参与积极性。

(7)城市共享停车吸引力模型设计。通过对共享停车形成机理分析,在共享停车决策影响因素研究的基础上构建共享停车吸引力模型。提出了城市共享停车吸引力假设，建立了吸引力评价指标体系。对吸引力模型性能分析的结果表明，研究所提出的城市共享停车吸引力模型能够实现对城市停车需求方和车位提供方、停车管理方等各方的吸引，且具有较高的信度和效度，对城市共享停车发展具有重要意义。

目录

第一部分 导论

第1章 绪论 … 1
1.1 研究背景与意义 … 1
1.1.1 研究背景 … 1
1.1.2 研究目的与意义 … 7
1.2 数字共享停车国内外研究现状 … 9
1.2.1 研究现状 … 9
1.2.2 研究述评 … 18
1.3 研究内容与框架 … 20
1.4 本章小结 … 22

第2章 数字共享停车概念、特征与系统设计 … 23
2.1 数字共享停车概念、特征与定位 … 23
2.1.1 数字共享停车的概念 … 23
2.1.2 数字共享停车特征分析 … 25
2.1.3 数字共享停车的系统定位 … 28
2.2 数字共享停车系统技术架构设计 … 30
2.2.1 数字共享停车服务流程分析 … 30
2.2.2 数字共享停车系统设计 … 35
2.3 本章小结 … 43

第3章 城市共享停车影响因素分析 ·································· 44
3.1 数字共享停车构成要素及其特性分析 ·························· 44
3.1.1 数字共享停车构成要素 ································· 44
3.1.2 数字共享停车构成要素特性分析 ·························· 46
3.2 数字共享停车参与体决策选择影响因素分析 ···················· 50
3.2.1 数字共享停车参与体选择影响因素调查 ···················· 50
3.2.2 共享停车参与体决策影响因素分析 ························ 62
3.3 本章小结 ·· 69

第二部分 城市共享停车关键技术研究

第4章 考虑可靠性需求的共享停车数据采集与融合优化研究 ·········· 73
4.1 问题描述 ·· 73
4.2 模型构建 ·· 75
4.2.1 模型整体框架 ·· 75
4.2.2 基于轻量化 CNN 的 SSD 多目标交通信息检测 ············· 77
4.2.3 基于 LPR-Net 网络设计的多源交通目标识别 ············· 80
4.2.4 基于遗传算法的多源交通信息采集组合优化模型 ············ 82
4.2.5 多源交通信息融合优化模型 ···························· 88
4.2.6 模型符号含义列表 ···································· 92
4.3 数值算例 ·· 93
4.3.1 算例设计 ·· 93
4.3.2 度量指标 ·· 95
4.3.3 参数确定 ·· 95
4.3.4 结果与分析 ·· 96
4.4 本章小结 ·· 105

第5章 考虑精确度需求的共享停车数据处理优化研究 ················ 107
5.1 问题描述 ·· 107

5.2 模型构建 ··· 109
5.2.1 模型整体框架 ··· 109
5.2.2 CLDAA 冗余数据消除 ·· 110
5.2.3 均值滤波算法降噪处理 ··· 113
5.2.4 DKFS 虚假数据过滤 ··· 115
5.2.5 模型符号含义列表 ··· 119
5.3 数值算例 ··· 120
5.3.1 算例设计 ··· 120
5.3.2 度量指标 ··· 122
5.3.3 参数确定 ··· 123
5.3.4 结果与分析 ··· 124
5.4 本章小结 ··· 130

第 6 章 考虑及时性需求的共享停车实时匹配技术研究 ······················· 132
6.1 问题描述 ··· 132
6.2 模型构建 ··· 134
6.2.1 模型整体框架 ··· 134
6.2.2 基于 5G 技术的隐马尔可夫车辆定位 ····································· 136
6.2.3 停车利用率及车位分配预测 ··· 138
6.2.4 基于 ADMM 的停车位匹配 ··· 141
6.2.5 基于 GM-SVR 算法的停车位预约 ······································· 144
6.2.6 模型符号含义列表 ··· 151
6.3 数值算例 ··· 151
6.3.1 度量指标 ··· 151
6.3.2 参数确定 ··· 154
6.3.3 结果与分析 ··· 154
6.4 本章小结 ··· 161

第7章 考虑能耗效应的共享停车用电系统优化设计 ·········· 163
7.1 问题描述 ·········· 163
7.2 模型构建 ·········· 165
7.2.1 符号定义 ·········· 166
7.2.2 目标函数 ·········· 167
7.2.3 系统配置模型 ·········· 168
7.2.4 系统控制应用模型 ·········· 172
7.3 数值算例 ·········· 175
7.3.1 参数确定 ·········· 175
7.3.2 基本算例 ·········· 176
7.4 本章小结 ·········· 188

第三部分　城市共享停车管理体系研究

第8章 城市共享停车多边协同机制研究 ·········· 191
8.1 分工组织理论 ·········· 191
8.2 基于科层制组织模式的共享停车安全管理机制 ·········· 193
8.2.1 数据安全管理 ·········· 194
8.2.2 安全管理联动机制 ·········· 196
8.3 共享停车社会效益补偿机制 ·········· 197
8.4 基于市场制的共享停车定价策略研究 ·········· 200
8.4.1 基于博弈论的共享停车定价策略 ·········· 201
8.4.2 共享停车动态定价方法 ·········· 207
8.5 基于平台制的共享停车收益分配策略研究 ·········· 209
8.6 以平台为核心的多边协同服务框架 ·········· 214
8.7 本章小结 ·········· 216

第9章 城市共享停车吸引力模型设计 ·········· 217
9.1 城市共享停车吸引力形成机理分析 ·········· 217

9.2 城市共享停车吸引力维度分析 ································· 218
9.3 城市共享停车吸引力模型构建及假设 ····················· 220
9.4 城市共享停车吸引力评价指标 ································· 222
9.5 城市共享停车吸引力模型性能分析 ························· 224
   9.5.1 模型信效度分析 ·· 224
   9.5.2 城市共享停车吸引力模型假设检验分析 ··············· 226
   9.5.3 城市共享停车吸引力模型测试分析 ······················ 228
9.6 本章小结 ·· 229

第10章 总结与展望 ··· 230
10.1 研究总结 ·· 230
10.2 创新点 ·· 233
10.3 研究展望 ·· 234

参考文献 ··· 236

第一部分 导论

第1章 绪 论

1.1 研究背景与意义

1.1.1 研究背景

城市停车供需矛盾加剧、停车资源利用率不高是现代城市交通管理工作的热点和难点。由城市停车供需矛盾导致的交通环境恶化、能源消耗增加、交通安全隐患提升、社会治安事件频发等已经成为世界机动化交通发展过程中的共性问题。研究数据显示,在城市交通流量中,8%~74%的车流由停车巡游引起;48%的车辆需要排队等候停车;城市交通拥堵问题的30%由停车难引起;因停车拥堵而引发的交通事故约占所有交通事故的25%,且以每年30%的速度递增,因停车问题导致机动车驾驶员人均出行成本每年增加达2 466.8元[1];全球停车寻位平均耗时约20 min,北京市更是高达31 min,约占全市小汽车日均出行时间的23%[2]!汽车保有量在停车供需矛盾不断加剧的形势下依然保持较高速度增长。中国公安部统计数据显示,截至2022年6月底,全国机动车保有量达到4.06亿辆;其中,汽车3.1亿辆,新能源汽车1 001万辆,81个城市汽车保有量突破100万辆[3],5年复合增长率约为7.06%。城市车位供给比严重失衡,配比普遍位于1∶0.3~1∶0.7之间,北京和上海仅有1∶0.14和1∶0.20。在汽车保有量快速增长,增量停车位建设投资成本不断提高、建设速度严重滞后的同时,存量车位却空置率惊人,平均空置率高达51.3%。

共享停车被认为是有效解决城市停车供需矛盾和城市停车资源利用率不足问题的重要手段,受到社会各界的重视,在政策、理论和技术的不断加持下,随着交通行为机动化的扩张而不断演变,先后经历了公共停车场式共享停车、错峰合作式共享停车、社交平台式共享停车等不同发展阶段。随着数字技术的快速发展与平台式产业的日渐成熟,数字平台式共享停车(Digital Platform Shared Parking，以下简称数字共享停车或 DPSP）也开始出现。在共享停车的不同发展阶段，共享停车理论机制被赋予不同的内涵和边界，对解决停车供需矛盾问题起到了积极的促进作用。同时，囿于时代发展限制，共享停车在不同发展阶段存在着不同问题（见表1-1），因而无法从根本上解决城市停车难问题。

表1-1 共享停车发展历程、特征与存在问题

发展历程	时间线	特征	存在问题
公共停车场式共享停车	1956年美国	政府通过加强顶层设计，科学规划停车基础设施供给，提升停车位利用效率	(1)解决不了存量中存在的矛盾问题；(2)更多的社会资源投入；(3)停车收费的市场化矛盾
错峰合作式共享停车	2004年中国杭州	社区间自发式的停车资源合作模式	受制于信息资源制约、时空制约，发展缓慢
社交平台式共享停车	2013年欧美	利用社交平台发布闲置泊位信息和泊位需求信息，实现供需衔接	受制于权属、标准、规范、技术制约，无法解决资源充分释放问题
数字共享停车	2021年中国	以城市为整体应用单元，以盘活全部停车存量资源为目标，以信息充分共享为基础，以数字技术为手段，以跨时空、无边界、去中心化和去中介化服务为特色	理论发展滞后，实践应用处于起始阶段，还没有形成系统的体系架构和实践范式

公共停车场式共享停车最早在美国开始兴起。1956年起，美国政府陆续出版了形成共享停车早期理论和实践模式的《停车指南》《停车公园中心》《分享式停车场》[4]，引领了公共停车场式共享停车在世界范围内的快速发展。该模式是在有限供给条件下，实现增量控制的科学化、效益化和效率化的重要手段，是新城区建设中的科学、合理选择。但其弊端也很明显，一是解决不了存量中存在的矛盾问题，例如在老城区建设公共停车场很难获得土地供应，投入成本也相对较高；非公有产权的闲置车位无法得到合理利用；等等。二是必须调动更多的社会资源作为共享停车管理的配套设施，才能实现共享停车效益的最大化，如城市引导设施增加、停车管理人员增加、非公共停车场停车违规处罚增加等。三是停车收费的市场化及其非自愿性导致停车管理与停车需求新的矛盾产生，如经常因

停车费纠纷产生社会治安事件等。

2004年,中国的杭州市部分地区开始尝试错时停车,开启停车资源错峰合作利用的共享停车新模式。2011年,北京、上海等一些地区开始推行小区车位合作共享。2015年,住房和城乡建设部发布的《关于加强城市停车设施管理的通知》和2016年中共中央、国务院发布的《关于进一步加强城市规划建设管理工作的若干意见》,鼓励通过车位共享等方式,逐步缓解停车难问题。私有权属下的停车资源共享从一种自发行为逐渐演变为政策鼓励行为。杭州、嘉兴等城市机关事业单位首先开启内部停车位对外开放共享。错峰合作式共享停车是一种自发式的停车资源合作模式。受制于信息资源制约、时空制约,私有权属下的错峰停车资源共享发展缓慢,没有形成市场化的、社会化的普遍自觉行动。出现了理论界、政府部门积极,社会响应消极的局面,导致错峰式共享停车在一定程度上仍然是一种区域性的局部自发行为,没有产生其应有的充分调动闲置停车资源共享积极性、盘活存量资源的预期效益。

2013年,Silvan Rath创建ParkTag,山姆·弗里德曼创建ParkMe停车软件公司,成为基于社交平台的共享停车的引领者。随后,中国的安居宝、得立云、丁丁停车等一大批公司投入大中城市云停车业务。基于互联网、移动互联网的社交平台式共享停车在世界各国迅速发展,开始形成产业和政策良性互动的局面。该模式是利用社交平台发布闲置泊位信息和泊位需求信息,实现供需衔接,从而实现停车资源共享的方式。虽然在其初始时期,因为其理念的先进性,被社会寄予较高预期,但是因为无法解决资源充分释放问题,事实上处于有限发展阶段。

随着人工智能、云计算、大数据、物联网、区块链等数字技术的快速发展,数字技术、平台模式、共享停车的融合条件日益成熟。共享停车的数字化、智能化步伐开始不断加快,世界各国不断加快共享停车数字化的顶层设计,数字共享停车开始兴起。2021年4月,武汉城投停车场公司宣布与华中科技大学联合研发数字停车管理平台,实现省内停车信息互联互通共享。2021年5月7日,国务院办公厅印发《关于推动城市停车设施发展的意见》,明确要求,到2035年,布局合理、供给充足、智能高效、便捷可及的城市停车系统全面建成,为现代城市发展提供有力支撑。以城市为基础的规模化、数字平台式的共享停车率先在政策领域开始突破。数字停车管理平台建设快速发展。2022年5月,南京市宣布停车管理市级主平台和各区子平台已经基本构建完成,初步形成了南京市停车资源的"一网统管"。成都、青岛、郑州等城市也开始积极推进停车管理数字平台建设。

与其他三种共享停车模式相比,数字共享停车产业化程度更深,智能化程度更高,安全性能更强,应用范围更广,更加注重用户需求和体验满意度。该模式以城市为整体应用单元,以盘活全部现有停车存量资源为目标,以信息充分共享为基础,以数字技术为手段,以跨时空、无边界、去中心化和去中介化服务为特色,将有效解决公共停车场式共享停车的投资成本增加问题、错峰合作式共享停车的资源信息扩展问题以及社交平台式共享停车的安全信任问题。该模式被认为是数字经济时代有效提高停车资源利用率、降低停车损耗、缓解停车供需矛盾的重要手段,具有广阔的发展前景,引起理论界、产业界的高度关注。

但是,与政策加速推进不相适应的是,一方面,数字共享停车在社会应用中仍然处于零星发展阶段,个别城市的停车系统建设,事实上处于停车数据库建设阶段,并不是真正意义上的数字共享停车,与市场需求很不匹配。另一方面,理论研究刚刚兴起,无法给实践应用提供足够支撑。而作为一种多技术交叉综合应用的新产业形态,虽然技术储备不断提升,但关键技术研究与应用仍存在诸多问题,在零星出现的数字共享停车运营中,普遍存在推荐车位数量不足、推荐车位不准确、计时计费不精确、需求信息反馈滞后、电动汽车充电难等问题,影响了用户体验,成为制约这一新型共享停车模式发展的重要因素。

综上,城市停车难是现代交通管理的世界性难题。共享停车是有效解决城市停车难、提高停车资源利用率的重要手段。数字共享停车以城市为整体应用单元,能够最大限度地调动停车资源拥有者的积极性,既能有效盘活存量资源,又可以为增量资源提供重要的数据支撑,是提高停车资源利用率的最新选择。但是,由于缺乏完善的理论、技术支持,数字共享停车在实际运营中普遍存在着缺乏足够的资源支持、运营范围狭小、停车寻位准确度不高、停车计时计费不精准、需求响应滞后等问题,所提供的服务无法满足用户预期,导致运营平台吸引力不够、社会参与度不足。数字共享停车在事实上处于发展势头良好、发展进程缓慢的境况,没有充分发挥出缓解城市停车供需矛盾、降低出行成本、优化城市交通环境的应有作用。

为此,加强数字共享停车的基础理论和关键技术研究,为共享停车实际运营提供足够的理论支持与方法指引,有效提升用户体验感,扩大共享停车参与规模,从而最大化调动停车存量资源,提高停车资源利用率,是城市交通数字化、智能化发展的迫切需要,具有重要的现实意义,也是本书研究的重点。

1.1.2 研究目的与意义

作为一种刚刚兴起的新业态、新模式,数字共享停车在理论和技术上还存在极大的发展空间。当前,在研究中存在以下问题急需解决。

(1) 基础理论研究问题。作为一种新的产业形态,理论研究刚刚兴起,基本概念缺乏明确界定,行业定位及与其他共享停车管理服务模式边界划分不清。运营体系的组织架构、方法架构、技术架构、行动架构缺乏系统化、理论化,无法给产业发展提供足够支撑。

(2) 关键技术研究问题。数字共享停车是以平台为载体,以数据为关键生产要素的多技术综合应用产业体系,平台数据具有海量化、动态化特征。平台要对海量数据进行适时化精确处理,对平台的技术创新提出了很高要求。基于数字平台架构特性的多源交通信息的采集和融合如何进行优化,以提高平台的智能化与可靠性?如何实现海量数据下的数据冗余识别与优化,以提高需求响应的精确度,降低误差率?如何实现快速响应机制下的停车位动态适时匹配,以提高共享停车的及时化与高效化?针对新能源汽车的快速发展,共享停车如何应对其引发的电力集成问题以降低运营成本?这些问题都亟待解决。

基于此,本书结合当前城市交通发展实际需求,针对共享停车与数字平台技术融合发展中存在的根本问题,开展从数据采集与融合、数据处理、数据通信到应用环节的关键技术研究,以期为共享停车与数字技术的深度融合发展、城市停车资源的高效利用提供借鉴与支持。本研究对有效解决数字共享停车实际运营中的技术难题,促进其健康、快速、持续发展,具有重要的理论和现实意义,具体表现在以下方面。

（1）开展数字共享停车基本理论研究，健全共享停车理论，深化共享停车理念。

共享停车理论是现代城市交通管理理论的重要内容，是根据交通事业发展而不断发展深化的理论。数字技术与共享停车融合所带来的城市交通管理的新变化，为共享停车理论研究提供了全新视角，其提高城市交通管理效能的优势日渐凸显，越来越引起理论界的关注。作为广泛涉及自然科学、社会科学、工程技术的多学科、多技术交叉的前沿理论、产业新模式，数字共享停车需要在理论上不断健全、完善，在实践应用上不断创新，才能促进其持续发展。

本研究从供需双方需求边际和行为特性出发，从数字技术的本质与特性出发，将共享停车理论的基本原则、方法、工具与现代交通科学的普遍规律相结合，研究数字共享停车的基本概念、属性特征、系统定位、关键影响因素、演变规律与发展趋势，以增强数字共享停车的理论解释能力和方向指引。研究有利于深化共享停车发展理念，推动共享停车理论向广度和深度拓展，对城市共享停车的健康发展具有重要意义。

（2）开展数字共享停车系统构建研究，为完善城市数字化、智能化交通管理体系提供支持。

数字平台技术是提升共享停车，实现交通管理智能化、科学化的关键技术。随着数字技术、平台技术的快速发展，基于数字平台的共享停车必将广泛应用到现代交通管理中。然而，由于技术和理念限制，当前数字共享停车还处于起始阶段，系统架构、技术配置总体相对滞后，无法满足数字交通、智能交通发展的实际需求。

本书针对共享停车数字平台建设、管理的实际需求，深入开展管理服务框架体系研究，深刻挖掘系统建构中存在的问题，研究制定针对性策略，开展数字共享停车服务流程设计和系统平台设计研究，有利于拓宽数字共享停车发展的新思路，改善城市共享停车管理服务质量。

（3）开展数字共享停车关键技术研究，为提高城市共享停车应用效能提供方法指引与借鉴。

数字共享停车是未来共享停车发展的必然趋势。但是，在共享停车实践中，由于技术限制导致的停车信息不准确、停车计时计费不精确、需求响应滞后等问题,严重影响了共享停车用户体验,降低了用户对于共享停车的信任度和忠诚度,成为制约共享停车发展的重要因素。

本书针对共享停车运营中存在的关键技术问题开展系统研究,进行包括多源交通信息采集与融合优化、数据处理优化、停车需求适时匹配算法模型构建、用电系统优化研究,分别构建共享停车数据采集与融合优化模型、共享停车数据处理优化系统、共享停车适时动态匹配模型,共享停车用电系统优化设计。本研究成果将有效解决共享停车运营中存在的寻位不准、计时不精确、需求响应滞后、最优电力竞价等问题,提高数字共享停车平台的智能化、可靠性,提高城市停车资源利用率,降低停车成本,为推动共享停车发展提供重要的技术方法支持。

1.2 数字共享停车国内外研究现状

基于数字平台的共享停车,在技术上涉及无线通信、传感器、视频采集传输、智能识别、物联网、移动终端、定位、地图、无感支付等多种技术。从技术储备上看,部分技术在有关领域已经得到实质应用,为数字共享停车的技术应用奠定了基础。但是由于技术和理念的限制,将多种技术集成应用于共享停车领域的研究相对较少,基于数字平台的共享停车系统架构和技术配置整体滞后,还不能适应数字交通发展的现实需求,需要进一步积极探索。

1.2.1 研究现状

1. 城市共享停车关键技术研究

(1)停车诱导技术与方法研究

停车诱导技术伴随公共停车场式共享停车的产生而产生,并不断地引入计算机技术、地理信息技术、卫星技术、移动通信技术,被赋予了更多的智能元素。

1971年,德国亚琛(Aachen)较早开始进行停车诱导应用。20世纪80年代,日本、美国等国家开始了基于数据信息的停车场引导信息系统研究。90年代后,随着大型停车场的出现,国内外开始了场内寻位的理论技术研究。

近年来,国内外专家学者开始探索研究基于数据平台的智能寻位。具有典型代表性的有 Masuo Kashiwadani 和 Yasuo Asakura[5]基于搜寻泊位的实例分析,对停车诱导在交通流量控制中的重要性进行论证。Leephakpreeda[6]以模糊决策为基础,提出停车场泊位主动引导方法。Waerden 等[7]构建基于泊位属性与个人特性的泊位选择模型,对影响泊位选择的因素进行了归纳。Russell[8]通过建构完整的停车场引导信息系统,为停车诱导实际应用提供技术支撑。

国内关于停车诱导的研究更偏重于技术应用研究。关宏志等[9]针对停车诱导系统中存在的问题,对分级、分层诱导理论进行了探索,并建立了相应模型。陈宇等[10]对可变信息板数学规划选址模型进行分析,提出了用遗传算法对模型求解的方法。李伟等[11]提出基于排队论思想的最短路径停车场车位引导算法。袁静[12]以人车属性为基础,提出最优停车位问题的改进蚁群算法。季彦婕等[13]提出最优车位选择模型,以灰熵理论为基础进行了停车场引导系统的构建。

从以上文献可以看出,国内外对于停车诱导的研究经历了从机械诱导、电子诱导到智慧诱导的不同阶段,基于人工智能的算法和模型正在不断被引入诱导系统的构建中,为数字共享停车的技术应用奠定了基础。同时,应该指出的是,已有的停车诱导技术研究,关注点侧重于群体性诱导,而对个性化诱导关注不足;侧重于行车前诱导,而对行车过程中的停车诱导关注不足。

(2) 停车预约技术研究

停车预约被认为是减少停车寻位时间,提高停车资源利用率,解决停车问题的优选方法之一。

国内外学者针对停车预约中存在的一般问题,就停车预约系统构建、停车预约影响因素分析、停车预约决策行为等多方面开展了研究。郭鹏飞、郭丹丹、吴正等[14-16]分别构建基于 ZigBee 节点无线通信、基于 ETC 与云技术的网络智能预约停车系统和小区共享车位预约停车系统,系统涵盖了车场信息、车位状况查询、车位预约、车牌识别、网上缴费、路径指引等多个方面,功能较为全面。尹红亮、章伟等[17-18]对停车预约影响因素进行了研究,分析影响预约停车行为的主要因素。林秋松、宁瑞昌[19-20]对预约停车决策行为进行了研究,构建可改进的预约停车选择模型。韩艳等[21]提出停车预约的时间窗约束问题,研究预约停车影响因素与决策行为关系,开展敏感性分析,以 BL 模型为基础构建停车泊位预约决策模型。Geng 等[22]提出了定制性预订和时效性预订两种策略,并对预订的两种不同方式、预订的两种规则进行了讨论。

总体上看,国内外对于停车预约有了一定的研究,但研究比较侧重于停车预约系统构建、预约影响因素分析、预约决策行为判别等方面,在预约停车系统构建方面侧重于定制性预约,较少考虑到出行行为的非确定性和用户选择偏好,对实时性预约研究还不充分。在预约策略和影响因素上,较少考虑到时间窗约束机制、惩罚与收费机制,灵活性较差。需要进一步加强用户选择偏好、惩罚机制、定价收费机制与预约停车相结合的体系化研究。

(3) 多源交通信息采集与融合技术的研究与应用

交通信息采集与融合是智能交通技术框架的基础组成部分,也是交通管理中实现动态交通与静态交通均衡控制的共性基础技术,是影响数字化共享停车结果的关键技术之一。随着科学技术的迅速发展,交通信息采集由静态采集向动态采集,由单点采集向网络采集转变,由技术驱动型向数据驱动型转变,压电传感器、RFID 等形式多样的采集设备被广泛应用到交通信息采集中。信息采集方式也呈多样性发展,从固定采集发展为多种采集方式并存,如固定采集、浮动车、卫星图像和无人机航拍等。而群体参与式感知、机会感知和社群感知等,则随着移动通信和移动计算的迅速发展,成为数据获取的新途径。采集数据也扩展到更多内容,如车辆计数、车流、车速、车辆分类、转向率、占用率、队列长度、行程时间、等待时间、车头时距、车辆识别和再识别等。

交通采集方式的发展所带来的大量结构化、非结构化数据和异构数据,很难融合、分析、挖掘和使用。如何对交通管理应用最有价值的数据进行筛选、选择和使用,快速、准确地获取数据成为影响智能交通的重要因素,引起了学者们的高度关注。Murray 等[23]认为解题思路的选择是整合通信,加强操作与控制。《"十四五"国家信息化规划》指出数字经济事关国家发展大局,数据要素已成为数字经济时代影响全球竞争的关键战略性资源[24]。Lee 等[25]提出了构建城市交通信息感知平台的方法。Kevin[26]研究了通信和数据传输问题。文献[27-30]以 VSN 为基础,对交通信息采集系统的性能和评价进行了讨论。Krause 等[31]研究了传感器位置与感知精度和时空变化间的关系。Yu 等[32]对压缩感知与优化数据采样关系进行了分析研究。Li 等[33]对基于 VSN 的交通信息采集系统的性能及评价进行了探讨。Zhu 等[34]探讨了车辆网络的覆盖问题。文献[35-36]以车联网为基础,分别对车间通信目标跟踪、城区空气质量估算、污染源跟踪等进行了分析。Zheng 等[37]对车载 GPS 数据进行了研究,对交通拥堵形成的原因进行了分析,提出了交通拥堵的优化解决方案。谭国真总结了交通数据的基本特点,认为精细化最优控制理论适用于实时动态、开放复杂的大系统应用领域,如车联网、智能交通等。张伟[38]提出了一种基于稀疏部署传感器网络的离散点数据处理的交通流量参数检测算法,以获取实时评价和预测交通流量状态的时空精度更高的交通流量参数。周敏[39]针对多种检测方法采集到的交通流数据,研究了基于模糊粗糙集理论的 D-S 证据理论技术,提出一种新型的数据合成公式,可以对存在一定冲突的数据进行有效融合。姚庆华等[40]研究提出一种基于元数据的异构数据集成框架,能够及时有效地将静态的结构化异构数据和动态的非结构化异构数据通过该框架在综合智能交通系统中进行数据集成。谢侃等[41]提出建立基于多源数据共享的车辆调度优化系统,通过"人-车-路"多源信息资源的共享,精准定位出行对象,合理调配运输资源,从而规避潜在的道路拥堵风险。熊励等[42]基于 Newton 多元参数优化、前馈神经网络、有限混合分布等理论,构建多源信息云智能交通系统自适应服务模型以提升数据融合效率。

从国内外研究文献分析可以看出,信息采集的准确性和效率,影响到交通控制的时空精度,其优化程度关系到能否有效提高信息交互的准确性和高效性。城市交通信息采集的方式、设备、技术等是一个不断发展变化的过程。信息采集具有非规则性,存在着投入与效率的非正关系。同时,流量数据具有容量巨大、数据种类繁多、价值密度低、处理速度快、寿命周期精确、局部适用性强等特点,使传统的数据挖掘方式很难满足数据处理高效化、智能化的新要求。随着汽车保有量的增加与换代,交通基础设施的不断发展,交通数据源的快速增加,信息采集与融合的难度将不断加大。反映到停车管理上,基于实时匹配的动态交通诉求的增加,群智感知等感知方式与数据传输方式的增多,带来的大量数据会导致机器出现欠拟合状态,响应延迟,影响控制精度与效率。必须不断优化交通信息采集与融合的算法、模型,才能在不增加或少增加投入成本的情况下,快速、准确地获取最有价值的数据，提高交通控制的精度与效率。

(4) 数据处理技术的研究与应用

数据处理技术(Data Processing Technology)是采集、存储、处理、转换数据，并将数据传输的技术。数据处理技术随着大数据技术应用的扩展而不断发展，并被广泛应用到不同行业。Roman 等[43]基于固定传感器和移动传感器构建智能城市道路停车位检测系统，开发了一种监督学习算法来估计路边停车占用率，并验证了该系统的性能，在通过地图匹配技术提高 GPS 读数精度的情况下，系统的精度在 90% 以上。Wang 等[44]研究提出了一种改进蚁群算法(ACO)的回退策略，改进了蚁群算法在基于 AGV 的智能停车系统路径规划中的有效性。Liu 等[45]提出小波神经网络模型，利用粒子群优化算法进行优化，使预测值与实际值的误差进一步缩小，精确度在优化后进一步提高。Liu 等[46]提出了并行随机森林(PRF)分类算法和自适应域密度峰值聚类(ADDPC)方法，构建基于分布式计算的双层并行训练卷积神经网络(BPT-CNN)模型，通过大规模并行深度学习(DL)算法更准确地检测和分类结肠癌细胞核。Guang 等[47]将数据处理技术应用于高功率水射流激光加工技术，优化方法的抗干扰能力在轴向上提高了 3.8 倍，在径向上提高了 2.3 倍，在角度偏移上提高了 1.5 倍。Dai 等[48]提出了一种基于图像梯度的能量图合成、图像修复技术和后处理校正的虹膜中心定位新方法，并在仿生数据库、有声人脸视频数据库和 MUCT 人脸数据库上进行了验证，发现其定位精度均优于目前最先进的无监督方法。Wu 等[49]为实现信息的智能化处理和获取，构建在数据融合和数据挖掘技术基础上的智能处理平台，与开放测试下的信息智能处理平台相比，封闭测试下的平台准确率提高了约 7.26%。Hong H. 等[50]通过实施模糊证据权重(fuzzy-WofE)和数据挖掘方法，在中国江西省鄱阳县构建洪水易感性图，该方法的测量预测和成功率(AUC)显著高于逻辑回归(LR)、随机森林(RF)和支持向量机(SVM)等预测模型。Khosravi 等[51]提出了一种通过光谱与极限学习机和其他数据挖掘方法相结合的分析方法。Marozzo 等[52]为了解决在大规模数据集的数据分析工作中需要耗费大量时间的问题，提出了一种基于云的可扩展数据挖掘工作流管理系统，极大地提升了数据挖掘工作的效率。

从上述文献可以看出，当下对城市停车现状、数据处理技术的研究成果很多，但很少有将两者结合以用来提高共享停车数据传输精度的研究。因此，加强共享停车数据处理优化研究，以提升数据传输精度，进而提高停车寻位效率，具有重要研究意义。

（5）定位技术与动态实时匹配技术的研究与应用

随着信息技术的发展，定位技术应用场景越来越广，体现出来的作用也在不断扩大[53]。交通运输部在《交通运输领域新型基础设施建设行动方案（2021—2025年）》中提出要开展定位技术在重要交通基础设施中的融合应用研究，进一步促进了定位技术在交通领域中的新发展。

刘建华[54]在对定位技术优势分析后提出缓解城市交通拥堵、减少事故发生率，可以通过构建5G智慧交通模式解决。谢兵[55]对综合智能交通系统中定位的相关应用进行了研究。Hossain等[56]针对车辆定位问题，考虑了从多个车载源获得的位置信息的航迹匹配和融合，采用3D道路模拟评估了概念的有效性，提出的协同定位方法在定位精度方面有显著提高。Liu等[57]提出了GPS/BDS/MEMS-INS/里程表紧耦合集成的方法，在实验中开展了对开阔环境、高层街道、树林街道、立交桥和隧道环境的定位精度分析，可以达到0.1 m量级的定位精度。Kong等[58]针对私人车辆的智能停车问题，开发了一个收益最大化的混合整数非线性优化（MINLP）模型，有效解决了私人停车设施布局问题。Paidi[59]和小组成员采用深度学习来获取开放停车场中的车辆占用情况，利用特征检测的方法，缩短了车主寻找停车位的时间，解决了道路拥堵问题。Song等[60]提出了一种基于激光的同步定位与地图创建（SLAM）自动平行泊车与跟踪控制方案，以此来优化停车路径曲线，验证结果证实了设计的停车路线更为平滑。Lee等[61]提出了一个概率占用率过滤器来检测停车位标记的方法，试验证明在概率占用率过滤器下，停车位的占位信息获取实时性更强。

可以看出，定位技术在交通领域中的应用研究不断深入，已经涉及交通管理、工程设计等各个方面。定位技术所要求的高速率、低时延和大连接等特点可以有效解决交通管理中存在的数据响应延时问题，为开展针对车辆自动寻位及适时匹配的研究提供了相应的理论和技术基础。

2. 城市共享停车运营机制理论与方法研究

基于数字平台的共享停车是近年来随着数字平台技术发展而兴起的一种创新型交通服务模式,相关研究还处于全新阶段。但是,共享停车理论和技术方法研究已经经历了较长时期,理论界进行了相关研究,并取得一定的研究成果。

(1) 共享停车运营策略研究

美国是最早开展共享停车研究的国家。1956年美国政府开展了关于共享停车需求的调查研究,并出版了相关研究专著,开启了共享停车研究的先河。早期的共享停车研究是面对公共式停车场的研究,重点侧重于土地政策、价格、需求等方面的研究。David A. Hensher 等[62-63]分别就共享停车分析研究路线、共享停车供需影响因子、价格确定、共享停车规划、影响共享停车使用效率的关键问题与障碍等问题进行了深入研究,对共享停车规划发展奠定了良好基础。Howard S. Stein 等[64]建立了停车共享模型,构建了共享停车基本框架,使共享停车有了完善的理论模型。Litman[65]通过对比研究,提出了多种停车管理策略协同实施,以实现更佳共享停车效果的理念。

在国内,石金霞[66]开展了关于中小城市中心区停车需求与停车管理政策调整系数研究。肖浩汉[67]运用经济学基本原理,从定价机制着眼,对城市共享停车的运营管理机制及其影响进行了分析。彭丹[68]结合佛山市交通发展实际情况,分析了共享停车中存在的实际问题,提出了将监督考核、宣传引导相结合,挖潜共享空间、细化共享管理的发展策略。季彦婕等[69]引入博弈理论,对出行行为与成本及激励强度间的数量关系进行分析,构建了弹性停车激励机制运营效益评估模型。聂楚濠等[70]以居住区停车资源共享最大化和收益最大化为目标,提出了一种基于非齐次泊松过程的运营策略。在运营模式上,周立兰、王京元[71]对点对面的运营模式进行了分析,提出了车库联通方式及联通车库运营模式策略。

时空相对理论在交通管理理论中的引入和停车利用率新的测定方法的发现,推动了错时停车理论的新发展。共享停车理论研究开始由公共停车场共享向私人停车位共享方向拓展延伸。一些学者开始了居住区共享停车问题的研究。国内外学者在研究中对居住区停车位利用特性、使用规律共享可行性、策略、技术手段等进行了多方面的研究。Jos、Inga 等[72-73]提出了居住区停车位共享问题。陈永茂、刘斌等[74-75]研究了居住区共享停车政策施行的可能性。孙展等[76]对泊位共享可行性时空量化分析方法与应用进行了研究,并提出了相关管理机制策略。李菲[77]等从技术和实施等角度论证了居住区参与共享停车的可行性。段满珍[78]引入了博弈论,对居住区、商业区、医院等不同场所错时共享停车策略进行了分析,构建了相关模型。Shao Chaoyi 等[79]通过构建 0~1 整数规划模型,分析共享停车政策与社会效益之间的函数关系,从学术理论角度拓展了私人泊位共享的社会属性。

从以上分析可以看出,国内外学者多是从经济效益包括运行成本、价格机制等来研究共享停车的运营策略,以期在最大化降低需求者出行成本和管理服务方最大化收益的情况下,实现供需平衡,由此调节停车需求,实现共享停车的时空均衡化。在研究对象及具体策略上,从公共停车场共享开始,不断拓展,延展到单位停车场和居住区停车场,使共享范围不断拓展、运营策略更加灵活多样。

(2) 共享停车需求特征与泊位分配研究

共享需求与泊位资源供给是形成共享停车运营体系的基础,而泊位匹配的方法机制则是提高共享停车运营效能的关键因素。在共享停车运营机制与方法研究的文献中,很多文献都将共享停车泊位供需匹配作为研究重点。

晏克非、关宏志、刘晓利等[80-82]研究了共享停车需求预测模型,定义了泊位共享效用指数。张丽莉等[83]提出基于 BP 神经网络构建停车需求预测模型的方法。路扬等[84]提出了一种考虑优先级的匹配算法,来解决供需双方停车时间冲突问题,结果验证能够更好地满足供需匹配需求。陈峻等[85]构建了基于用户均衡理论的供需时空匹配优化模型,可以精确得到不同停车需求时空特征所对应的车位分配方案,最大化提高泊位综合利用率。武涛[86]建立了基于泊位模糊偏好的双目标组合停车泊位共享匹配模型,并通过案例验证了模型的适用性。Xu 等[87]将 Shapley 构建的 TTC 租房供需匹配算法模型引入共享停车研究,设计了满足预算平衡、激励相容等属性的泊位供需匹配机制。Tan、Shao 等[88-89]对共享停车参与体需求行为特征进行研究,提出了双赢策略,并构建相关模型,结果证明能够有效提高泊位匹配效率。Li 等[90]将信用评价体系引入共享停车车位需求匹配,建立相应优化分配模型,结果证明信用评价体系的介入可以更有效地激发供需双方的参与积极性,提高车位资源利用率。

国内外关于共享停车泊位匹配机制的研究,从共享停车实际运营出发,充分考虑共享停车参与体的需求特征,通过构建数学模型、引入相关理论、建立相关技术体系激发停车共享参与潜能,有效解决了共享停车运营中的泊位匹配管理问题。但是研究对象都是基于供需双方的假设,而缺乏整体管理服务运营中的其他参与体因素如物业公司等的特征及利益诉求分析,在理论上无法形成完整的闭环,在实践上无法解决停车位管理权责的问题,存在很大的拓展空间。

(3) 共享停车价格机制与收益分配研究

共享停车的定价机制和收益分配机制是停车运营管理的重要组成部分。共享停车管理可以通过定价策略,发挥价格弹性作用,有效引导停车需求,实现车位的最优分配。共享停车的收益分配机制,则对共享停车资源释放形成决策影响。同时定价机制与收益分配机制总体上又呈正相关关系,收益分配来源于停车收费的总和。基于此种理念,国内外很多学者对共享停车的定价机制和收益分配进行了研究。

Gillen[91]于20世纪70年代提出了停车收费理论,是较早开始停车收费研究的学者。De Palma[92]研究了停车收费与社会福利之间的关系,指出实施停车收费的必要性。Kelly、Ottosson[93-94]研究了停车泊位占有率与停车价格之间的关联性,证实价格弹性在车位分配中的重要作用。Proost等[95]研究了路边停车费率和车库停车费率最优问题,指出政府应该在停车收费管理中发挥积极作用。Van Ommeren等[96]从实证角度研究了最优停车费率策略。美国联邦基金资助项目PAYDAYS研究结论认为停车收费有利于缓解交通拥堵和环境保护[97]。Shi等[98]研究了通过第三方支付平台实现快捷收费、提升停车管理智慧的途径,并印证了停车收费的重要意义。Shao等[99]研究了共享停车平台的最优定价策略。

在国内,张秀媛等[100]通过对北京、上海的停车累进计费政策研究,分析了驾车者对停车费率变化的异质性。陈沁[101]提出了基于泊位占用率浮动收费的调节方法,并确定了浮动收费调节参数。王鹏飞等[102]从管理视角出发,建立了泊位分配-定价-收益分配机制。彭勇、李新新[103]利用博弈论原理,构建了不完全信息下共享停车参与方多方博弈收益分配模型,提出了合作威慑理论,并分析了不同合作条件下的收益分配影响。谢金等[104]研究了影响共享停车参与方收益与风险的因素,构建了相关结构方程模型,仿真验证结果表明停车共享效益、风险和管理压力对停车管理者共享意愿影响显著。李敏[105]借鉴旧金山"SF Park"项目经验,研究了收费价格的调整对短时共享泊位选择概率的影响,提出了基于行为选择和价格弹性的共享停车动态定价方法。

国内外学者对于停车定价机制和收益分配机制的研究,从当时的社会背景出发,分别指出了其必要性、可行性及实施策略,对于停车管理起到了重要的理论支撑作用。同时,研究表现出阶段性特征,对于数字时代信息完全对称下的共享停车相关研究来说,已有研究具有一定的启示作用,同时也有很大的拓展空间。

通过以上的文献分析可以看出,国内外关于停车共享的研究,是一个不断发展的过程。在研究对象上,从增量(新建停车场)研究发展到存量(已建车位)研究。在研究内容上,从土地价格、政策的宏观视界,逐步发展到可行性、策略、技术、方法的微观研究。在研究方法上,开始逐步引入博弈论、相对论、控制论等理论对共享行为特性进行更深刻的挖掘。共享停车研究的嬗变,对交通管理实践提供了重要的理论支撑,也为数字经济时代的共享停车研究奠定了基础。

1.2.2 研究述评

国内外关于共享停车的理论、技术和方法研究,一定程度上促进了共享停车的新发展,为开展数字技术时代的共享停车研究,构建动、静平衡的现代城市交通管理体系奠定了良好的基础。同时,毋庸讳言,现有共享停车理论、技术相对于数字共享停车发展的新需求,尚有一定差距,需要进一步探索与拓展。从共享停车实践需求与理论发展要求上看,共享停车理论与技术研究在宏观、中观、微观上还存在以下几个方面的问题。

(1) 共享停车基础架构、关键技术体系化研究亟待创新突破

当前数字共享停车的技术储备已经具备了一定基础,个别技术在相关领域的应用已经非常成熟,部分技术已经应用到共享停车。但是作为一种产业应用,数字共享停车不仅仅是对各技术的简单集成,而且是体系化的综合应用。目前

相关理论、技术和方法还缺乏整体化设计和系统化研究,特别是作为数字平台核心的数据管理和应用缺乏深入、系统的研究。当前,个别出现的共享停车平台普遍存在应用范围狭小、数据安全性不高、精确性不够,导致呼叫响应延迟、停车诱导准确率较低、计时计费不精确等问题,影响了用户体验感,降低了共享停车的信任度和忠诚度。核心原因是数据采集、融合、传输、通信算法模型优化程度不够,无法给实践应用提供足够的支撑。从共享停车的发展前景考虑,亟待对数字共享停车的基础理论和相关技术进行系统化创新研究,以提高共享停车效能,提升其吸引力。

（2）缺少共享停车需求选择行为及技术应用的整体性研究

共享停车的目标是实现资源的最大化利用,既需要对城市停车数据进行全面采集,又需要对停车位进行科学及时的调控与分配,是科学技术与行为选择的高度统一。从选择行为上看,停车位分享需求具有两种概率:确定性和随机性。长时间、规律性的停车,对于停车位需求具有确定性、提前规划特征;短时间、随机性的出行,对于车位选择具有不确定性、随机性特征。因此,在共享停车实践中需要充分考虑两种行为特征,利用技术手段实现科学的车位分配,以实现资源最大化利用。目前针对共享停车需求的研究,基本都是利用区域汽车保有量、已有停车资源、平均出行时间进行聚类,确定停车需求数据、停车位周转率,并以此为基础进行共享停车的可行性研究,构建对应供需响应模型,较少考虑停车需求的随机概率及其影响,导致缺乏确定性需求和随机性需求冲突相适应的奖惩机制、价格调控机制的研究,引发停车诱导不准确、响应滞后等后果。以城市为整体应用单元,加强确定性和随机性共享停车需求选择行为及技术应用的整体性研究,才能从根本上满足共享停车发展的需要。

（3）共享选择过程响应的算法模型和方法研究不足

当前关于共享停车、智慧停车方面的研究重点侧重于起点前和终点后的理论模型和方法研究,集中于停车预订、自主代客泊车及群体性停车诱导路线规划等方面,对共享停车选择过程中影响选择行为的技术应用,特别是对共享停车数据的采集、融合、应用的算法、模型研究不足,是共享停车实践中停车寻位不准、计时计费不精确等问题产生的主要原因。亟须加强过程响应的算法、模型优化研究,提升共享停车技术响应能力,进而提高共享停车需求响应的及时性和精确度。

1.3 研究内容与框架

本书针对共享停车发展趋势及实践中存在的实际问题,开展数字共享停车关键技术研究,旨在为 DPSP 的实践发展提供理论支持、技术支持和方法指引,提高停车资源利用效率,为有效解决停车供需矛盾、降低城市出行成本、优化交通环境提供帮助。在整体研究中,综合运用文献研究、例证分析、系统分析、机器学习、数据挖掘等方法,对基于数字平台的共享停车的基本理论、关键技术进行深入研究,构建数字共享停车管理服务体系、数字共享停车数据采集与融合优化模型、数据处理优化系统、数字共享停车实时动态匹配算法模型、数字共享停车用电系统优化模型,并分别进行仿真验证。

本书总共分为 10 章,各章的具体研究内容如下:

第 1 章绪论。介绍本书的研究背景及研究目的与意义,分析共享停车相关的国内外研究成果、发展现状,提出本书的研究内容,确定本书的基本框架与研究路线。

第 2 章数字共享停车概念、特征与系统设计。通过对当前共享停车基础理论研究的总结与分析,阐明数字共享停车概念,分析其基本属性特征,并对其进行系统定位。在此基础上,设计以平台为核心的数字共享停车服务流程,构建系统框架,确定系统建构的基本原则,并对关键问题进行分析,明确本书研究的核心问题及其相互关系,为全书研究奠定基础。

第 3 章城市共享停车影响因素分析。开展城市共享停车影响因素调查,获取相关数据,从共享参与者的共享停车认知、参与意愿、需求特征、共享停车设施属性四个方面进行分析,整体把握共享停车参与者的需求特征,分析影响共享停车的关键因素。

第 4 章考虑可靠性需求的共享停车数据采集与融合优化研究。本章针对共享停车数据采集、融合中存在的误差率高、采集成本高、时延长等问题,开展 DP-SP 数据采集与融合优化研究,设计基于轻量化 CNN 的 SSD-MobileNet-v1 目标检测算法优化模型和基于 LPR-Net 网络设计的多源交通目标识别优化方案,构建基于遗传算法和粒子群算法的多源交通信息组合优化模型和多源交通信息融合优化模型,有效提升 DPSP 数据的可靠性。

第 5 章考虑精确度需求的共享停车数据处理优化研究。本章针对共享停车实际运营中存在的计时计费不精确问题,开展 DPSP 数据处理优化研究,构建冗余数据消除、降噪处理和虚假数据过滤模型,结合 CLDAA 算法、均值滤波算法以及 DKFS 方案构建停车数据传输优化系统,并进行算例分析。

第 6 章考虑及时性需求的共享停车实时匹配技术研究。本章针对共享停车中存在的需求反馈滞后问题,开展 DPSP 数据交互与车位实时匹配研究。利用 GPS/BDS 和 5G 的不同优势与特点,提出在 DPSP 运营中建立双模式通信工作方案,设计 5G 技术支持下的车辆定位方法,停车利用率及车位分配预测模型,基于 ADMM 的停车位匹配模型和基于 GM-SVR 算法的停车位预约模型,并进行算例分析。

第 7 章考虑能耗效应的共享停车用电系统优化设计。本章针对共享停车中存在的电力集成和能耗问题进行研究。建立以充放电为基础,以集成电力存储、能源转换为目标的能源互补系统,构建共享停车用电系统优化模型,论证乐观、确定性和悲观三种情况下的最优电力竞价曲线。通过对共享停车用电系统的优化,有效降低电力系统负荷和共享停车运营成本。

第 8 章城市共享停车多边协同机制研究。研究通过建立基于科层制组织模式的共享停车安全管理和社会效益补偿机制,有效解决平台运营方、泊位提供方与停车场管理方基于不同利益与责任视角对于安全管理权责和处理方式存在的差异与冲突问题;通过制定基于市场制的共享停车定价策略,平衡泊位需求方与泊位收益方之间的利益关系;通过制定基于平台机制的共享停车收益分配策略,调整泊位收益方不同主体之间利益博弈关系。从而找到不同参与体之间最佳利益结合点,建立协同发展体系,激发共享停车各参与体的参与积极性。

第 9 章城市共享停车吸引力模型设计。通过对共享停车形成机理分析,在共享停车决策影响因素研究的基础上构建共享停车吸引力模型。提出了城市共享停车吸引力假设,建立了吸引力评价指标体系。对吸引力模型性能分析结果表明,研究所提出的城市共享停车吸引力模型能够实现对城市停车需求方和车位提供方、停车管理方等各方的吸引,且具有较高的信度和效度,对城市共享停车发展具有重要意义。

第10章总结与展望。概括总结本书的主要研究内容,重新梳理本书的研究重点、研究成果及创新点,在对本书的研究成果与不足之处进行剖析的基础上提出对后续研究内容的展望。

1.4 本章小结

本章首先介绍了在城市停车资源供需矛盾深化和停车资源利用率不高,以及数字技术快速发展背景下本研究的目的与意义,指出本研究成果有助于健全、完善共享停车理论,深化共享停车概念,突破共享停车关键技术瓶颈,改善共享停车管理服务质量,提升共享停车吸引力,对提升共享停车整体服务效能具有重要的理论意义和现实意义。最后,梳理总结了国内外关于数字共享停车研究的理论、实践的现状,给出本书的研究内容与框架。

第2章 数字共享停车概念、特征与系统设计

当前,数字共享停车还处于初始发展阶段,在基础理论研究方面,还缺乏明确的数字共享停车概念定义、清晰的研究边界界定,在技术体系上还没有形成完善的技术架构,无法给产业发展提供应有的理论和技术支持,相关研究亟待突破。本章针对数字共享停车的基础理论、系统设计开展研究,对数字共享停车概念、属性特征、系统定位进行界定,对数字共享停车平台的运营流程、系统架构进行分析和设计,并对影响数字共享停车运营的关键问题进行分析,明确研究主要内容及相互关系,为全书研究奠定基础。

2.1 数字共享停车概念、特征与定位

2.1.1 数字共享停车的概念

数字共享停车是数字技术、共享理论、平台理论与现代交通管理理论快速发展与深度融合的必然产物,作为一种新兴的产业模式,研究尚处于初始阶段,相关组织架构、方法架构、技术架构等还存在巨大的优化与提升空间。在基本理论研究方面,其概念定义还没有形成统一的认识,内涵和外延缺乏明确的界定。产业的发展必须有系统的理论作为支撑,而理论系统化的前提是基础概念的明确。本节对数字共享停车概念进行研究,以推动相关研究的进一步深化。

当前关于利用数字技术实现停车错时共享的概念定义描述主要有"共享停车"[106-109]、"互联网+共享停车"[110-114]、"智慧(共享)停车"[115-119]三种,每种描述都是从其研究关注的侧重点出发对概念的内涵和外延进行界定(见表2-1)。

表 2-1　共享停车概念定义比较

概念定义	定义内涵描述	研究视角
共享停车	共享停车是个人或者单位将车位限时开放，通过共享平台实行有偿错时共享，有效利用停车位资源产生收益，在本质上是多个车辆最大程度上错时共享同一个车位	服务性质
互联网+共享停车	通过运用互联网大数据，在信息技术的支持下实现泊位资源的有效配置、提高存量车位资源使用效率的方法	服务方式
智慧(共享)停车	智慧(共享)停车是指综合运用各种技术，将城市停车资源联网化、信息化、系统化，具备对闲置车位进行数据采集、分析、预知、控制、引导、资源整合等能力，实行分时租赁、有偿错时共享的停车服务模式，实现车位资源的有效利用，缓解停车难问题	服务模式

从表 2-1 可以看出，关于共享停车概念的界定，多从各自研究视角出发，强调其研究视界范围内的共享停车的共性特征，或目标实现路径、技术手段，对于共享停车的时代特征、运营组织特征的深度和广度拓展及与当前数字经济发展、智能交通产业发展关系的挖掘和提炼的讨论相对不足。作为科学理论研究的核心，概念界定必须突出运行特征、时代特征，才能更好地实现产业应用，并为未来理论拓展奠定基础。

从运行特征上看，共享停车是一种特殊的产业模式，既作为一种产业形态存在，遵循一般产业的运行规律，又作为社会治理形态存在，遵循一般社会价值原则。在其运行中，技术手段是基础性因素，分工组织方式是决定性因素。其参与体包括政府主管部门、停车场管理者、平台运营者、停车资源提供者、停车资源需求者等，各方既是参与方，又是获利方，在共享参与过程中，都是独立平等且相互依存、相互赋能的存在个体，参与体行为受各种因素影响，具有非自觉性特征。数字经济时代，这种特征更加明显。在数字经济时代，人类社会生活从单一的物理世界拓展到物理-数字的双重世界，线上线下高度融合，每个社会个体不仅作为物理世界的生物存在，同时也作为网络世界的"数字源"和元数据存在，成为具有数据均质性、相互赋能的"数字链条"的节点[120]。数据人格化和人的数字异化，使社会分工主体多元化、构件化、公平化、兴趣自觉化。社会组织模式由科层制、市场制向科层制、市场制、平台制共存的共同体制发展。社会生活角色标签化、权利微观化、应用智能化,社会生产数据驱动化、算法核心化、资产数据化、产业平台化、数字链条化、供需一体化。这些基本特征将对共享停车的产业形态、组织模式、发展路径等均产生深刻影响。

数字共享停车,作为数字经济和共享经济高度融合的产物,具有二者的双重特征,在概念界定上要充分考虑共享停车的共性特征、数字经济的时代特征,目标实现的技术手段、组织方式等。根据数字时代的基本特征,结合已有理论和实践及本书研究目的,将数字共享停车概念定义如下:

数字共享停车(Digital Platform Shared Parking,DPSP),是以城市为应用单元,以跨时空均衡、协调、充分利用包括公共停车场、单位停车场、居住区私人停车泊位等所有区域内的停车存量资源为目标,以全部停车参与体为服务对象,以数字技术综合运用为手段,以停车资源数据化为前提,以停车应用智能化为基础,以"数据链"为主线,以数字平台为运营载体,综合运用科层制、市场制、平台制等组织模式进行组织分工,满足停车共享参与体边际需求的数字化、网络化、智能化、系统化的现代停车管理生态体系。DPSP 不单是一种产业模式、创新的服务业态,更是一种生活方式和社会治理方式,是构建数字生活系统的"神经元"和"助推器"。

2.1.2 数字共享停车特征分析

DPSP 在本质上仍然属于共享经济的一种产业创新形态,具有共享经济的一般特征。而作为一种交通管理模式创新,其又属于准公共产品范畴,具有正外部效应,遵循以人为本的交通服务理念。同时,因为这种创新模式是基于与数字技术的深度融合,其又具有数字时代的基本特征,遵循数字平台制的组织规则。因此,DPSP 在基本属性上具有公益性、共享性、数字化、平台化等特征。

1. 公益性

公益性是 DPSP 的基础属性特征,是共享停车能够存在和发展的重要保证。数字共享停车,停车是目标、是核心,共享是实现目标的方法,数字化是目标实现的技术手段。DPSP 的根本目标是提高停车资源利用率,降低城市基础设施建设投入,缓解交通拥堵,优化交通环境。DPSP 目标实现的程度,决定着城市交通是否通畅、环境是否优美,也决定着交通基础设施投入在国民经济收入中的分配比例。因此,DPSP 目标的实现,不仅是解决车辆拥有者的停车难题、为停车资源拥有者实现资源价值的最大化,而且关系到每一个身处城市化、机动化社会中的个人的切身利益,关系到其出行成本、生存环境、经济效益,充分体现了其公共权益属性。

DPSP 的公益性决定了其在运营中的政府决策的中枢作用和提高民众自愿参与的重要性。政府在共享停车发展中作用的发挥程度和公众的自愿程度,决定着 DPSP 发展的效果。公益性同时决定了在数字共享停车标准、规范等的制定中,必须从公众需要出发,最大程度地考虑公众利益;也决定了各共享参与体在参与共享停车的过程中,必须以公众需要为原则,不能过分强调个体利益。

2. 共享性

共享性是数字共享停车的本质特征,也是实现停车资源利用最大化目标的重要方法选择。数字共享停车的共享性,表现在其整个运营过程中通过数字技术、平台式分工组织模式,以最低的边际成本实现停车闲置资源的再利用,促进资源的流动性提升,实现价值再创造。

共享性在停车运营中具体表现为五大特征。一是闲置停车资源具有量大、分散、可高频使用的确定性。二是大众参与的主体特征。停车难造成了停车的刚需,停车泊位的高闲置率及权属特征提供了车位有偿出租的驱动力和可能性,形成了庞大的相互吸引、相互促进的供需参与群体,为价值创造提供了可能。三是资源高效适配的客体特征。停车泊位的使用具有时间确定性特点,为资源流动提供了可能,同时数字平台的无边界化,使用户群体具有无限扩展的可能,为资源的高速流动、高效配置提供了条件。四是权属理念变化的文化特征。在便利、安全的保证下,停车资源供需双方对于泊位闲置期的再利用都具有高度认可的思想理念。这种文化观念的变化是停车共享能够实现的根本。五是体验决定结果的效能特征。基于便利、安全的需求及车辆的贵重价值特征,停车参与体更注重参与过程中的参与体验,停车参与决策行为受体验结果影响。这种体验性特征要求共享停车必须提升服务质量,不断满足参与体的个性化需求。

3. 数字化

DPSP 是数字技术与共享停车模式融合的结果,是数字经济时代的产物。数字化是 DPSP 的根本特征,也是 DPSP 与其他停车方式的根本不同之处。DPSP 通过数字技术重新塑造停车管理的思维模式、组织架构、方法架构、技术架构、行动架构,将停车管理打造成从思维模式到停车设施建设、信息采集、传输等各环节均成为数字节点的完整的数据链条,使停车管理更加高效、精确、可追溯,实现精确分析、精准管控、精细管理和精心服务。

DPSP 的数字化特征具体表现在以下几个方面:

(1)停车思维数据化。停车管理思维模式从传统的线性思维发展到网状思维是 DPSP 的首要条件。传统的线性思维模式在制定共享停车规则时,往往从交易的方式、载体、技术手段、供需满足的个别角度强调其重要性,从而导致共享不同环节、不同方面之间的矛盾冲突,影响其效能。网状思维模式是将影响共享停车的所有要素进行综合考量,制定统一法则,从而保证共享各环节要素能够均衡、协同,最大化发挥其效能。

(2)停车资源数据化。停车资源数据化是指包括停车泊位的基本信息(位置、数量、类别等)、泊位所有者基本信息(通联方式、车辆信息、停车轨迹等)及动态变化的采集、分析等全部实现数据化管理。停车资源数据化是实现数字共享停车的基础。

(3)停车决策数据化。停车决策决定着停车资源供需双方的行为选择,影响着共享停车市场扩展的速度与范围。数字化时代,大数据、云计算、通信技术及智能设备的发展,为人们获得更多信息提供了可能,人们的决策行为更大程度上取决于所获得的信息的综合应用,表现出信息决策数据化的特征。这种特征为共享停车的推广实现提供了可能。

(4)停车管理数据化。停车管理数据化主要表现在:一是停车管理决策取决于交通大数据;二是停车管理过程更加注重数字化、可视化;三是停车管理决策效果评价受数据影响,并由数据体现;四是停车管理与评价结果再次以数据形式体现出来。

(5)停车数据资产化。停车数据资产化是指通过定价体系、交易体系、服务体系创新,实现停车泊位资源、广告资源、停车后服务(加油、充电、维修、保险等服务)、异业合作等资源的互通整合,实现停车资源价值的最大化。停车数据资产化是充分实现共享停车效能与价值的重要因素之一。

4. 平台化

平台化是 DPSP 的运营模式特征,是共享停车得以实现的条件基础。DPSP 的平台化特征表现为数字平台是各参与体实现共享参与的载体,使共享停车总体上表现出参与结构模块化、管理算法化、效率算力化的时代特点。不同参与体以平台结构模块存在,参与平台分工。在平台运营中,所有参与体以平台数字元存在,作为平台数字链条的节点接受算法规训,目标价值实现受算法和算力深度影响。

平台化是数字技术发展和人们对于生产生活更高效率、更优结果追求的客观要求和必然结果。数字平台基于平等协作、价值共创、利益共享理念,具有跨时空、无边界、横向化、扁平化、去中心化、去中介化等特点,更便于各参与体参与停车共享,更有利于激发各参与体的参与积极性。平台的横向化、扁平化特点,强化了参与体的参与角色定位,更有利于提升社会管理效能;平台的去中介化、去中心化特点,更有利于降低交易成本,产生互补与协同效应;平台的数字化、跨时空和无边界化,拓展了个人参与社会分工的适配性与选择广度,更能满足多样化和个性化需求,减少资源错配,提升共享停车的科学合理性和效率,从而使 DPSP 优于其他共享停车模式。共享停车的平台化特征的体现程度,决定着参与体参与共享停车的积极程度。

2.1.3 数字共享停车的系统定位

随着社会经济的发展,交通管理模式也处于不断的发展变化中,越来越趋向于多元化、多样性,共享停车在城市交通管理中发挥着越来越重要的作用。DPSP 的发展将进一步促进静态交通乃至整个交通管理模式的变革。然而,作为一种新模式,DPSP 一直被视为一种辅助性经济行为,而没有被作为公共产品纳入社会统筹治理范畴,从而制约了 DPSP 在城市智能化交通管理中的效能发挥。在数字全球化和全球数字化的背景下,兼具价值再创造、社会公益性、数据多重效用性的数字共享停车,既能与其他停车方式形成有益互补,又能促进城市交通管理科学有序发展,对静态交通的影响不断提升,必须明确其在停车管理中的地位和作用,才能更有利于其效能的发挥。

将不同停车管理模式进行比较,找出其相互间的差别,是更好判断其比较优势,认识其价值,及其与其他停车管理服务模式之间协调互补的有效途径。本研究从使用权属、使用成本、投资成本、管理成本、管理方式、效能监测、服务范围、服务时限、资源利用率、可拓展空间十个方面,对现在的三种车位管理服务模式进行比较,分析其特性,以准确定位数字共享停车的功能和服务,具体见表2-2。

表2-2 数字共享停车模式与其他停车模式比较

	使用权属	使用成本	投资成本	管理成本	管理方式	效能监测	服务范围	服务时限	资源利用率	可拓展空间
私人泊位	个人所有	高额,一次性支付	土地、设施	—	滞后	个人	长期	0周转	有限
公共停车场	公共所有	小额,即用即付	土地、设施	人员设备	制度管理	及时	一定区域	短期、不确定	多次周转	有限
数字共享停车	不改变原属性	小额,即用即付	平台建设	人员设备	制度管理与算法管理	及时、可视化	无边界	短期、确定性	多次周转	有限基础上的无限

从表2-2可以看出,DPSP在运营过程中消灭了车位权属概念,因此在车位分配上更加灵活。数字支付手段的使用,使DPSP使用成本支出方式更灵活、效率更高、压力更小。价值再创造模式,使DPSP投资成本更低,且可拓展空间更大。资源再利用理念,使DPSP资源利用率更高,可以有效降低消耗。全数字化技术应用,使DPSP服务效能监测更加及时、可视化。服务范围具有无限性,服务时间具有确定性,使DPSP可以更好地提升服务质量,调节城市停车压力。DPSP管理方式虽然较为复杂,但是,将算法管理引进车位管理,可以使车位管理更加精确化,且由此形成的数据及经验值可以提供给城市交通管理再复用。DPSP管理成本相对于个人车位管理较高,但是个人车位的管理只是将个人管理成本的大部分转让给了社会,导致了表面上的个人成本管理相对较低,如果以社会总成本核算,DPSP的管理成本相对于个人泊位管理成本并不一定高。同时,DPSP的管理成本将随着服务范围扩展和服务时限延展逐步降低。

总体上,DPSP模式在效能上远优于其他两种停车管理模式,是对其他两种模式资源的深度挖掘和再利用、价值再创造,应该充分肯定其价值,将其作为其他两种停车管理模式的重要补充,纳入城市交通管理发展整体规划中,赋予其应有地位,以更好地发挥其效能,更好地提高交通管理的质量与效果。

同时,也必须看到,数字共享停车资源来源于私人泊位和公共停车场,在本质上是一种车位调节手段,是对私人泊位和公共停车场车位的再利用,其发展空间受二者的影响与限制。因此,在当前条件下,数字共享停车与私人泊位和公共停车场是补充关系,而不是取代关系。当社会普遍意识到数字共享停车的优越性,对 DPSP 的接受从自发转变为自觉的时候,所有的车位将变为公共停车位,DPSP 便可以由车位存量的调节分配手段向增量和存量融合发展的方向转变,全面取代其他两种停车方式。本研究立足于当前的社会现实,仍然将 DPSP 作为其他两种停车方式的有益补充,倡导在停车管理中统筹三种停车模式,促进资源的最大化利用,在此基础上推进数字共享停车意识逐渐从自发走向自觉,最终实现数字共享停车的全面化。

2.2　数字共享停车系统技术架构设计

当前,在政府政策的推动下,以城市为基础的停车管理平台建设开始逐步推进。然而,从已建成的停车数字平台来看,其功能主要定位于停车位管理的数字化实现,相当于专业的行业数据库,还不是真正意义上的数字共享停车平台。市场上还缺乏以共享停车运营为目的的数字平台,加强数字共享停车系统架构研究,包括服务流程设计、平台功能分析、设计研究等,可以有效填补该项空白,对于推动数字共享停车发展具有重要意义。

2.2.1　数字共享停车服务流程分析

DPSP 服务流程遵循共享经济和数字经济的一般特征,具有以人为本、多中心、多主体、多边协同的一般特点。在整个服务流程中,泊位提供方、泊位管理方、泊位需求方、运营服务方、行政主管部门在不同阶段分别发挥着主导作用,共同参与到服务流程,并依据其效用进行博弈,追求各自利益的最大化,在各自利益的临界点达成协作。因此,DPSP 服务过程始终是基于共性原则的个体利益不断调整的博弈、协调过程,全过程的不同阶段相互反馈,循环往复,在博弈、协调过程中,各参与方对共享价值的认识不断深化,不断提高服务质量和效率,最终促进数字共享停车实现从自发到自觉的转变。

因此,DPSP 整个的服务流程设计,需要从泊位提供方、泊位管理方、泊位需求方、运营服务方、行政主管部门的需求特征出发,以平台为核心进行统筹设计,如图 2-1 所示。

1. 数字共享停车资源控制分析

本研究所指共享资源,是指以城市为应用单元的包括个人私属泊位、单位自有泊位、公共停车场泊位在内的所有可以用来共享的泊位。共享资源确定环节是整个共享服务的起点和基础,是流程设计的开端。共享资源环节的工作重点是了解资源供给方和需求方的意愿与诉求,以便最大化获取共享停车资源,充分掌握市场需求。这一环节的工作内容主要包括需求调研、数据整理与分析、共享机制设计、平台设计与开发等。

（1）需求调研

数字共享停车运营受供给、需求、管理等各方面的影响。停车需求是刚需,对共享行为选择影响更多的是价格因素、便捷因素、车辆安全因素。供给和管理受影响因素较多,具有选择不确定性,而这些特性在共享停车服务实际运行中,将极大影响其成效。加强前期需求调研,了解三方参与共享停车的个性特征与需求,对于提升数字共享停车效能具有重要意义。

需求调研的目的是了解、收集区域内泊位可提供方、需求方、泊位管理方、主管部门参与共享停车的真实意愿,影响其泊位提供意愿的核心因素,为资源数据库构建、服务管理模式确定提供数据支撑。为确保调研内容的严肃性、真实性,结合工作量实际,需求调研方法在样本选择上可以采取抽样调查方法,在调研方式上可以采取与停车场管理方合作的方式,以访谈或座谈式问卷调查为主,以手机 App、小程序、电脑网页等方式为辅。在调查内容设计上,除基本个人信息、车辆信息、泊位信息外,还应有设计权属、使用费用、共享停车意愿、共享停车影响因素、消除共享影响因素策略选择、共享补偿价值需求等。另外,针对新能源汽车的发展,问卷设计应包括电力供应、电力价格等内容。

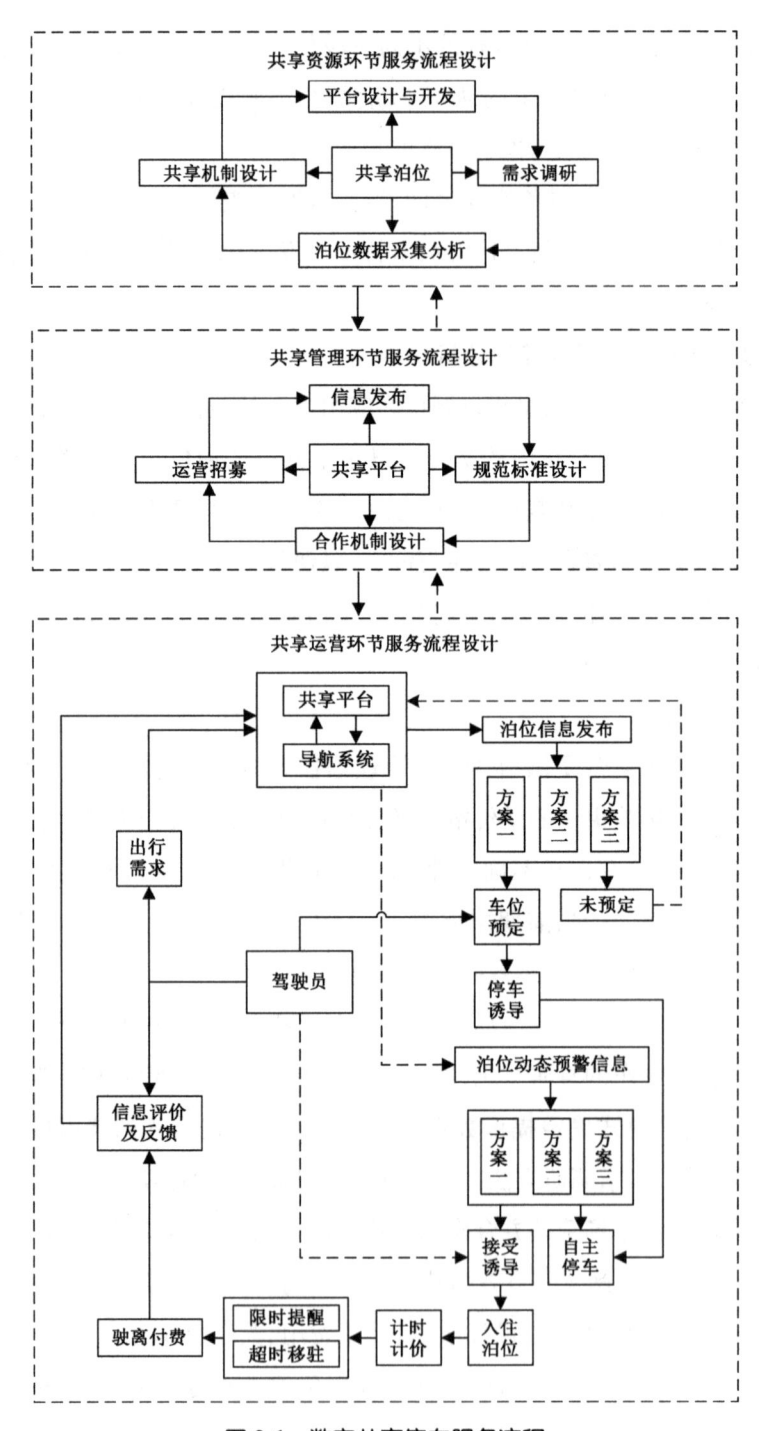

图 2-1 数字共享停车服务流程

（2）数据整理与分析

信息的整理和分析是一般信息向有效数据转化的重要环节。首先进行分层归类,第一层按照主观信息和客观信息进行定性、定量分类。主观类如停车意愿、影响因素、价格需求等进行边界界定,确定上限和下限,求取均值作为下一层的定量数据。第二层对客观类信息如个人信息、车辆信息、泊位信息等进行聚类归类,分析其共性特征。第三层是按照需求对聚类数据再分类,找出个性特征,如泊位闲置时间、停车场管理设施、收费价格等。通过整理与分析,实现数据的整体可视化、应用便捷化。

（3）共享机制设计

共享机制设计是合作共享的规则设计,是为数字共享停车运营服务各方协同合作提供制度依据。共享机制设计包括合作机制设计、价值共享机制设计、价格机制设计、安全机制设计等。共享机制设计的依据是调查数据和通过不同渠道获得的与共享停车相关的客观数据及国家有关法规政策。

（4）平台设计与开发

数字平台是 DPSP 运营服务的载体,也是各方需求满足的现实工具。平台设计与开发,依循共享机制设计确定的各种规范,同时,依据平台本身特点确定其必需的设计规范,包括平台架构设计、技术线路设计、车位分配机制设计、数据安全机制设计、评价反馈机制设计、呼叫响应机制设计、奖惩机制设计、支付方法设计等。平台设计开发要确保安全性、先进性、前瞻性、高兼容性、高扩展性等。

2. 数字共享停车管理控制分析

共享管理环节是资源环节和运营环节的中间环节,是确保共享停车活动有效运行、共享服务资源高效配置、共享效能充分发挥、共享需求满足实现的关键环节。

这一环节重点在规范标准设计、协作机制设计、作业招募设计、作业信息发布设计等方面开展工作。

（1）规范标准设计包括响应机制设计、危机处理设计、评价反馈机制设计、奖惩机制设计等。

（2）协作机制设计包括协作内容、协作范围、权责规范、利益分配设计、异业合作设计等。

（3）作业招募设计包括运营商条件设计、退出机制设计等。

（4）作业信息发布设计包括发布主体、发布内容规范、信息反馈响应等。

3. 数字共享停车运营控制分析

DPSP 运营环节以平台提供服务的客户体验为核心，坚持主动服务、以人为本、效益优先、持续改进、不断提升的理念，具体服务设计如下：

（1）平台 24 h 发布停车泊位动态变化信息。

（2）驾驶人主动提出停车服务需求时，共享平台给出不低于三种泊位信息推荐方案，并根据价格、距离、时间进行最优选择排序。

驾驶人出行没有提出停车服务需求，而是利用导航系统提出行驶导航需求，平台主动给出不低于三种泊位信息推荐方案，并根据价格、距离、时限进行最优选择排序。

（3）平台通过语音、弹窗等方式主动提醒驾驶人进行泊位预订。

（4）驾驶人进行泊位预订后，平台按照最优线路进行驾驶导航。

① 预订泊位按照预订时间开始计费，并将计时开始时间、价格标准、预计费用、计算标准反馈到驾驶人手机和邮箱。

② 驾驶人可根据实际情况变化取消预订，在规定期限内取消预订不计费，不计入信用评分。超过规定时间取消预订，则按照预订开始时限收费。

③ 驾驶人未预订泊位，进行定时泊位动态变化预警提醒。

④ 驾驶人接受预警，选择推荐车位，开始进行行驶诱导。

⑤ 驾驶人未选择推荐车位，属于自主停车。

（5）非预订车位，车辆停驻泊位后开始计时、计价。

（6）限时车位定时提醒。

（7）限时车位呼叫。在限时临近时进行提醒呼叫，呼叫驾驶人及时驶离车位，或选择移车续驻。

（8）超时车位移驻。对超时呼叫不响应车辆进行移驻，并纳入费用惩罚序列和交通管理信用计分序列。超时呼叫响应移车续驻的，按照重新停驻计算。

（9）驾驶人驶离车位，进行费用结算，费用结果、计算方法、票据信息反馈到驾驶人手机和邮箱。

费用缴纳情况计入信用评分,评分达到一定程度,依据奖惩规则进行奖惩。

(10)信息评价与反馈。驾驶人对服务质量进行评价,反馈到共享平台。评价结果纳入奖惩序列,并作为共享机制、技术线路改进依据。

2.2.2 数字共享停车系统设计

DPSP平台是共享停车管理、运营服务的数字化载体,是停车资源高效利用目标实现的重要凭借。停车闲置资源的再利用、价值再创造、停车参与体需求满足等,均主要通过平台应用来实现。平台架构、功能设计、技术线路的先进性、科学性决定着管理效能的实现程度、共享停车参与体需求满足程度和数字交通整体目标实现程度,对加强平台功能设计研究具有重要意义。

1. DPSP平台功能分析

DPSP平台功能既要满足停车需求方停车最优选择,使停车需求者能够以最优价格、在最短时间内实现停车入驻、停车驶离、安全驻车,又要满足泊位供给方自我便利优先、自我安全优先、价值再创造双重满足的需求,也要满足运营服务方便捷操作、权责明确、收益均衡可持续的要求,更重要的是统筹兼顾城市整体停车效果,满足缓解交通拥堵、优化交通环境的城市管理要求。因此,平台功能设计要着眼于整个城市的交通管理,与城市"交通大脑"(交通数据管理中心)进行无缝衔接,充分发挥"大脑神经末梢"作用,实现停车管理的一网统管。具体功能需求如下。

(1)停车基础数据管理功能

停车基础数据管理是整个平台服务运行的基础。停车基础数据包括泊位供给方、需求方、停车场管理方、服务运营方等的相关数据,以及相关政策法规条例等。平台功能设计需要将这些数据进行分层分类,在停车诱导、驻车管理、费用计算等不同应用环节根据算法模型提供数据支撑,实现应用目的。

(2)停车诱导功能

停车诱导是停车运营服务环节的核心。停车诱导的人性化、高度智能化、服务主动化、精细化是共享参与体验的关键。为确保"四化"目标实现,停车诱导应具备以下基本功能,并具有功能可延展性。

① 根据平台算法模型,对停车泊位闲置资源按照地理位置、价格、用时进行归类分析、车位预测,在驾驶人提出停车需求或出行需求(位置导航搜索)时,立即进行泊位分配,并通过语音、文字、图示主动进行推荐提醒。泊位信息以停车场为单位进行发布,信息发布方案不少于三种,按照位置最近、价格最优、用时最短进行最优推荐。

② 考虑新能源车的应用,同时提供新能源车车位数、充电价格发布等。

③ 提供停车预约功能,主动对驾驶人员进行预订泊位提醒。

④ 提供导航服务功能,在驾驶人进行车位预订后,按照驾驶人选择方案进行停车导航,引导驾驶人快捷到达停车泊位。

⑤ 提供计时、计费服务,在驾驶人选择停车预订后,进行计时、计费,并将信息发送给驾驶人。

⑥ 同时将预订信息反馈给停车资源管理模块,对车位进行重新分配,并发布变动信息。

⑦ 在停车预订提醒信息发布后,如果驾驶人没有进行泊位预订,则平台在驾驶人行车过程中按照行驶距离,将驾驶人行驶目的地的停车泊位变动信息及时提供给驾驶人,提醒驾驶人预订车位或者选择平台推荐停车场,驾驶人选择预订车位,则按照泊位预订方案执行余下步骤。

⑧ 如果驾驶人选择了推荐方案中的一种,但是没有选择预订泊位,则按照选择方案进行停车导航,引导驾驶人快捷到达停车泊位。

⑨ 中间过程中,如果驾驶人选择推荐方案中的停车场泊位出现预警(泊位低于 15 个、10 个、5 个时分别进行预警),则根据公共交通信息管理系统计算出的交通流量和已经接受的停车需求,进行泊位预警和新方案推荐。直到驾驶人顺利到达有车位的停车场完成停车诱导环节。

(3) 驻车管理功能

驻车管理,是指汽车驾驶人按照停车诱导到达停车场到驶离停车场的全过程。本过程是停车共享行为由平台与停车需求方单向互动,到停车需求方、平台、泊位供给方、车场管理方多边行为选择冲突与协调的转变。因此,驻车管理功能设计要充分考虑到多边需求,满足供给方自便利、安全、价值再创造需求,需求方车辆安全、便捷需求,管理方权责明确、价值获得需求,具体要具备以下功能。

① 代客泊车信息通知。A.汽车到达停车场后,停车管理方通过自主泊车系统,代驾驶人将车辆停驻泊位,缩短停车场寻位时间,提高泊车效率。B.对于不具备自主泊车条件的车辆或停车场,则提供车场诱导服务。C.车辆入驻泊位后,对于没有停车预订的车辆开始计时、计费并将信息发送给驾驶人。D.对于泊位供给者有限时要求的,则对临时入驻车主、停车场管理方进行限时提醒,在限时到达前半小时进行超时呼叫,对于呼叫响应的车主,驶离停车场,或进行车辆移驻,继续计费。超时呼叫没有响应的临时入驻车辆,进行代客移驻,并进行超时计费,记入信用档案,将结果通知车主。超时计分达到一定程度,转化为交通车辆积分扣除。对于超时呼叫没有响应的停车管理方,通知管理方管理系统及负责人,记入信用档案,作为其管理能力评价的依据,实行管理费用分配惩罚扣除。

② 车辆安全监控与报警功能。车辆安全是停车需求方关注的核心问题之一。平台可利用停车场具备的监控系统进行实时监控,在车辆出现安全问题后,及时向车主和停车场管理方(物业公司)通报情况并作为权责划分的依据。同时通过车辆信息管控系统与计费、支付管理系统,对车主和车辆信息进行核对,发现问题及时报警。

③ 反向寻车功能。根据驻车泊位记录信息,在车主提出驶离需求时,立即通过文字、语音、图示等方式通知驻车泊位信息,有条件的进行代客移车,代客驶离停车场,完成自动缴费。

(4) 财务管理功能

财务管理功能是平台实现参与各方价值均衡、确保共享运营顺利的根本保障。财务管理功能包括停车计时计费、费用缴付、费用信息发送、票据信息获取、费用可溯化、参与体收益核算与转移支付、资金安全监管功能等。计时计费要求精确化、明细化。费用缴付要求多元化、快捷化。发送费用信息要满足及时、细致需求。费用可溯化功能要求可以定时、定性、定量。资金安全监管要求权威化、智能化、实时化、定期抽查化。

（5）终端管理功能

平台应用终端，如 App、网站等，既是平台的应用功能显示层，也是共享参与体各方参与停车共享的工具，要确保终端应用的一体化、操作便捷化、特色需求满足化。

2. DPSP 平台系统架构

停车管理是具有社会公共属性的服务行业，DPSP 管理系统设计既要遵循一般数字平台架构规则，又要体现其准公共产品属性，便于实现物理世界和虚拟世界的相互映射，提高平台管理运行效率。

（1）平台系统体系架构

数字化共享停车平台在系统体系架构上采取分层、分类、扁平化、模块化结构设计，便于不同参与体管理模块既能独立运行，又能快速协调合作。系统架构整体分为感知层、物理层、数据层、网络层、应用层、显示层六个层次，各层之间形成支撑、协作和相互映射关系（见图 2-2）。

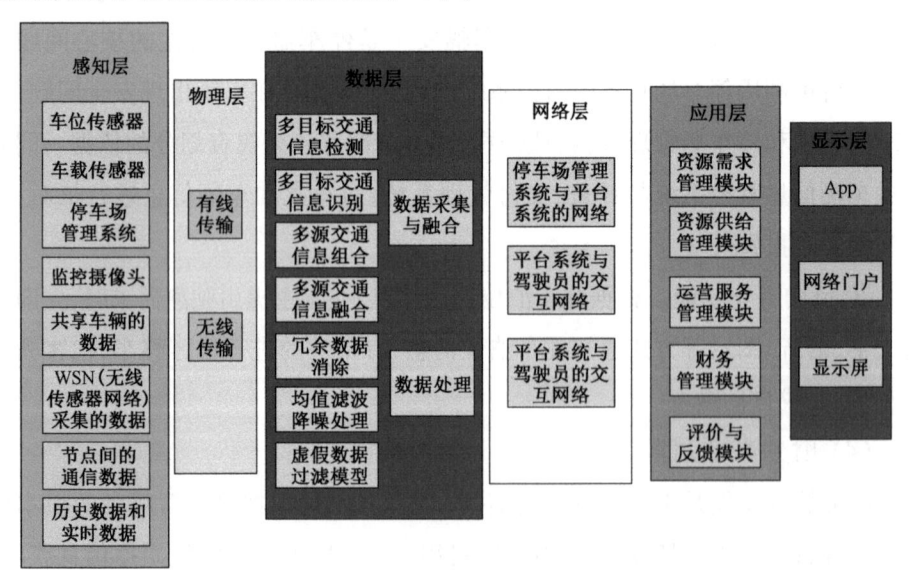

图 2-2 数字共享停车平台系统体系架构图

数字共享停车平台系统体系架构示意图的六个层次各具特色、相互关联，为现代城市停车问题提供了全面而创新的解决方案。

感知层：感知层作为整个数字共享停车平台的基础，负责全面采集各类数据。这些数据包括但不限于车位传感器采集的车位状态信息,车载传感器采集的车辆状态信息,停车场管理系统提供的停车场运营数据,以及监控摄像头捕捉的实时视频数据。同时,感知层还通过无线传感器网络(WSN)采集各种环境参数和节点间的通信数据。除此之外,感知层还负责收集共享车辆的数据,包括车辆位置、使用情况等,以便平台对共享车辆进行有效管理。为确保数据的完整性和准确性,感知层不仅实时采集数据,还对历史数据进行存储和分析。通过对这些数据的深度挖掘,平台可以更好地了解停车场的使用情况、车辆的行驶规律等,为优化资源配置和提高运营效率提供有力支持。

物理层:物理层是数字共享停车平台的支撑结构,负责数据的传输和通信。为确保数据传输的稳定性和高效性,物理层采用了有线传输和无线传输相结合的方式。有线传输主要用于停车场管理系统与平台系统之间的连接,保证数据的实时同步和准确性。无线传输则主要用于平台与驾驶员之间的交互,使驾驶员能够随时随地查询和预订车位。

数据层:数据层在数字共享停车平台中扮演着"大脑"的角色,负责对感知层采集的数据进行处理和分析。数据层采用了多目标交通信息检测和多目标交通信息识别技术,能够实时监测和识别交通状况,为平台提供准确的交通信息。同时,数据层还擅长多源交通信息的组合和融合,将各种信息整合为有用的决策依据。为提高数据的质量和可靠性,数据层采用了冗余数据消除和均值滤波降噪处理技术,以消除数据中的冗余信息和噪声干扰。此外,数据层还引入了虚假数据过滤模型,对采集的数据进行筛选和过滤,确保数据的真实性和准确性。通过数据层的处理和分析,平台可以更加全面地掌握停车场的使用情况、车辆的行驶规律等,为优化资源配置和提高运营效率提供有力支持。

网络层:网络层是数字共享停车平台的"神经网络",负责停车场管理系统与平台系统之间的网络连接以及平台与驾驶员之间的交互网络。

应用层:应用层是数字共享停车平台的"执行机构",负责实现各种业务逻辑和功能模块。其中,资源需求管理模块和资源供给管理模块协同工作,根据停车场的使用情况和车辆需求进行动态调整,确保车位的合理分配和高效利用。运营服务管理模块则负责停车场的日常运营和维护工作,包括车位预订、收费管理等。财务管理模块精准地记录每一笔交易,保障各方的利益。评价与反馈模块则为驾驶员提供一个发声的平台,让他们的意见和建议能够被重视和采纳。通过应用层的实现,数字共享停车平台可以为驾驶员提供更加便捷、高效的停车服务。

显示层:显示层是数字共享停车平台的"门面",负责将平台的信息和服务展示给公众。显示层可以采用多种展示方式,包括 App、网络门户和显示屏等。驾驶员可以通过 App 方便地查询和预订车位,也可以通过网络门户了解最新的停车资讯和政策。而显示屏则实时显示停车场的使用情况、收费标准等信息,为驾驶员提供即时的信息参考。通过显示层的展示,数字共享停车平台可以更好地服务于公众,提高停车资源的利用率和城市交通的运行效率。

(2)数字共享停车管理服务系统框架

DPSP 管理服务系统,遵循权威高效、科学合理、平等协作、价值共创、多元共享理念,以权威组织边界监管为保障,以数字共享平台为核心,以多边去中介化协作为原则,优化共享停车服务流程,提升停车管理服务质量(见图 2-3)。

① 基于数字共享停车服务的准公共性,平台权属归于交通行政管理部门,由交通行政管理部门负责组织平台建设及监管,确保平台运营的安全性和权威影响力。交通行政管理部门依据交通管理法规、平台算法对以平台为中心进行的共享停车运营服务进行全过程监管,确保平台健康、持续运营。

② 平台本身独立提供共享停车服务,同时,作为重要的交通信息源,在整体上属于公共交通信息平台的一部分,与公共交通信息平台共享数据,实时交互。

③ 平台是共享服务的核心,共享停车服务运营商通过平台提供停车管理服务,获得收益,并接受监管部门和平台算法的双重管理。泊位需求方通过平台获得泊位使用服务,接受平台算法规则,支付泊位服务费用,对平台服务进行评价、监督。泊位供给方按照平台算法规则通过平台提供泊位资源,接受交通管理部门和平台共同提供的数据安全、泊位安全保障,获得相应经济收益和社会收益。

④ 平台建设采取分层式模块化结构,总体上由安全管理模块和业务模块两大模块组成。安全管理模块负责平台运营中的数据安全、资产安全和信用评价管理。平台为所有共享参与体建立信用档案,并依据信用档案对参与体进行经济和社会信用奖惩。交通行政管理部门设置专门机构负责资产安全问题,资产

安全问题包括泊位资源的非法占用、供需方车辆受损等问题,处理依据是相关法规、平台规则和平台通过感知、监控设备获得的数据。

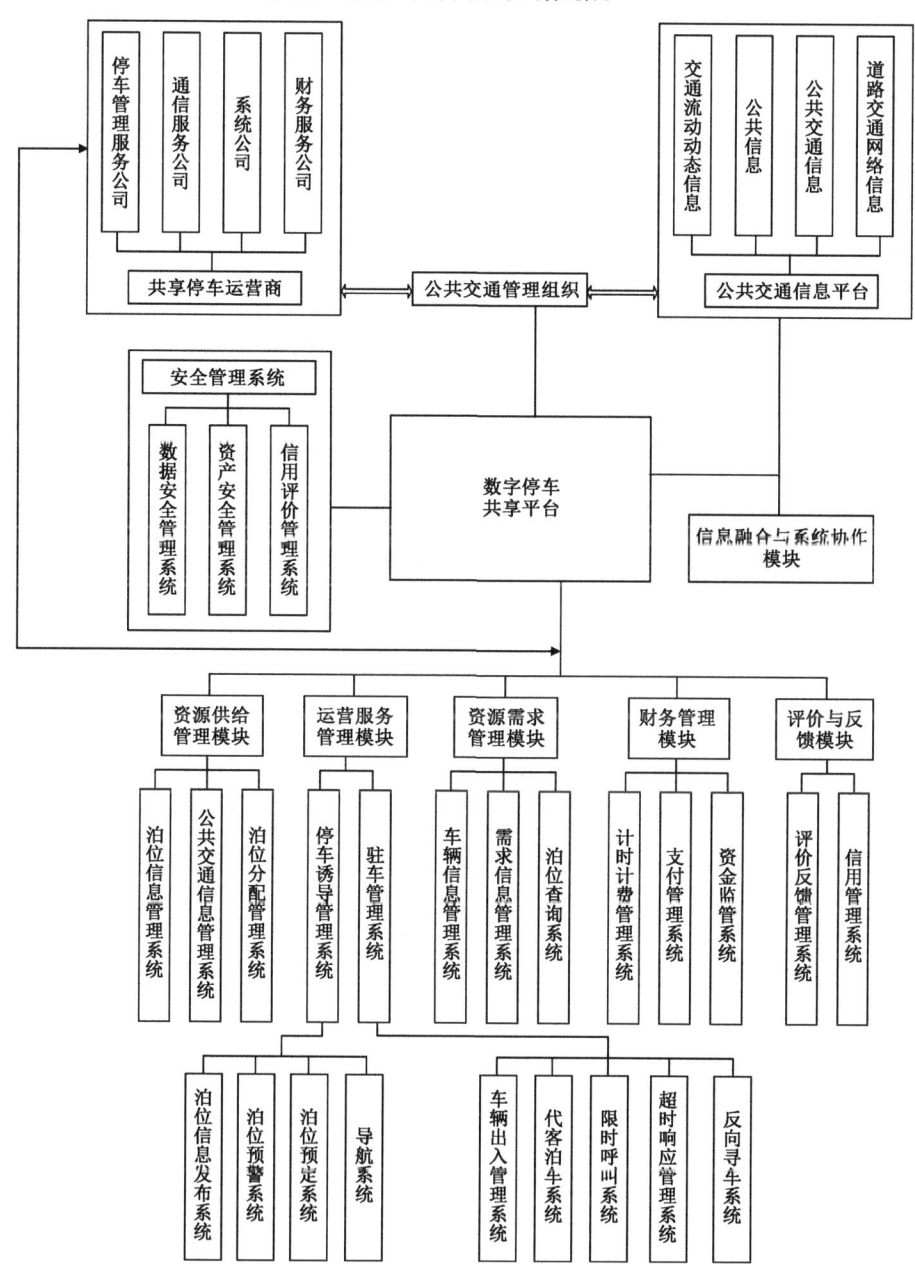

图 2-3 数字共享停车管理服务系统框架

⑤ 平台业务模块由资源需求管理模块、资源供给管理模块、运营服务管理模块、财务管理模块、评价与反馈模块五大模块构成。

资源供给管理模块,是业务板块的基础。由泊位信息管理系统、泊位分配管理系统、公共交通信息资源管理系统组成。针对泊位供给方提供泊位发布、泊位占用查询、收益查询、评价反馈等服务,并为每个泊位供给者建立信用档案。根据泊位供给方提供的泊位信息、动态变化和公共交通流量信息、路网信息,依据算法进行泊位组合分配,在泊位需求模块发布。

资源需求管理模块,由车辆信息管理系统、泊位查询系统、需求信息管理系统组成。提供泊位查询、车辆安全查询、费用查询、评价反馈等服务,并为每个资源需求者建立信用档案。按照资源供给管理模块提供的泊位信息,在终端界面发布,并可针对泊位需求方的出行信息,主动推荐相匹配的泊位停驻方案,接受车位预订,将预订信息反馈给平台。

运营服务管理模块,是业务板块的核心,由两个三级系统组成,包括:停车诱导管理系统(泊位信息发布系统、泊位预警系统、泊位预订系统、导航系统)、驻车管理系统(车辆出入管理系统、代客泊车系统、反向寻车系统、限时呼叫系统、超时响应管理系统)。在平台感知到停车需求时,即向需求方提供泊位推荐,主动提醒泊位预订,泊位预订后,提供行车导航服务。在车辆到达停车场后,提供计时计费服务,根据车主需求,提供代客泊车服务。对于限时车辆,提供限时提醒、超时呼叫和超时移驻服务。并为车主提供反向寻车、车辆安全信息查询服务。为车辆管理服务运营方(物业公司、停车场管理公司)建立数字信用档案,根据其评价反馈结果,进行经济和社会信誉奖惩。

财务管理模块,由计时计费管理系统、支付管理系统、资金监管系统等组成。在车主进行泊位预订或者入驻泊位后开始计时,并按照收费方案进行计费,在车辆驶离泊位后收取费用。定时给泊位供给方、运营服务方提供数字化资金结算,支付相关费用。根据信用档案结果进行资金扣除。资金监管由交通行政管理部门指定专门机构负责,确保资金安全。

⑥ 信息融合是平台有效运营的基础,设立信息融合与协作模块,包括信息融合系统、共享协作系统。由于平台运营数据的庞大多元和多模块化,存在着数据

冗余、协议冲突等问题,利用算法、模型,通过共享协议、冲突消解协议等,对平台运营产生的多元信息进行统计、分析、整理、校准,确保信息传输的精准快捷,确保各模块、各子系统的协作配合。

DPSP平台系统框架,是依据资源效用理论、静态交通时空均衡要求,基于数字技术的本质特征、共享停车基本理论、数字平台的组织特点进行建构,可以有效解决当前影响共享停车效果的信息局限、体验度不够等问题。服务框架的平台式、模块化建构,有利于从根本上解决信息资源不对称问题、参与便捷化问题。服务框架的数字化技术应用,有利于提高服务需求响应、提高服务质量和参与体验。

2.3 本章小结

本章就数字共享停车的概念、特征、系统框架、关键问题进行了研究。通过对当前共享停车基础理论研究的总结与分析,阐明了数字共享停车概念,并对其属性特征、功能定位进行了研究与界定,为全书奠定理论基础。在此基础上,设计了数字共享停车服务流程,构建一套数字共享停车平台系统框架。最后,对影响数字共享停车的关键问题进行了分析,指出结合实际运营中存在的问题,加强共享停车数据采集与融合、数据处理、数据应用和用电系统优化等关键技术攻关,提升技术服务能力是提升数字共享停车吸引力、科学配置停车资源的关键,明确了本书研究的核心问题、相互关系及主要内容和目标。

第 3 章　城市共享停车影响因素分析

共享停车作为一种社会经济现象,其发展目标能否实现,关键是看能否对共享停车参与体或潜在参与体产生参与吸引力,具体表现为共享停车对潜在用户的吸引力、对已有用户的凝聚力和社会对共享停车效果的良好评价,使社会形成良好的共享停车参与环境,激发共享停车参与体产生参与共享的动机,成为现实的共享停车参与者。提升共享停车吸引力,重点是明确共享停车参与体及参与决策影响因素,科学分析共享停车吸引力产生机理,并依此确定共享停车吸引力模型设计和具体解决路径。本章依据调查数据,分析对共享停车不同参与体造成影响的原因,为提出针对性解决方案提供依据。

3.1　数字共享停车构成要素及其特性分析

3.1.1　数字共享停车构成要素

对数字共享参与体决策影响因素分析的目的是通过探索共享停车参与体在参与过程中的感知倾向、驱动因素、演化规律及影响机理,定量表征数字共享停车管理服务策略的正负导向效应,构建数字共享停车管理服务吸引力模型,分析吸引力指数边际效用,进而提升各参与体的参与意愿。对于数字共享参与体行为影响因素进行分析,首先需要对数字共享停车基本构成要素——共享参与体、共享停车资源进行界定分析。

1. 数字共享停车参与体

数字共享停车本质上是基于数字技术、平台式分工组织原则及交通管理法规建构的,打通了虚拟世界-物理世界边界的新型跨时空泊位交易市场,在本质上仍然属于市场体系范畴,其构成要素仍然由供需交易主体、交易服务方、市场监督方构成,在这些要素的共同作用下,实现交易信息对称、交易资产收益对等,从而实现供需边际需求满足,进而提升交易参与体的自觉性。按照这一原则,数字共享参与体可以进行如下界定。

数字共享停车参与体包括：有共享停车参与意愿或潜在参与意愿的泊位资源拥有者、停车需求者、物业公司或停车场管理公司的停车场管理运营者、数字平台运营服务者和公共交通管理机构。泊位资源拥有者是指通过购买等形式获得车位一定年限所有权的所有者，停车需求者是指驾驶车辆出行需要临时停车的车辆驾驶员。泊位资源拥有者、停车需求者，是共享停车产业链形成的基础，通过对应供求关系成为共享停车市场主体。物业公司或停车场管理公司的停车场管理运营者是指对泊位具有管理权的单位，包括小区物业、单位物业和公共停车场物业。数字平台运营服务者，是指自主建设了数字共享停车平台或者根据政府统一管理要求承接数字共享停车平台运营服务的能够独立承担运营责任的法人单位。停车场管理方（物业公司）、平台运营方，通过提供共享交易服务成为共享停车不可缺少的环节。公共交通管理机构是共享停车交易的监督者和推动者，对共享停车交易的公平性、公开性和市场扩展范围与质量负责。数字共享参与体之间是相互协助、相互支持、相互赋能的关系。围绕数字共享停车平台，共享参与体之间通过相互赋能，实现停车资源价值再创造和自身价值增长，形成数字共享停车产业生态圈。

在某些情况下，停车场建设者、停车场基础设施提供者作为停车场管理运营者组成部分以特殊形式参与共享停车，但其一般不是独立参与方，在研究中不作为共享参与体。

2. 数字共享停车资源

数字共享停车资源是指一定区域内所有处于闲置状态的、可以对外提供共享服务的停车位。

在以往的研究中，对共享停车资源具有特别界定，根据泊位供给管理政策的发展，共享资源界定也经历了特指开放式公共停车场、单位停车场、私人停车位等变化。目前研究中，共享停车资源一般是特指居住区内的居民泊位。可以发现，这种特别的界定，随着研究者和政策制定者的关注视角的发展而发展，具有时代的特征，因而既具有一定的时代先进性，可以在一定时间内解决相应实践问题，同时因为其时代发展特性也导致了其局限性，缺乏从全局上将区域内泊位资源进行再分配的通盘考虑。导致这种结果的原因,一是对资源和资源再分配的思想认识是一个发展过程,核心的原因是技术条件的限制,人们无法对所有已经创造的成果及其效能进行全面的了解,表现在共享停车上,是对停车资源的数据统计与应用是从非可知化到可知化的一个不断发展的过程,因而对其价值再利用的认识是一个缓慢的不断发展的过程。

数字技术的发展,特别是云计算、大数据的应用,为人类对既往创造成果的全面再应用和价值再创造提供了客观技术条件。数字平台的最大特征是通过对产业数据的全面占据实现信息占有的无限化,进而实现交易信息的完全对称和公平。

数字共享停车通过利用大数据技术,对区域内所有泊位数据化,随时掌握泊位动态变化,在此基础上,通过市场配置手段,对空闲泊位进行交易,实现泊位的再利用和价值再创造。因此,数字共享平台作为停车供需的衔接载体,可以视作停车资源的一部分。

停车资源的利用率与城市交通通畅成正比,与交通拥堵成反比。交通管理的核心是最大化提升包括停车泊位、停车共享平台在内的停车资源可知化、可视化、数据化和统一管理化。

3.1.2 数字共享停车构成要素特性分析

1. 数字共享停车参与体之间的角色转换特性

数字共享停车参与体在停车共享过程中的身份角色并不是固定的,而是存在相互转换的可能。当共享停车服务者和监督者在出于个人需要目的驾车出行时,其角色就变成了泊位需求者,而泊位供给者本身就具有泊位供给和泊位需求的双重角色特性。共享参与体的这种角色转换特性,使共享参与体之间能充分考虑与理解相互利益诉求,在共享参与中能够做到既相互博弈又相互协作,在追逐个体边际收益最大化的同时,通过协作支持对冲因逐利性带来的共享运营风险,为共享停车意愿培育、共享停车市场拓展提供了基础条件,也为停车需求管理政策或策略制定的灵活性提供了更多可能。

同时,泊位供给者的双重角色特性,使其在提供泊位时必然以满足自身需求为前提,当自身需求受到影响时,必然会影响其泊位提供的积极性。共享运营策略制定要充分考虑这一特性,确保泊位提供者自身需求满足不受任何影响。

2. 数字共享停车参与体机动化出行依赖特性

数字共享停车参与体的机动化出行依赖习惯特性,是指数字共享停车参与体在出行时总是习惯于首先选择自行驾车出行的特性。数字共享停车参与体的这一特性具有习惯养成特色,在其接受驾驶训练时就开始了驾车出行习惯的自觉培养,在车辆、车位购买或租用完成后,驾车出行被培育成为一种自觉习惯。除非存在更好的选择替代或者受经济、法规的强制性制约,很难主动改变。这是汽车需求抑制策略在交通管理中难以实现既定目标的重要因素之一。

机动化出行依赖特性,一方面导致了动态交通流量的居高不下,另一方面也使静态交通量处于动态的变化中,是泊位闲置和泊位需求形成的主要因素,为共享停车发展空间拓展提供了基础条件。

3. 数字共享停车参与体资源利用特性分析

数字共享停车参与体的资源利用特性,是指数字共享停车参与体对可共享的泊位资源在应用时间周期、服务质量以及延伸服务方面所具有的独特要求。共享参与体的资源利用特性决定泊位的周转率、价格机制设定、参与体的效用获得和共享价值体现,在共享停车研究中具有重要价值。

数字共享停车参与体的资源利用特性取决于参与体特别是泊位需求者的出行目的。对于出行目的的定义与归类根据研究视角不同,具有不同的划分方式。高良鹏[121]按照时空约束将其划分为弹性出行与非弹性出行两大类,Wolf[122]将其划分为十个细类,肖光年等[123-124]将其归结为生计、生活和自由支配。本书采用通勤停车、非通勤停车、回家停车的归类方法,以更利于共享停车出行特性研究与共享停车管理服务策略制定。

通勤停车是指因上下班、上下学等通勤出行目的而产生的停车行为。通勤停车具有停车时间固定、时间集中度高、停车时间长、停车区域固定、停车行为主要发生在白天、交通环境熟悉、停车泊位利用周转率低的特点。通勤停车泊位资源需求具有相对稳定性和动态变化的不可预测性并存的特征。相对稳定性是指通勤者本身总量的相对稳定。动态变化的不可预测性是指因通勤者本身工作或学习需要而带来的第三者的停车需求总量具有不可预测性。通勤停车泊位一般依据可预测通勤者总量进行规划,而无法考虑动态变化需求。因此,通勤地点在通勤时间泊位供需往往比较紧张。泊位紧张指数与通勤地点机构服务辐射范围成正比,通勤地点机构辐射范围越大,泊位供需矛盾越尖锐,交通越拥堵。比如,通勤地点机构为学校,则学生数量越多,上下学时接送学生的车辆就会越多,学校周边越拥堵。通勤地点机构为医院,则病患越多,接送病人的车辆越多。学校对于招生学生总量可以预测,但对于学生家长车辆应用行为无法预测。医院对于可服务病人总量可以预测,但对于实际到达的接送病人的车辆数量无法预测。因此,通勤停车地点的泊位共享服务,具有两种倾向:为可预测的通勤停车提供的泊位共享服务,具有对象稳定、时间固定、收益稳定、安全指数高、使用诱导服务概率低、主动选择预约停车概率高的特点;为通勤地点机构服务产生的不可预测的增量停车提供的泊位共享服务,具有对象不稳定、时间相对固定、收益不稳定、使用停车诱导服务概率高、主动预约停车概率一般的特点。通勤停车的这种特性对共享停车的价格机制和车位分配机制制定具有重要价值。

非通勤停车是指因为公务、消费、娱乐等需要而产生的停车行为。非通勤停车具有停车地点随机性大、停车时长不固定、停车时间不固定、交通环境不熟悉、没有固定的重复频率、停车泊位利用周转率高的特点。非通勤停车行为在停车时间点和停车时长上都具有不可预测性,共享停车行为中主动选择预约停车的概率相对较低,但是因为交通环境不熟悉,使用行车诱导服务概率较高,因此可以通过行车诱导的主动服务培育共享停车服务习惯。比如,可将共享停车平台与各种地图导航对接,在出行者使用地图导航时主动提供泊位服务。

回家停车是指因回家而产生的停车行为。回家停车多发生在夜晚,白天较少,时间相对稳定,交通环境熟悉。本质上,几乎所有的出行行为最后的结果都是回家,因此,在三类停车行为中,回家停车的占比高于其他两项。回家停车行为与其他两类停车行为形成峰值与波谷效应。与两类停车行为不同的是,回家停车行为具有相对可预测性,泊位需求总量具有相对稳定性。为回家停车提供的共享停车服务具有对象稳定、时间相对稳定、收益相对稳定、安全性较高、预约停车概率较高、停车诱导使用率相对较低的特点,三种停车行为特点比较见表3-1。

表 3-1　三种停车行为共享停车资源利用特点比较

	泊位使用					平台使用		
	时间	时长	重复率	周转率	泊位管理	时间	车位预订	诱导服务
通勤停车	白天	固定	高	低	较容易	稳定	概率高	概率低
非通勤停车	不固定	不固定	不高	高	问题较多	不稳定	概率低	概率高
回家停车	夜晚	固定	高	低	较容易	稳定	概率高	概率低

通过对三种停车行为停车资源利用特性进行比较分析可以发现：

（1）三种停车行为在资源利用上具有时间互补性，这为泊位资源的再利用提供了条件基础。

（2）通勤停车白天需求大，夜晚需求小，通勤停车泊位可以在夜晚释放较多泊位用来共享。通勤点泊位资源需求具有可预测性和不可预测性并存，停车供需矛盾相对较大，因此使用共享停车泊位预订概率较高，是共享平台泊位预订的主要服务对象。

（3）回家停车泊位需求具有可预测性，因此，除部分老旧小区外，泊位配备一般相对充足，供需矛盾相比通勤停车较小。回家停车泊位资源夜晚需求大，白天需求小，可以在白天释放较多泊位用来共享。回家停车需求具有时间固定的特点，使用泊位预订概率较高。

（4）非通勤停车行为具有不可预测性，是导致一定时间段内停车峰谷产生的主要因素之一。因为驾驶者对交通环境不熟悉，往往导致停车寻位时间更长，出行成本增加概率更高。非通勤停车是共享平台停车诱导服务和泊位推荐服务的主要对象。

（5）通勤停车和回家停车，在共享服务上，具有收益相对稳定、停车预约概率较高、停车管理相对容易的特点，因此，在定价机制和车位分配上应采取优惠、优先策略，鼓励车位预订。非通勤停车行为，在共享服务上具有收益不可预测性、停车管理不可预知系数高等特点，因此，在定价机制和车位分配上应采取竞拍定价、推荐停车策略，培养共享停车习惯的同时，使车位分配更加合理。

3.2 数字共享停车参与体决策选择影响因素分析

国内外对于共享停车参与体行为选择影响因素的研究,在研究主体上主要集中于供需两端,在研究内容上集中于共享停车费率、停车设施、停车服务和关联政策机制四个方面。本书基于数字平台式共享停车的一中心(以共享停车平台为中心)、五主体(五个参与体)的架构特性及城市共享停车的发展实际,在调查研究的基础上,分别对泊位提供者、泊位需求者、平台运营商、停车场管理商、公共交通管理部门在参与共享停车选择过程中的决策影响因素进行分析。

3.2.1 数字共享停车参与体选择影响因素调查

分析数字共享停车参与体决策选择影响因素需要数据支撑,数据调查是获取数据的常用方法。为获取当前背景下共享停车参与体共享参与选择影响因素的真实数据,本研究针对不同参与体开展了数据调查。

1. 调查设计

本调查在调查设计上采取了分级、分层、分类的方法,对五类参与体按照三大类别划分,分别设计不同问卷内容,并根据主体特征采取不同调查方法。为了确保调查的广泛代表性,在调查范围上,根据人口集中度和机动车拥有量,首先按照特大城市、大城市、中等城市进行第一级分层,其次根据交通拥堵情况,按照特别拥堵区域、比较拥堵区域、一般拥堵区域进行第二级分层进行抽样调查。为确保调查的针对性、真实性,在具体调查地点和形式上,对于供需主体,选择在居住小区、医院、公园、大型商场、综合办公楼等场所停车场对驾驶员直接进行采访调查;对于停车场管理公司、交通行政管理部门采取上门举行座谈会与问卷调查相结合的方式进行调查;对平台运营公司采取邮件和电话调查,并充分利用互联网、移动互联网等现代网络工具,进行了网上问卷调查。

在调查方法上,总体采取抽样调查法、随机调查法和典型调查法相结合的方法。在具体调查方式上,采取访问调查法、问卷调查法、实地调查法相结合的方式,确保调查的典型代表性和真实有效性。在调查形式上,采取线上线下相结合的调查方式,保证调查样本的多样性。在调查内容设计上,重点包括认知调查、意愿调查、需求调查、停车场基础设施条件调查等几项内容。

调查共获取问卷 3 631 份,有效问卷 3 550 份。以下是对有效问卷结果的统计分析。

2. 调查数据统计与分析

(1) 共享停车认知度调查数据分析

认知是行为发生的前端。本次调查将参与体对共享停车的认知研究作为一个重要的环节。在调查数据的统计分析上将调查目标的认知程度划分为知晓、了解、参与三个层次:知晓定义为知道共享停车概念,但没有接触过共享停车平台或服务;了解定义为接触过共享停车平台或服务,了解其功能,但没有实际应用共享停车平台参与过共享停车;参与是指使用过共享停车服务平台提供的服务,参与过共享停车。

数据统计分析结果显示,四类参与体对共享停车服务认知程度存在明显差异(见表3-2)。在知晓度和了解度上除平台运营商和管理部门外,其他参与体分别不足50%、20%;在共享停车参与上,除平台运营商及相关单位外,其他参与体参与度低于7%。没有参与的原因,82%的人是因为没有接触过共享平台。而在接触过共享平台的人中,近40%的人选择了使用平台。这说明影响共享停车的最大因素是共享停车社会环境还没有形成,共享停车发展不足、宣贯不足、社会影响不足,导致认知不足、行动不足,共享停车管理服务还没有真正走进需求者生活。同时,在使用过平台的人中,仅有38.21%的人使用次数超过1次,说明共享平台服务质量还没有得到用户认可,黏性不足,平台凝聚力需要进一步提高。

表 3-2 共享停车认知度调查统计

	平台运营商及相关	停车场管理商	管理部门	供需参与体
知晓	100%	47.51%	100%	46.82%
了解	100%	19.24%	47.22%	11.05%
参与	88%	2.61%	6.25%	3.78%

从参与体个人属性来看，共享停车认知与参与体个人属性存在明显相关性。从性别属性来看，女性对共享停车认知度高于男性，但差别不大（见图3-1）。从教育属性来看，共享停车的认知程度和学历呈正相关关系，学历越高认知度越高（见图3-2）。这与教育提升人的求知欲和探索欲的研究结论相符合，共享停车作为一种新模式，容易激发探索欲较强的高学历者的参与欲望。从经济属性来看，经济收入与共享停车的认知度呈现不规则的关系，这可能与本次调查群体主要集中在有车人群，收入差距不是特别明显有关，调查结果见图3-3。在知晓度上，不同收入群体基本接近。但是在了解度和参与度上，中间收入群体明显占优，说明中等收入群体因为其所处的地位而更有创新意识，更能接受新事物，也更关心交通环境优化。从年龄属性来看，年龄与共享停车认知度关系呈负相关关系，年龄越小认知程度越高，21~40岁的群体对共享停车关注度最高（见图3-4），这与这一群体驾车出行率高、受教育程度高、处于主要经济收入与支配地位有关。

学历、经济收入、年龄与认知程度的关系说明，学历越高、年龄越小、发展意识越强对停车问题越关注，更注重时间、效率等出行成本。在我国教育水平和居民经济收入不断增长的情况下，共享停车具备良好的发展前景。

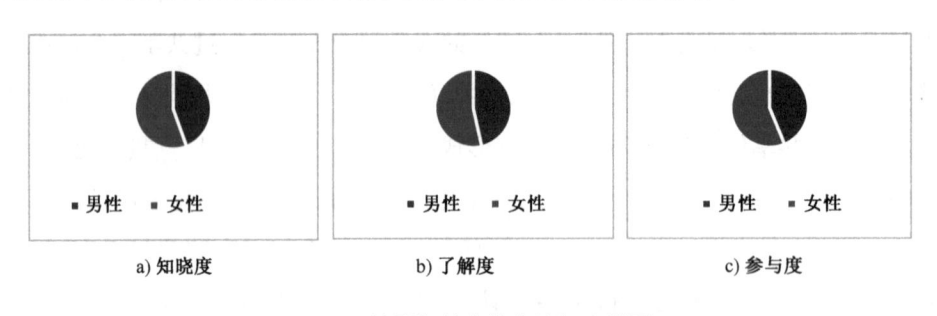

图 3-1　性别与共享停车认知度关系

图 3-2　学历与共享停车认知度关系

a) 知晓度　　　　　　　　b) 了解度　　　　　　　　c) 参与度

图 3-3　经济收入与共享停车认知度关系

a) 知晓度　　　　　　　　b) 了解度　　　　　　　　c) 参与度

图 3-4　年龄与共享停车认知度关系

（2）共享停车参与意愿调查数据分析

根据共享停车研究目标，对于参与意愿的调查，设计了倾向、行动、分配、获取四个维度来考察参与意愿的真实性和强烈程度。"获取"代表的参与意愿的真实性和意愿程度最高。以是否愿意参与作为"倾向"判断依据，以对平台了解、功能诉求作为"行动"判断依据，以在共享停车参与中的自我角色定位作为"分配"的依据，以希望通过平台服务获取的价值目标作为"获取"的判断依据。对参与体影响因素设计了经济因素、安全因素、自便利因素、平台因素、管理因素五个参考值，影响因素总分100分，以各项选择次序占比进行赋值，结果以百分比体现。

在五类参与体中，共享停车平台运营公司因为其特殊性，不作为参与意愿统计分析对象。考虑到中国泊位的特殊性，按照拥有性质将泊位提供者分为个人泊位、单位泊位、市政公共泊位三类进行分析。在 2 960 份供需参与体有效问卷中，个人拥有泊位数是 1 668 个，占比 56.35%，这与公布的城市汽车与停车位的平均比例约为 1∶0.8 差距较大，一方面是因为公布数据包含了公共停车位、单位车位等数据，而本统计是个人所属车位，统计口径不同；另一方面，也可能与调查点主要选择的是城市中心区有一定关系；同时，也说明了现实中停车难度可能比统计中的更大。

各参与体参与意愿总体上看比以前公布的调查数据有所提升，但相互之间的差距比较明显,如表3-3所示。

表3-3 共享停车参与意愿统计

	泊位提供者			泊位需求者	小区物业公司	管理部门
	个人	单位	公共泊位			
倾向	55.22%	63.89%	100%	71.35%	38.89%	100%
行动	48.8%	58.33%	88.89%	62.94%	30.56%	100%
分配	43.35%	63.89%	38.89%	61.45%	38.89%	27.8%
获取	69.66%	63.89%	100%	72.33%	38.89%	100%

36个单位调查对象都拥有自属停车场,自用满足率均达到100%,21个单位有空闲车位,占比58.33%,单位停车场基本是工作时间使用,夜间空置率达到84.1%,说明单位停车位释放有很大的空间。单位停车场管理商参与意向达到60%以上,在参与意向上仅次于泊位需求者,具有很大的拓展空间。

小区停车位在城市停车位总量中占比较大,且停车位使用具有规律性和可预测性,基本在白天,与通勤停车、非通勤停车形成错峰,是提供共享服务、满足泊位需求的关键组成部分。但是,调查表明小区物业公司参与共享意愿最低,主要原因是小区物业本身不是泊位拥有者,只有管理权,收益和风险相比不成比例。同时,调查中,对于个人参与共享而小区物业公司不知晓的车辆,89%的小区物业公司选择禁止车辆进入,亦即,没有小区物业公司的参与,小区泊位释放概率可能性很小。因此,界定小区物业公司在共享停车参与过程中的权责,提升小区物业公司参与共享停车的积极性在促进共享停车进程中具有重要价值。

公共泊位管理商对于共享停车参与积极性较高,认为是提高泊位周转率的重要途径,但是对于与共享平台进行利益分配意愿不大,这是因为公共停车场基本处于停车需求较大的商场、公园等附近,白天基本上车位闲置率相对较低,不愿意进行利益分享。如何确定与公共停车场的利益分配关系问题是需要研究的主要问题之一。

个人泊位参与共享意愿的比例基本接近50%,相对于前几年的调查数据有显著提高,这与市民对共享停车的认知度相比前几年有所提高有关。同时,也意味着闲置泊位释放的可能性大大增加。

泊位需求者参与共享的意愿超过60%,这一方面说明了城市停车问题已经对市民造成深刻影响,另一方面,也说明了推动城市停车共享的紧迫性和可能性。

管理部门参与分配的意愿较低,主要是因为现行政策对于管理部门在共享停车中的角色定位还没有明晰化,因此,基层管理部门对应该如何发挥自身作用持相对谨慎态度。但是,作为城市交通管理的责任担当,如果要推动共享停车快速发展,还是需要管理部门发挥更大作用,承担更多责任。

共享停车参与体参与意愿的影响因素调查结果比较如图3-5所示。

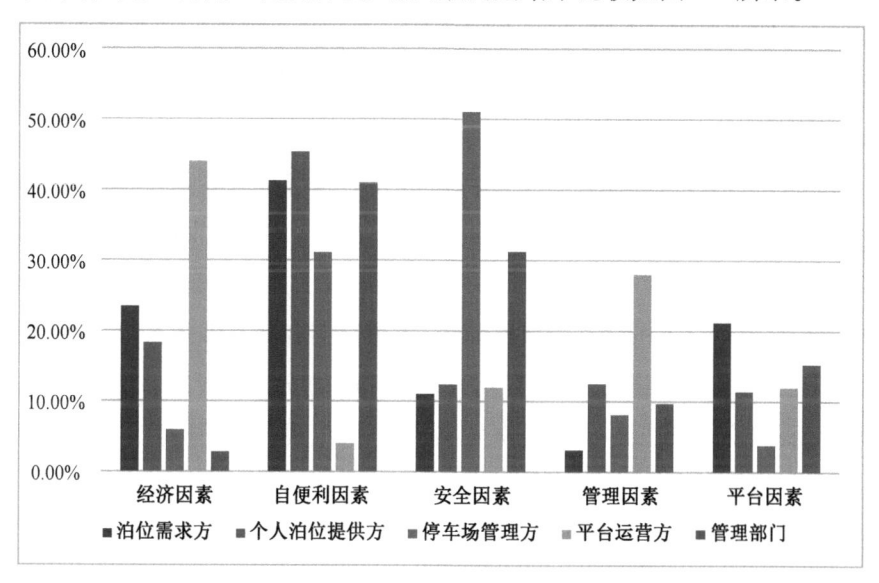

图3-5 共享停车参与体参与意愿影响因素

在共享停车参与意愿影响因素中,除停车场管理方将安全因素作为首选因素之外,其他四类参与体普遍认为对共享停车参与体参与意愿影响最大的是自便利因素。这说明社会对共享停车的定位就是更好地给参与体提供便利,而不是降低便利条件。这要求在数字共享停车平台设计和运营服务管理中,要将便利停车寻位、便利泊位提供者自用满足作为首选考虑因素,避免寻位不准和泊位入驻冲突。停车场管理方将安全因素作为首选因素是因为其对于自身职责定位有关。这也是导致停车场管理商在所有参与体中参与意愿最低的原因,如何降低停车场管理商,特别是小区物业公司的安全顾虑,是提升共享停车参与意愿的关键。

经济因素在泊位需求方、个人泊位提供方和平台运营方三类参与体的选择中位列第二次序。这说明在共享经济快速发展和共享停车意识不断提高的情况下,人们已经开始习惯用经济度量可分享物品,这对于进一步推动共享经济发展和可持续发展具有重要的参考价值。这也要求,在共享停车价格机制制定、收益机制分配制定上要更加科学化,要充分考虑各方利益。

安全因素和平台因素的比值基本接近。这说明,参与体都普遍认识到平台因素在实际应用中的重要作用,是共享停车目标实现的重要载体。同时,安全因素与前几年的排位次序下降,也与我国社会治理环境不断提升有重要关系,特别是疫情暴发以来,大数据、人脸识别技术等在小区管理、社会治理中的应用,大幅度提升了人们对社会安全的信心。

除平台运营方外,其他四类主体普遍认为对参与意愿影响较小的是管理因素。从管理学和发展学来看,这主要是因为共享停车还没有发展到一定程度,还没有产生根本性的管理矛盾,这也从一个侧面说明了共享停车的发展空间很大。另一方面,平台运营方的管理重要性认识,也可能与在实际业务开展中遇到较多的管理问题有关,比如物业公司的门禁、管理部门的安全审查等。说明促进共享停车的实质性发展,需要给共享停车发展创造更好、更优良的环境。

(3) 共享停车参与需求分析

共享参与体的共享参与需求主要集中在经济价值需求、社会价值需求、平台服务功能需求、安全需求四个方面。参与体不同,需求诉求重点表现出明显的差异。

泊位需求方对共享停车服务的诉求,从需求分布来看,可以归纳为对共享停车平台的功能诉求,对管理商和管理部门的安全管理诉求,对运营商的收费管理诉求三大类。在具体分类排位上从高到低分别是:推荐泊位准确、泊位可选择、入驻高效、停车计时计费精确、收费合理、个人信息安全、车辆安全、反馈渠道畅通,见图3-6。在收费价格上基本认可共享停车平台价格可以略高于目前周边价格,见图3-7。

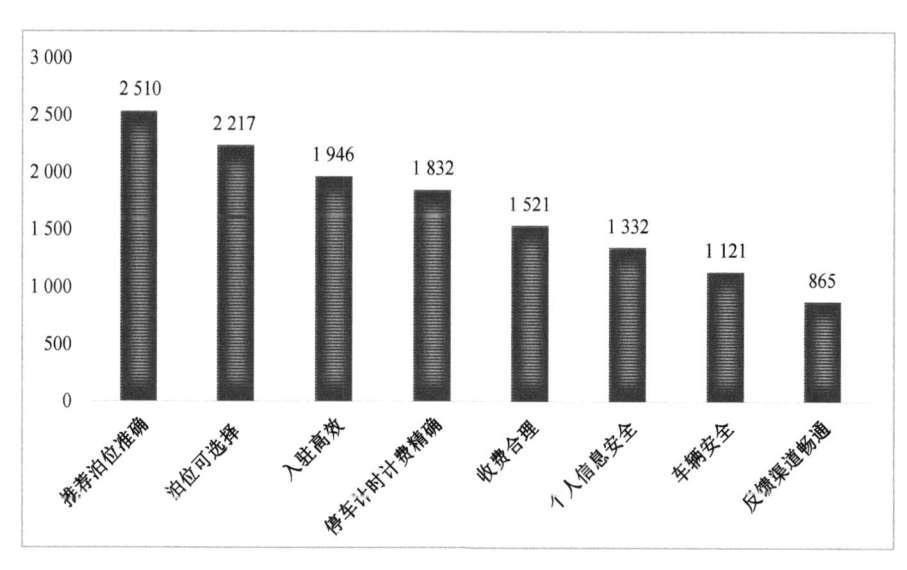

图 3-6 泊位需求方诉求反映

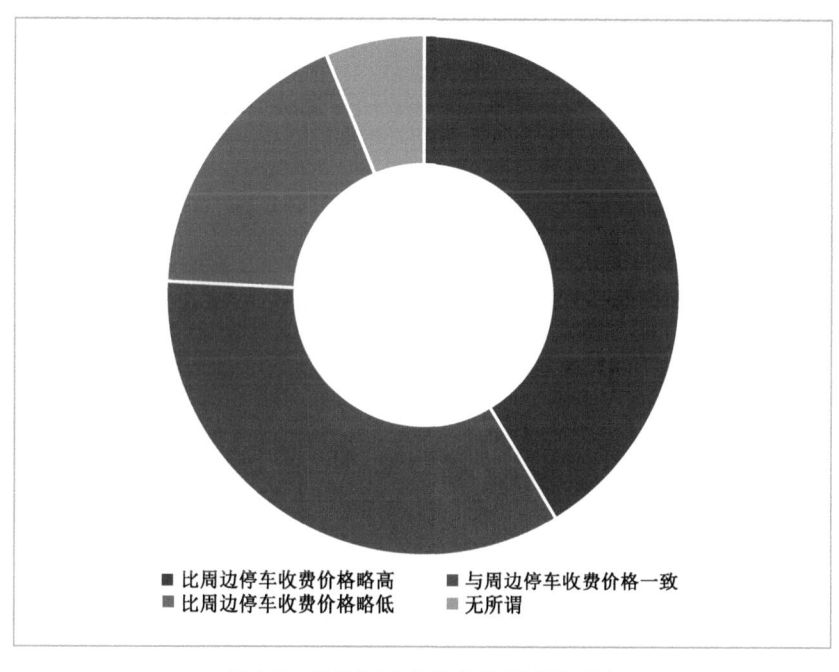

图 3-7 泊位需求方停车价格诉求反映

个人泊位提供者对共享停车服务的诉求,集中在确保自己使用优先、收益分配合理、收益分配及时精确、个人信息安全、物业管理高效、反馈渠道通畅、完善的社会信用评价(见图3-8)。完善的社会信用评价诉求一方面反映了随着市场经济的发展,公民信用意识在提高;另一方面也反映了公民希望通过公众力量或者公权力规范共享停车服务;同时,说明在公民的潜意识里,共享停车服务既是个体行为,也是一种社会公共行为,社会公众力量有确保规范运行的职责。与泊位需求者一样,泊位提供者也提出了个人信息安全和反馈渠道通畅的诉求,反映了在信息社会里个人信息被滥用的普遍,以及公民对个人信息安全的重视程度在不断提高,共享停车平台建设方、运营方要高度重视加强信息安全管理。泊位提供者对于共享停车收费价格基本认可与目前周边价格收费一致(见图3-9),从一定程度上反映了泊位提供方对于车位闲置时间的共享价值评判。而在收益分配上,倾向于以泊位提供方为主,与平台运营方、停车场管理商按照一定比例分配收益成为泊位提供方的首选(见图3-10),这是泊位提供方对三方价值评估的反映,也说明了科学制定收益分配机制将是影响泊位提供方参与意愿的一个重要因素。

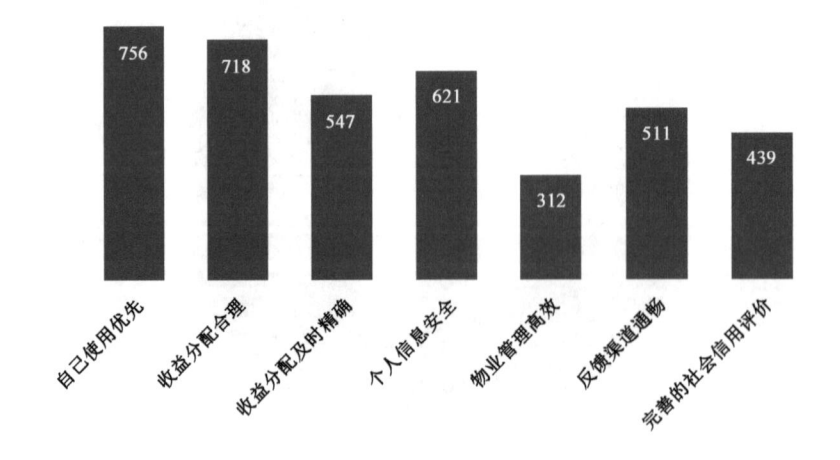

图 3-8 个人泊位提供方诉求反映

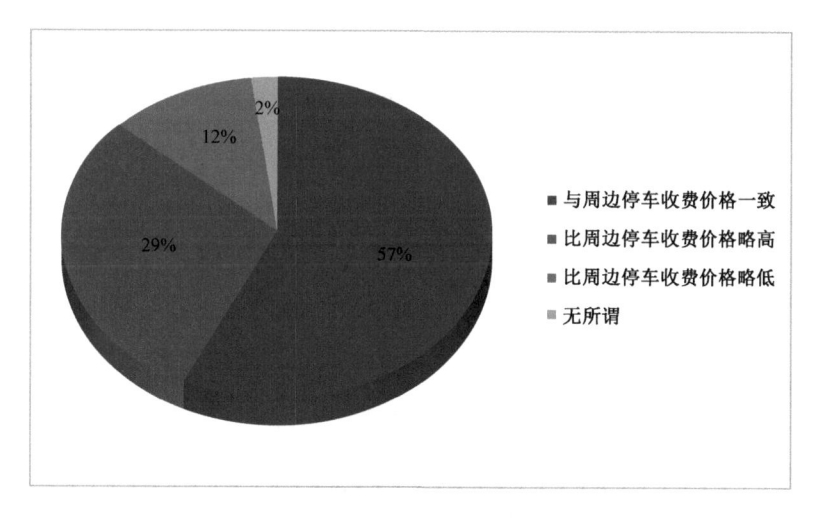

图 3-9　个人泊位提供方停车收费价格诉求反映

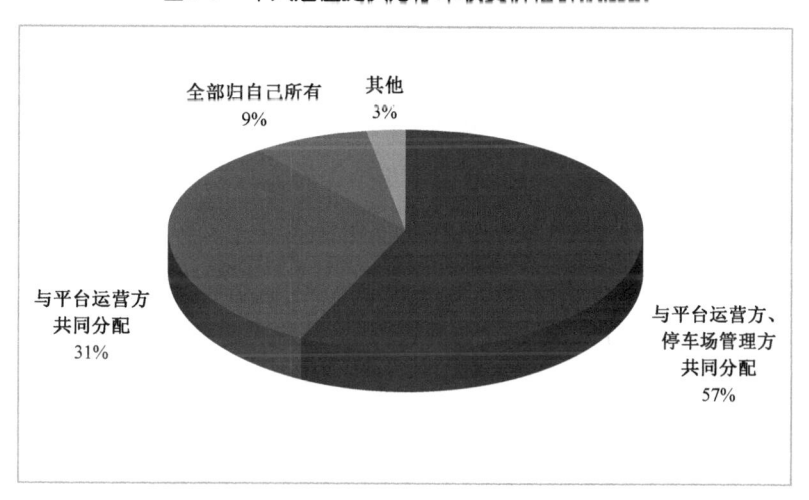

图 3-10　个人泊位提供方收益分配诉求反映

停车场管理商对共享停车的诉求主要集中在安全管理科学化、管理权责界定清晰、收益分配合理、平台功能完善、完善的社会信用评价等几个方面,见图 3-11。值得关注的是,停车场管理商普遍认为采用大数据、电子围栏等科技手段是提高停车管理安全、界定停车管理权责的重要途径。这一方面说明了现代数字技术在社会治理中的应用成效已经普遍得到认同,另一方面也反映了对于停车场基础设施建设智慧化程度提升的需求。在平台功能完善上,停车场管理商比较关注限时提醒和超时呼叫,说明管理商高度重视泊位供需双方错峰用车的计时精确化。对于收益分配,停车场管理商基本认可在科学合理的分配机制下的以泊位提供者为主、三方共享的分配方式,这与个人泊位提供者的诉求基本一致。

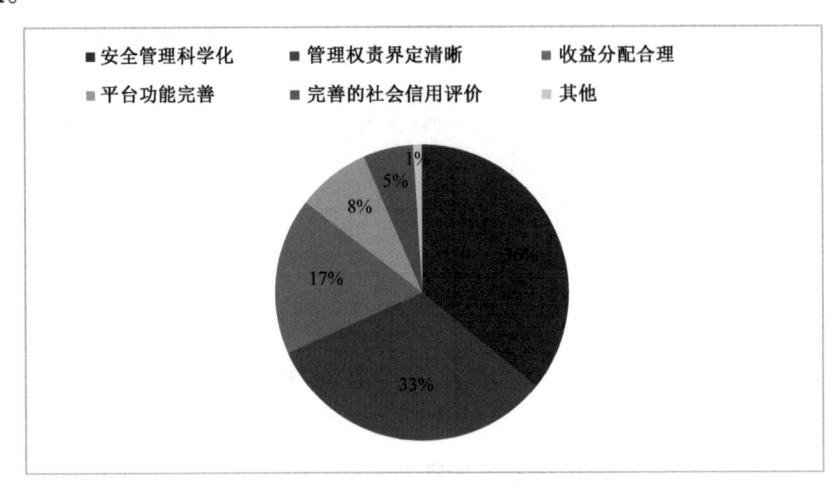

图 3-11 停车场管理商诉求反映

平台运营商对共享停车的诉求主要集中在收益分配合理、管理权责界定清晰、完善的社会信用评价几个方面。在管理权责界定上,与停车场管理商诉求倾向的主要差别是,平台运营商从数字平台思维出发,希望停车场管理彻底放开,降低管理商管理权限的同时,降低其责任担负,无论是小区物管还是单位物管的角色都应该转变为基于平台规则的服务商,安全监管等责任全部赋予基于平台的科技设备和完善的社会信用评价、社会安全管理联动体系,管理商仅负责配合业务。而在重要的平台数据库建设上,与泊位供需双方和停车场管理商选择不同,超过半数的平台运营商认为为确保平台高效运营,数据应由运营方管理,其他运营商认为可以在数据使用权限明确化的情况下由管理部门负责。在收益分配上,平台运营商基本认可三方共享模式。

管理部门普遍认为平台建设是共享停车健康发展的重点,希望平台功能建设设置科学完备。对于数据库建设,认为基于公民信息安全应该由管理部门统一管理,对运营商设定使用权限。在安全管理上,认可基于城市智慧大脑的联动机制。对于构建个人停车管理信用体系并纳入交通管理体系,管理部门意见并不统一,赞同意见认为可以有效提升公民交通意识,避免乱停乱放,反对意见认为现行意见没有明确依据,会加大交通管理负担,结果并不一定得到社会认可。在价格体系上,管理部门认为应该以现有定价为基准,可以遵循市场规则适当调整,但必须进行听证认定。在收益分配上,管理部门普遍希望自身处于监管地位,不直接介入具体运营,具体分配机制遵循市场规则,由泊位提供方、平台运营商、停车场管理商自行确定。

综上,五类参与体对于共享停车的诉求存在共同价值趋同、个别差异明显的特征。共同诉求是:①共享停车收费价格可以略高于现行基准价格。②采取停车收益以泊位提供方为主,与平台运营方、停车场管理方三方共同分配的分配模式。③建立以数字技术为手段的基于城市大脑的社会安全联动体系提高安全管理效能,降低管理商权责。④加大公共权力在共享停车中的影响,通过构建停车信用评价体系,并纳入交通管理制度,提升共享停车意识、交通安全意识。

(4)停车场基础设施条件调查

停车场智慧化程度是确保共享停车寻位准确、入驻高效、管理便捷的基础条件。本次调查对 90 个停车场进行了实地考察,调查重点是停车场安全管理系统、车位数据采集处理系统、收费管理系统、限时呼叫系统、场内导航系统、综合服务管理系统等智慧停车建设情况。调查统计结果如表 3-4 所示。

表 3-4 停车场基础设施调查情况表

	安全管理系统	车位数据采集处理系统	收费管理系统	限时呼叫系统	场内导航系统	综合服务管理系统
单位停车场	√	√	√	√	√	√
小区停车场	√	√	√	√	√	√
公共停车场	√	×	√	×	×	√

调查中发现,36 个单位停车场智慧化程度最高,全部具有完善的停车场监控管理系统、无感支付系统、场内导航系统、综合服务管理系统,12 个单位停车场建设了车位数据采集处埋系统,5 个单位建设了限时呼叫系统,但是没有一个单位建有自主代客泊车系统。

小区停车场智慧化程度处于中间位置,全部具有停车场监控管理系统、无感支付系统、场内导航系统、综合服务管理系统。在 36 个小区停车场中,4 个建设了车位数据采集处理系统,2个建设了限时呼叫系统。

18个公共停车场智慧程度最低,但是也基本建设了完善的停车场监控管理系统、无感支付系统、综合服务管理系统。调查情况说明,现在的停车场基本具备共享停车所需要的智慧化条件,但是要进一步提升共享停车服务水平,需要在现有基础上加大原有停车场智慧化提升程度,通过停车设施信息化改造、5G网络全覆盖,使其完全具备共享停车高效服务的设施基础。

3.2.2 共享停车参与体决策影响因素分析

从以上调查数据分析可以发现,影响共享停车参与体决策选择的因素主要集中在共享停车认知度、共享停车技术创新度和共享停车管理机制创新度三个方面。

1. 共享停车认知度

从调查数据可以看出,当前社会对于共享停车的认知度相对较低,分析其原因,一是共享停车理论研究还处于初始阶段,没有形成浓厚的研究氛围,更难以对实践运营提供切实可行的指导方案。二是共享停车服务制度建设还不完善,与共享停车需求不相适应,无法给共享停车发展提供政策依据。三是共享停车产业发展薄弱,全国规模化的共享停车服务企业屈指可数,共享停车平台能够健康运行的寥寥无几,无法通过实际应用提升公众认知度。四是共享停车宣贯不足,还没有形成共享停车的社会认知环境。

为提升共享停车认知度,从思想认识层面解决影响参与体决策选择因素,需要大力加强共享停车理论研究,要从目前的共享停车基本属性研究、一般问题方法研究上升到整体性的系统研究、顶层设计研究、政策机制研究、市场策略研究、具体问题研究,形成系统化的、科学化的理论研究体系,为共享停车发展奠定重要的理论基础,提升共享停车理论研究在管理科学、应用经济学中的理论地位。

在制度层面,需要不断完善共享停车政策体系建设,加强共享停车数据安全管理制度、停车管理制度、信用评价制度、产业发展激励制度等的研究与制定,为共享停车发展提供重要的政策依据和方向引导,营造优良的政策发展环境,促进共享停车的规范化、制度化。可以通过政策激励、市场激励促进共享停车产业发展,引导、支持、鼓励社会资本参与共享停车平台建设、平台运营、停车后服务等产业,构建完善的共享停车产业生态体系。要坚持一城一策的发展方针,鼓励共享停车多样化发展,形成有序竞争的良好的市场机制。通过产业发展与竞争,形成不同层次的市场覆盖,使公众在应用实践中提高产业认知。

还需要进一步加强社会环境建设。要加大共享停车理论、机制、方法、产业生态的宣传力度,形成良好的舆论环境。作为一种新生事物,必须通过各种形式的宣传,形成无缝隙的意识渗透,才能从根本上提高公众认知。要充分借助传统媒体的权威性、新媒体的无缝隙覆盖特点,加强共享停车宣传。要通过构建良好的共享停车参与社会评价体系,引导公众的自觉参与,并在参与中提高认知度。

2. 共享停车技术创新度

共享停车平台功能设计完备性与技术领先性是影响参与体选择决策的重要因素。从参与体具体诉求上来看,泊位需求参与方希望通过平台能够准确寻找到具有可供选择的充足的停车位,实现精准定位与导航,准确计时计费,并最好实现代客泊车等服务提高驻车效率,减少驻车时间。泊位提供方希望平台能够实现精确的计时计费和依据收益分配机制确定的停车位出租收益的准时到账,确保个人信息安全。停车场管理商希望通过平台提供的数据管理系统、安全管理系统、综合服务系统,实现停车安全管理的智慧化社会联动,与安全责任可追溯。平台运营方希望借助平台获取收益,并通过平台构建与交通管理联动的信用评价体系,提升平台影响力。管理部门希望通过平台服务,提高泊位资源利用率,促进城市交通环境的健康发展。

DPSP 是以平台为中心的共享停车新模式,在 DPSP 运营中,所有参与体以平台数字元存在,作为平台数字链条的节点接受算法规训,目标价值实现受算法和算力深度影响。同时,公益性、数字化、平台化、共享性是 DPSP 的基本属性特征。公益性的底线边界是公共安全,上限边界是受益群体的最大化。数字化的核心是资产数据化和数据资产化。平台化的基础是规模化用户,网络化交易,而网络化交易要以数据化为前提,规模化发展要求必须实现数字化才能具有可持续性。共享性的根本要求是资源的流动性配置与信息的高效对称衔接。因此,必须以数据为核心,通过算法和算力的提升,在确保数据安全的基础上,实现数据容量的最大化,数据交互的高频化,才能实现 DPSP 的高效运行,进而实现城市停车资源的最大化利用,动、静交通的均衡发展,有效解决城市停车难问题,建设更快、更优、更安全、更智能的城市交通环境,打造舒适、美好的现代城市生活共同体(见图 3-12)。实现这一目标,决定于以下几个方面。

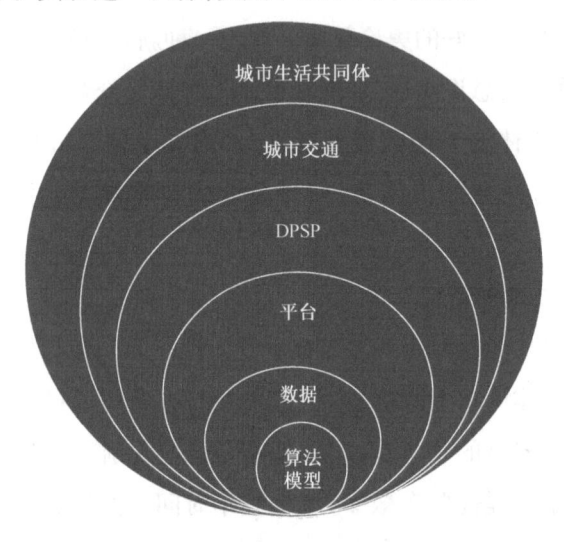

图 3-12 基于数字共享停车的城市生态链

(1) DPSP 的数据容量问题

DPSP 数据容量的最大化决定于两点:一是城市交通管理设备主动采集的数据量,二是 DPSP 运营过程中用户主动上传的数据量。城市交通管理设备采集的有效数据量受采集设备数量、性能及配置的影响。当前,随着交通强国战略的实施和智能交通的快速发展,城市交通信息采集设备数量和质量都呈现快速增长态势,为 DPSP 数据量的扩展奠定了坚实基础。然而,与此同时采集设备的重复化建设,以及多源化发展态势,也造成了资源浪费,并给有效信息提取、信息融合与应用带来新挑战。

用户主动上传的数据量受用户参与积极性的影响。从个体用户的参与决策过程来看,用户的参与行动抉择一般经过"认知—比较—尝试—再比较—自发参与—自觉参与"的过程。比较和尝试是决定用户从自发参与到自觉参与的关键环节。比较和尝试后的结果选择决定于用户参与的体验感。对于数字平台来说,用户参与的体验感判别除了经济效益考量外,还决定于技术体系创新所提供的服务能力对于用户需求的满足度。DPSP用户规模形成同样遵循上述规律(见图3-13)。基于交通行为特性,用户需求满意度根据参与角色不同可以分为资源提供者价值再创造满意度——这决定于停车资源利用率;停车需求者满意度,又可分为停车偏好、停车及时性需求、停车出行成本降低等的满意度。停车偏好满意度决定于平台基于数据分析提供的车位推荐的精确性,停车及时性需求满意度决定于平台基于数据处理能力所提供的需求响应的及时性,停车出行成本降低度决定于前两者的综合效应,都决定于数据的处理与应用能力。

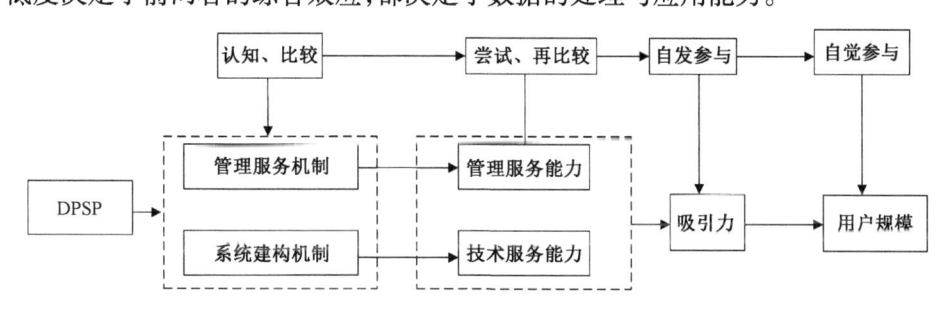

图3-13　DPSP用户规模形成过程

(2) DPSP的数据交互问题

数据交互的高频化受数据规模、数据处理能力和数据通信能力的综合影响。一般而言,数据规模越大,可交互的内容越丰富,交互频率越高;数据处理能力越强,数据传输的差错率就越低,数据交互频率越高;数据通信技术越先进,数据交互受到干扰的概率就越小,数据交互的频率也会相应提升。

(3) DPSP的数据安全问题

数据安全是所有数字平台产业的生命线。基于交通行为的特性,DPSP的有效运行必须以整个城市为应用单元,要对城市内的路网信息、建筑信息、停车位信息、停车位所有者信息、停车场信息、停车管理方信息、车辆信息、驾驶员信息等进行全面集成,其中有着大量的高敏信息,对数据安全提出了更高的要求。DPSP必须从数据采集、融合、传输、处理、通信、应用等环节提供高优安全设计,才能确保DPSP的安全性。

综上,DPSP作为以数字平台为中心的运营体系,数据的安全度、数据容量的最大化、数据交互的高频化是决定其运营服务效能的关键。具体而言,数据的安全度决定了用户参与意愿;数据的精确性,影响着用户的体验感;数据的可靠性、可扩展性,决定了运营成本,影响着资源规模扩张速率。解决上述问题的关键,是从 DPSP 属性特征和实际需求出发,加强 DPSP 的数据采集与融合,数据传输与处理,数据通信与应用拓展的关键技术研究,提升 DPSP 的数据管理应用能力。

基于以上分析,本研究其余各篇章将从 DPSP 的关键影响因素出发,系统开展数据采集与融合、数据处理、数据通信、数据应用等方面的关键技术研究,以解决共享停车平台在实际运营中存在的寻位不准、计时计费不精确、需求响应延迟等问题,从而提升用户体验感、满足度,促进用户规模扩张与效益提升。研究问题与平台运营关系见图 3-14。

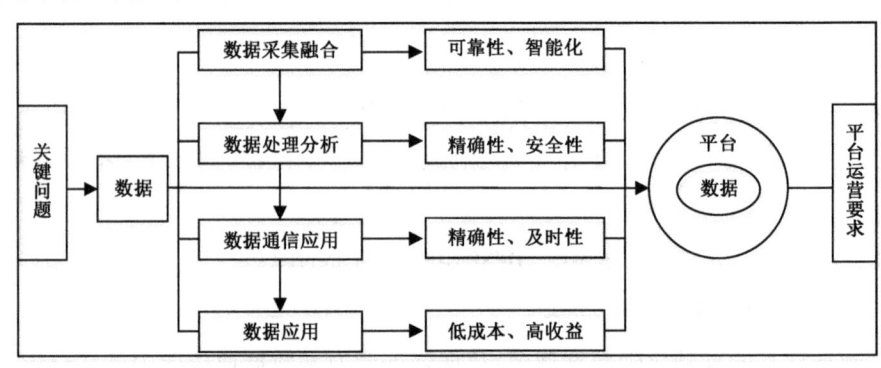

图 3-14 DPSP 关键问题及相互关系

具体研究内容包括:

① 共享停车数据采集与融合技术研究。数字平台的智能化、高效化、可靠性是影响其服务效能的首要因素。交通数据采集设备的多元化、信息来源的多源化、采集方式的非标准化、采集范围的不足和采集周期的不符合要求等,对平台数据的采集与融合提出严重挑战。开展共享停车数据采集与融合研究,提升 DP-SP 数据采集与融合的可靠性,可以有效解决共享停车中存在的停车位数量不足、停车位推荐不准确的问题。

② 共享停车数据处理优化技术研究。DPSP 数据的海量化,是影响数字共享停车数据准确性、导致计时计费不精确问题产生的主要因素之一。数字共享停车对于数据的精确性要求,对海量数据情况下数据的真实性、有效性、可用性辨识及传输,提出更高要求。开展共享停车实时数据处理优化研究,有利于提高

数据准确性,提升数据传输速率和精度,有效解决共享停车计时计费不精确的问题。

③ 共享停车数据交互与应用技术研究。数据交互的及时性、精确性是实现车位动态实时匹配,进而实现泊位资源高效利用的关键。将 GPS/BDS、5G 通信技术相结合,构建数据交互双模式工作体系,开展停车位动态变化与车位需求实时匹配研究,建立停车位实时匹配及预约模型,实现数据通信技术的创新应用,为泊位资源供需实时匹配提供协调均衡的方法模型,有利于提升停车需求响应的及时性,可以有效解决停车需求反馈滞后问题。

④ 共享停车用电系统优化研究。数据优化的目的是更好的应用,电动汽车的推广使用是未来交通发展的必然趋势。电动汽车的充放电问题、电力集成问题,将给共享停车特别是停车场管理带来新挑战,充分利用数字共享停车平台数据的可拓展性开展针对性研究,可以有效解决电力集成问题,降低电动汽车共享停车运营成本。

总之,DPSP 健康持续发展的关键问题是以平台数据为核心,结合实际运营中存在的问题,加强以数据采集、处理、应用的关键技术研究,提升技术服务能力,提高用户体验感,从而提升共享停车吸引力,扩大共享停车参与规模,进而有效解决停车资源科学配置问题。这也是本书研究的重点。

3. 共享停车管理机制创新度

从调查反映情况来看,影响共享停车供需双方选择因素,除了经济因素外,重点在于安全因素、社会评价因素;而影响停车场管理方(物业公司)选择的核心因素除了经济因素外,主要是管理责任划分;同时,当前基层交通管理部门对于共享停车管理也在管理方式、管理体系、管理标准上缺乏制度依据,无法快速推动共享停车发展。以上存在问题的本质其实是管理体制机制问题,需要从加强管理体制机制改革着手,制定完善、系统的标准、制度体系,使共享停车管理有明确的标准依据,从而解决有关方的后顾之忧,激发其参与积极性,促进共享停车的健康发展。

共享停车管理机制创新,需要从制度层面切实解决影响共享停车发展的思想认识,减少制约因素,从而提高社会参与度。重点是要从政策层面确定共享停车的市场地位,打破当前共享停车中存在的产权约束和诸如小区物业管理的条框约束。通过研究与制定共享停车数据安全管理制度,切实保障共享停车参与人的信息安全权益,对数据安全泄露等行为的惩治能够有法可依。通过完善的规制体系、标准体系,建立起智慧联动、过程可溯、权责明晰的现代停车安全管理制度。积极研究构建共享停车信用评价制度,将共享停车行为纳入统一的交通管理制度体系,通过完善的社会评价、信用评价与奖惩制度的结合,规范与激励共享停车行为。还要研究制定共享停车产业发展激励制度,从节能减排、城市建设成本节约等角度审视共享停车产业发展,通过制定税收优惠政策、投资奖励政策等鼓励、推动共享停车产业发展。可以考虑通过制定经济补偿政策,鼓励车主参与共享停车的积极性和泊位拥有者释放泊位资源的积极性,利用政策效应产生的利益驱动,提升共享停车参与积极性。

提高共享停车收费与收益分配的科学性是影响共享停车管理质量的另一个重要问题。根据调查数据的结果分析,共享停车的参与体的车位提供方、车位需求方、停车场管理方、平台运营方共同关注的焦点问题一是包括数据安全在内的安全问题,二是停车费用问题,而在平台运营方、泊位提供方、停车场管理方三者之间最为关注的是收益分配问题。在思想认识、管理体系问题解决的情况下,重点需要解决好收费标准问题以及收益分配科学性问题。收费标准关系到需求方参与的积极性,一般情况下收费标准越合理,参与需求越高。收益分配越合理,车位提供方的积极性越高,可提供的车位越多;停车场管理方的积极性也越高,可以提供更好的服务;同时,平台运营方的积极性也越高,可以提供更好的应用体验,从而形成良性循环。

提高收费标准和收益分配的科学性,要从多方面着手。首先是加强共享停车收费标准设计的合理性。考虑在现有政策的基础上[1],进一步出台政策细则,鼓励共享停车收费行为市场化,引导收费行为有利于鼓励泊位需求者积极参与共享停车,扩大需求刺激供给效应。可以考虑研究竞拍定价与听证定价相结合的收费标准制定方法。其次,从有利于充分调动共享参与体积极性的角度制定

---

[1] 中华人民共和国住房和城乡建设部. 城市用地分类与规划建设用地标准:GB 50137—2011[S]. 北京:中国建筑工业出版社,2011.

合理的收益分配机制。当前的收益分配理论一般是基于不完全信息对称的三方博弈视角,而基于数字平台的共享停车,收费标准、服务贡献均实现了标准画像,实现了信息的完全对称,在此情况下,就需要基于可量化的贡献值,参考博弈论的讨价还价模型,确定三方收益分配标准。标准制定原则既要有利于激发泊位提供方释放停车资源的积极性,又要有利于停车场管理方提高现场服务的积极性,同时确保平台运营方的可持续发展。

3.3 本章小结

本章主要对城市共享停车管理影响因素进行分析,为共享停车管理服务框架和共享停车吸引力模型构建奠定基础。为确保研究的全面性、针对性、真实性,首先按照分层、分级、分类原则对北京、成都、洛阳三个停车供需差异性存在明显差距的城市进行了问卷调查、在线调查、座谈会调查,以获取相关数据。再对这些数据从共享参与者的共享停车认知、参与意愿、需求特征、共享停车设施属性四个方面进行分析,整体把握共享停车参与者的需求特征,分析影响共享停车的关键因素。研究发现,影响共享停车的主要因素有3个,一是社会对共享停车的认知度不足,共享停车行为习惯还没有形成;二是共享停车平台功能设计完备性与技术领先性及其带来的客户体验度,对客户决策产生深远影响,急需提升当前共享停车平台技术,改进部分服务模式;三是共享停车在管理过程中普遍存在安全顾虑等问题,在一定程度上限制了共享停车的发展,急需进行管理体制机制创新,提高共享停车认知度、客户体验度及参与体各方参与的积极性。

第二部分
城市共享停车关键技术研究

第4章 考虑可靠性需求的共享停车数据采集与融合优化研究

数据采集与融合优化是以数据为关键要素的 DPSP 高效运营要解决的首要问题。当前,共享停车运营中存在的停车位推荐不足的问题,一方面是受运营机制的影响,另一方面是受数据采集的完整性的影响。而停车位推荐不准确和不及时问题,则很大程度上是受数据采集与融合的准确性、及时性和一致性影响。本章针对共享停车数据采集与融合中存在的误差率高、时延长、完整性不足所造成的停车位推荐不准确等问题开展数据采集与融合优化研究,以提高数据采集与融合的数量、质量和速度,提升 DPSP 数据的可靠性。

4.1 问题描述

本节首先刻画 DPSP 数据采集与融合场景,再就目前数据采集与融合中存在的问题进行分析。

1. 场景设置

以整个城市为应用单元的数字共享停车过程由三个主体和两个过程组成。三个主体分别指停车需求者、停车供给者、系统平台,包括停车驾驶员、停车场、车位所有者、车辆及车上的各种传感器、停车场管理系统、车位检测设备、车位推荐系统等。两个过程是指交通流(Traffic Flow)和数据流(Data Flow)。在驾驶员寻找车位的道路上,车辆到达或离开停车场时,产生交通流。驾驶员与平台系统以及通过平台系统与停车场的交互过程中产生数据流。系统平台通过对交通流和数据流的采集、组合、分析、处理,实现供需的高效衔接。

整个数据的采集交互过程包括:车辆行驶过程中,安装在路边的车位传感器或者车载传感器将采集到的车辆实时位置、速度等状态数据上传到平台系统,系统将数据处理为有效信息,发布各停车场的车位可用信息,司机可以通过智能终端获取最新的停车信息,智能终端与基站等收发平台交换信息,行驶至自己想要的停车区域,然后停车。当车辆到达或离开车位时,车位传感器更新车位可用信息,并通过智能终端上传信息给正在寻找车位的驾驶员。基于以上描述,图4-1刻画了基于DPSP运营的共享停车数据采集场景。

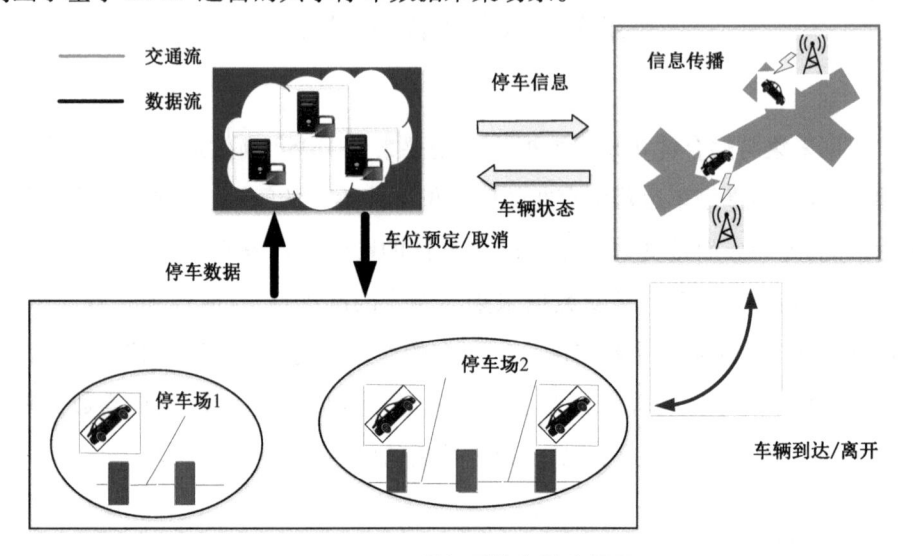

图 4-1　DPSP 数据采集与融合场景

2. 问题分析

由上述场景刻画可知,数据采集是 DPSP 数据链形成的源头,也是运营的前提条件。现代城市交通信息采集一般采用多种技术手段综合运用的采集方法,通过综合运用监控设备、传感器等信息采集设备从多个渠道获得海量的、多样化的交通信息,用于城市的交通管理。随着技术的发展,多源交通信息采集受到的关注越来越高。然而,在实际发展中存在很多不足:一是采集系统硬件在使用过程中结构单一,采集的数据信息不准确;二是单结构流量数据采集设备具有局限性,采集范围小,信息采集周期固定,获取的数据信息类型固定;三是交通数据采集设备种类繁多,造成交通信息的重复采集,数据重复;四是采集方式的非标化,形成大量碎片化、异构数据,为信息集成带来困难,同时影响数据的安全性和智能化等问题;五是传统的基于计算机视觉和深度学习技术的数据采集方法,容易出现识别率下降、计算耗时长、可靠性低等问题,影响数据采集的效率和质量。

信息融合是信息处理的前端技术,通过研究如何加工、协同利用多源信息并使不同形式的信息相互补充,以获得对同一事物或目标的更客观、更本质的认识。在多源交通信息融合的实际应用中,一般综合运用粗糙集、模糊集和D-S证据理论,采用概率统计、逻辑推理和基于神经网络的学习方法,对通过各个检测方法获取的车流量、车道占有率、平均车速、排队长度、等待时间、路段平均行驶时间以及方法类型等信息进行聚类、组合。其过程是首先运用粗糙集的属性约简和值约简,建立交通流参数的属性决策表,对所采集的原始数据去冗余,进行数据的预处理。然后,基于模糊集理论进行基本概率函数求值,将检测到的各个传感器数据标记为模糊隶属度函数,计算历史基准数据与各个传感器获取数据的似然测度,作为各组证据的基本概率函数。最后,运用D-S证据理论进行数据合成。该方法在融合过程中很难兼顾到多源交通信息存在的不确定性、冲突性和模糊性,导致融合的数据与真实数据存在偏差,无法反映真实情况。数据采集与融合的可靠性不高,是共享停车运营过程中出现推荐车位不准确的重要原因。

4.2 模型构建

根据上一节场景设置、问题分析,构建多源交通信息采集与融合优化模型。

4.2.1 模型整体框架

研究借鉴联级检测思想,将SSD(Single Shot MultiBox Detector)与MobileNet-v1结合起来设计一种SSD-MobileNet-v1目标检测算法,采用Mixup算法用于改善模型的泛化能力和鲁棒性,结合LPR-Net网络进行多源交通目标识别优化,提高数据采集的准确性。建立一种基于遗传算法的多源交通信息组合优化模型,引入粒子群算法对均衡调度中的变量参数进行寻优,使用遗传算法对适应度函数进行寻优,提高数据采集效率与可用性。针对数据采集不均衡问题,设计一种不均衡数据采集补偿方法,综合利用多源交通信息采集装备的优势,从不同角度和维度收集交通相关信息,提高数据采集的完整性。构建基于遗传算法的信息融合优化模型,利用遗传算法对获得的初始多源交通信息进行调整,对多源交通信息进行聚类和模糊约束控制,实现多源交通信息融合优化,提高数据的一致性。

如图4-2所示,共享停车数据采集与融合优化模型整体上由数据采集优化模型和数据融合优化模型构成。数据采集优化模型包括多目标交通信息检测和多源交通目标识别两部分。数据融合优化模型包括多源交通信息组合优化模型和多源交通信息融合优化模型两部分。在本模型设计中,首先进行多源交通信息检测优化,在检测的基础上进行目标识别优化,然后再进行数据的组合优化和合并优化,实现数据采集与融合优化的全过程。

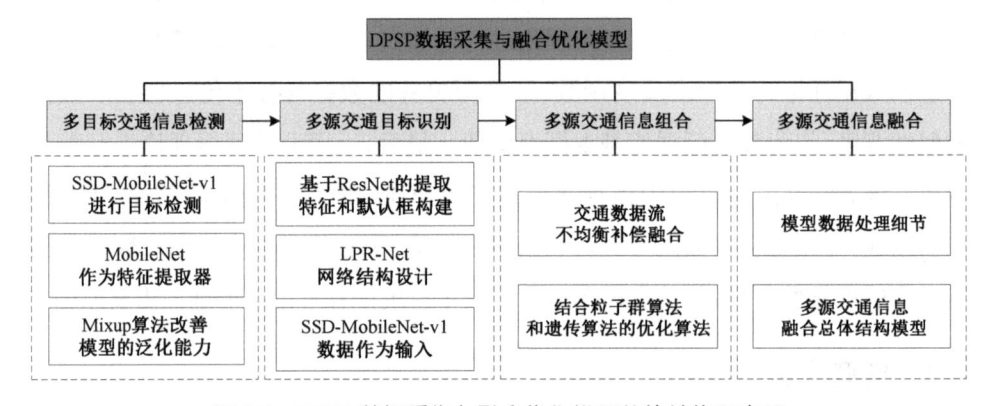

图 4-2　DPSP 数据采集与融合优化模型整体结构示意图

在多目标交通信息检测阶段,设计一种基于轻量化的卷积神经网络 SSD-MobileNet-v1 的目标检测方法,该方法结合 SSD 的优点和 MobileNet-v1 轻量化的特性,可以有效提高信息检测的效率和准确性。研究引入 Mixup 算法,通过在训练过程中将两张图片混合在一起,并标注为对应的标签,以便有效改善模型的泛化能力,降低过拟合的可能性。在多源交通目标识别阶段,采用 SSD-MobileNet-v1 数据作为输入,通过设计 LPR-Net 网络结构实现对多源交通目标的识别优化。该网络结构基于 ResNet 进行特征提取,并结合默认框的概念,能够自动学习并识别各种交通目标的特点,进而提高识别的准确性和可靠性。

多源交通信息组合优化阶段,通过结合粒子群算法和遗传算法等优化算法,对来自不同源的交通数据进行优化组合,从而实现更全面、更准确的交通信息采集。在此过程中,研究引入交通数据流不均衡补偿融合方案,通过动态调整不同数据源的权重,确保采集到的数据能够最大限度地反映真实的交通情况。在多源交通信息融合阶段,研究建立多源交通信息融合的总体结构模型,明确模型数据处理过程中的各种细节,采用分层融合的方式,逐层将不同源的数据进行融合处理,从而得到更全面、更准确的交通信息。

4.2.2 基于轻量化 CNN 的 SSD 多目标交通信息检测

多源交通信息检测与识别是实现数据采集的核心技术。传统的基于计算机视觉和深度学习技术在进行数据采集时会由于视角、遮挡、姿态等因素引起目标发生形变,容易出现识别率下降、计算耗时长等问题。研究提出一种基于轻量化卷积神经网络(CNN)的 SSD(Single Shot MultiBox Detector)多目标交通信息检测优化模型,提高信息检测的效率与精确性。

CNN 是一种在保持较高精度的情况下具有较小模型体积和计算复杂度的神经网络,能够有效提取图像特征,并通过训练来学习交通场景中的不同目标,例如车辆、行人和道路标志等,在计算资源有限的嵌入式设备上具有良好的应用潜力,是处理交通监控视频和图像的理想选择。SSD 是一种基于深度学习的目标检测算法,其最大的优势是能够在单个前向传递中实现目标检测和定位。相比于传统的两步式方法(先生成候选框,再进行分类和位置回归),SSD 可以极大地提高检测速度。MobileNet 是一种轻量级的卷积神经网络,主要通过深度可分离卷积来减少计算量和参数数量,从而在保持较高准确率的同时,使模型更适合在移动设备等资源受限的环境下运行。

研究借鉴联级检测思想,将 SSD 与 MobileNet-v1 结合起来设计出 SSD-MobileNet-v1 目标检测算法。SSD-MobileNet-v1 结合了 SSD 与 MobileNet-v1 两种算法的优势,具有三大特点。第一,SSD-MobileNet-v1 在目标检测任务中具有出色的性能。能够在保持较高准确度的同时实现较快的推理速度,适用于实时应用和嵌入式设备。第二,MobileNet 作为 SSD-MobileNet-v1 的主干网络,采用了深度可分离卷积,大大减少了参数量和计算复杂度。因此,SSD-MobileNet-v1 相对于其他目标检测模型来说更加轻量级,适用于资源受限的环境。第三,SSD-MobileNet-v1 通过多层特征图进行多尺度的目标检测,可以有效地检测不同大小的目标。

基于轻量化 CNN 的 SSD-MobileNet-v1 多目标交通信息检测系统框架如

图 4-3 所示。

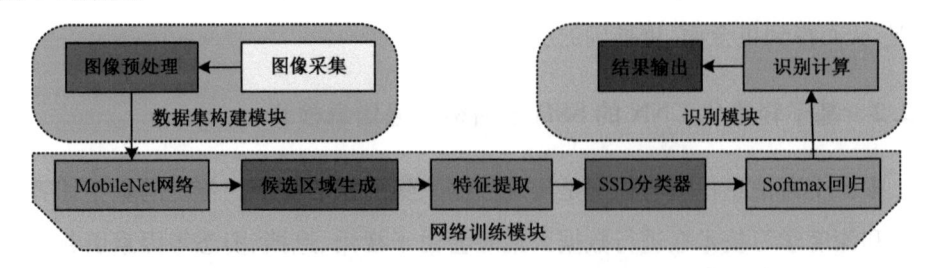

图 4-3　SSD-MobileNet-v1 多目标交通信息检测系统框架

如图 4-3 所示的 SSD-MobileNet-v1 多目标交通信息检测系统,分为数据集构建模块、网络训练模块、识别模块三大功能性模块。在数据集构建模块中,首先收集车辆、行人、交通标识等信息。然后将其输入到网络训练模块中,该模块包含了 MobileNet 网络、候选区域生成、特征提取、SSD 分类器、Softmax 回归。最后再将该模型应用于车辆、行人、违章等多目标检测中,对停车场或停车位的使用情况进行实时监测和分析。

SSD-MobileNet-v1 使用 MobileNet 作为特征提取器,但其准确性相对较低且对大尺寸输入的适应性较弱,所以考虑使用更强大的基础网络 EfficientNet 以提高模型的特征表示能力和检测性能。EfficientNet 是一种用于图像分类和计算机视觉任务的卷积神经网络架构,设计思想是通过对网络的深度、宽度和分辨率进行统一的复合缩放来优化网络结构,在保持模型精度以及可靠性的同时,提高模型的效率和参数利用率。其计算过程如下。

定义 phi 为自动调整的复合缩放参数,$beta$ 为用户定义的超参数,得到检测目标的宽度公式(4-1)和分辨率公式(4-2)。

$$w = beta \wedge phi \tag{4-1}$$

$$R = gamma \wedge phi \tag{4-2}$$

通过调整通道数来控制网络的宽度,以平衡模型的性能和计算量。调整后的通道数(C')计算公式如式(4-3)所示。

$$C' = round(w, C) \tag{4-3}$$

式(4-3)中,w 表示的是前述的宽度缩放参数,C 表示的是原始的通道数。以 EfficientNet 为基础网络的优化的 SSD-MobileNet-v1 模型如图 4-4 所示。

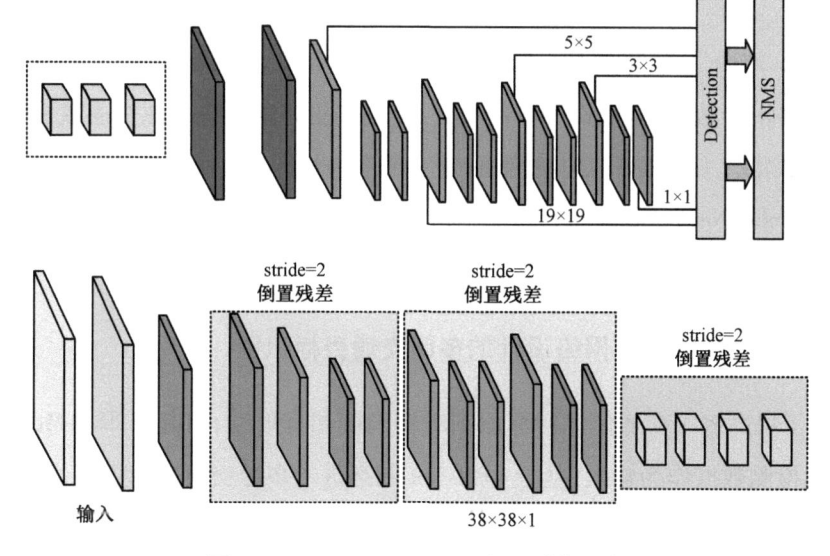

图 4-4　SSD-MobileNet-v1 模型结构示意

为了节约计算资源,提升数据采集效率,对 SSD-MobileNet-v1 模型进一步优化。将特征图中的边界框数量由 38×38 调整为 38×38×1,同时研究采用 Mixup 算法用于改善模型的泛化能力和鲁棒性,解决经验风险训练带给模型的过拟合、数据偏差和缺乏鲁棒性等问题。假定有两个样本(样本 1、样本 2),通过 Mixup 算法生成的新样本 x_new 的计算方式如式(4-4)所示。

$$x\_new = \lambda * x_1 + (1-\lambda) * x_2 \tag{4-4}$$

式(4-4)中,样本 1 的特征为 x_1,样本 2 的特征为 x_2。新样本对应的标签 y_new 如式(4-5)所示。

$$y\_new = \lambda * y_1 + (1-\lambda) * y_2 \tag{4-5}$$

式(4-5)中,λ 是从 Beta 分布中随机采样得到的权重,用于控制两个样本在插值中的贡献比例。引入 mixup 后的 SSD 算法中的损失函数需要做出对应的变化,采用 mixup 数据增强后的损失函数如式(4-6)所示。

$$Loss_{Total} = \lambda * L_i(x,c,l,g) + (1-\lambda) * L_j(x,c,l,g) \tag{4-6}$$

式(4-6)中,L_i 表示的是车辆样本产生的损失,L_j 表示的是交通标识样本产生的损失。引入标签平滑来改进性能,标签平滑是一种正则化技术,通过将真实标签与一个小的噪声分布混合,使模型更加鲁棒,如式(4-7)所示。

$$m = (1-\varepsilon)r + \varepsilon * n \qquad (4-7)$$

式(4-7)中,m 表示的是平滑标签,r 表示的是真实标签,n 表示的是噪声分布,ε 为平滑参数,控制噪声分布的权重,使模型更好地适应多源交通数据中的不确定性和误差,从而提升数据检测的效率和准确性。由此,也可以得到准确高效的 SSD-MobileNet-v1 多目标交通信息检测模型,为多源交通信息的识别与融合提供鲁棒性、实用性更高的数据源支撑。

4.2.3 基于 LPR-Net 网络设计的多源交通目标识别

为了提高多源交通信息目标识别的精确度和有效性,研究以 SSD-MobileNet-v1 目标检测数据作为输入,基于 LPR-Net 网络进行多源交通目标识别优化。

LPR-Net 的基础网络采用深度卷积神经网络结构 ResNet。ResNet 的优点是能够利用深层的卷积层提取交通图片中更高级、抽象的细节特征,使用残差连接结构解决深度网络训练中的梯度消失和信息瓶颈问题,使 LPR-Net 具有较少的参数和计算资源需求,可以实现较快的推理速度。LPR-Net 的网络结构如表 4-1 所示。

表 4-1 LPR-Net 的网络结构表

层名称	特征输入	特征输出
Conv2d_1_1	$28*28*1$	$14*14*24$
Inverted Res1_1	$14*14*24$	$14*14*24$
Inverted Res1_2	$14*14*24$	$14*14*32$
Inverted Res2_1	$14*14*32$	$7*7*64$
Inverted Res2_2	$7*7*64$	$7*7*96$
Global_pool	$7*7*96$	$1*1*96$
Conv1 * 1	$1*1*96$	$1*1*65$

如表 4-1 所示,LPR 网络结构为分层结构,第一层是 24 个 3×3 的普通卷积,用于字符特征降维。第二层是宽度为 24 的特征提取层。第三层是宽度为 32 的特征提取单元,对特征图进行升维,为特征分类作准备。第四层是宽度为 64 的特征提取单元,提取更加细节的类内特征。第五层是宽度为 96 的特征提取单

元,将局部特征综合为更接近全局的特征。第六层是全局池化层,替代第一个全连接层,将局部特征转换为全局特征,从而有助于更好地进行特征分类。最后一层,设置为点卷积——点卷积是基于点乘(Element-wise Multiplication)的计算方式,共有65个点卷积,对全局特征进行分类,取代最后一个全连接层,减少参数量和计算量。

基于LPR-Net网络的多源交通目标识别模型如图4-5所示。

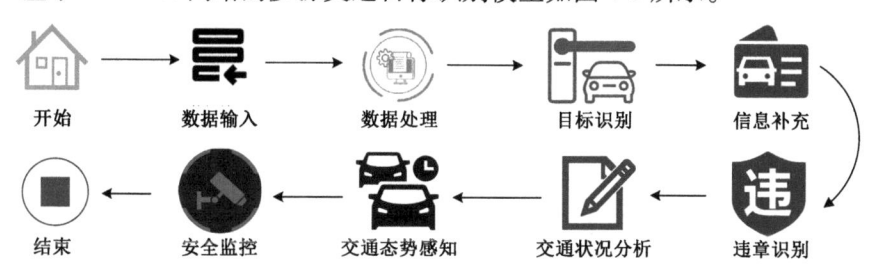

图4-5 基于LPR-Net网络的多源交通目标识别模型示意图

如图4-5所示,在摄像头位置安装LPR-Net,对过往车辆进行计数和统计,实现对道路的交通状况、小区、停车场、企业园区等场所监控和分析。使用SSD-MobileNet-v1目标检测数据作为输入,从ResNet和尺度特征网络得到特征图,在每个特征图上通过提取选择默认框(Default Box),对识别目标轨迹进行分析和重构,以提高目标识别的精确度,特征提取流程如图4-6所示。

图4-6中,图4-6(a)是原始图片,图4-6(b)是8×8的特征图,图4-6(c)是在4×4的特征图上选择一个特征图单元的默认框,并标注一个默认框对应四个位置信息loc和一个类别可信度conf,同时每一个特征块生成6个不同纵横比的默认框。图4-6(d)展示的是候选框的示意图。大正方形的边长计算设为公式(4-8)。

$$\sqrt{min\_size * max\_size} \tag{4-8}$$

式(4-8)中,min_size表示的是小正方形的边长,每个特征图对应的min_size的计算公式如式(4-9)所示。

$$min\_size = size * \left(\frac{S_{min} + (k-1) * step}{100} \right) \tag{4-9}$$

式(4-9)中,$size$表示的是图片的大小,$step$的计算公式如式(4-10)所示。

$$step = (S_{max} - S_{min}) * \frac{100}{m-2} \tag{4-10}$$

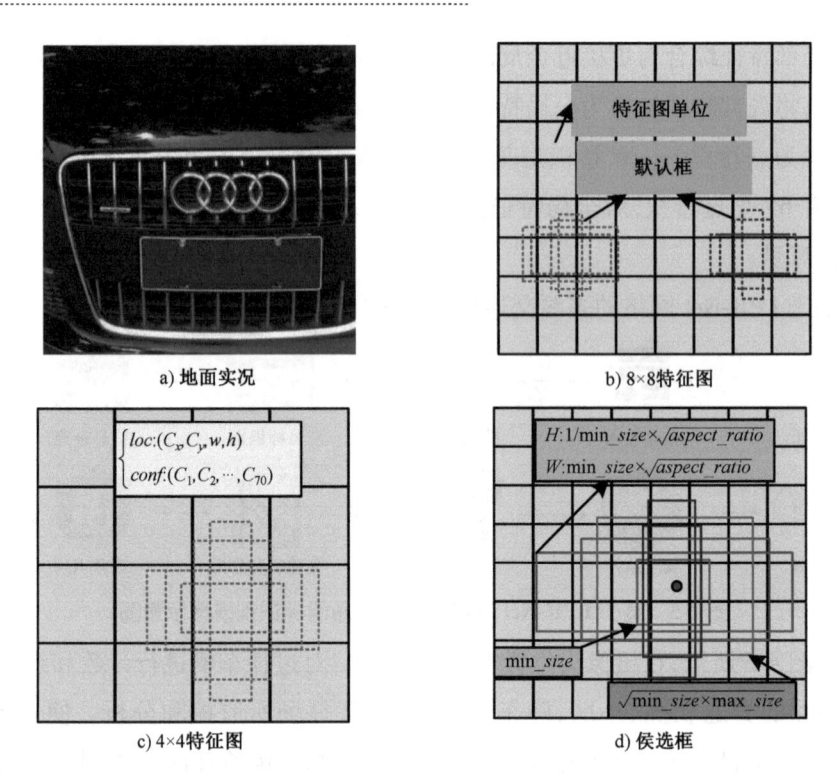

图 4-6 ResNet 提取特征示意图

式(4-10)中，S_{max} 表示的是目标在特征图中所占的最大比例，S_{min} 表示的是目标在特征图中所占的最小比例。图中长方形的高和宽的计算公式如式(4-11)、(4-12)所示。

$$\frac{1}{\sqrt{standerd\_ration}} * min\_size \qquad (4-11)$$

$$\sqrt{standerd\_ration} * min\_size \qquad (4-12)$$

式中，$standerd\_ration$ 的取值范围为 $\{2.3, \frac{2}{2}, \frac{7}{22}\}$，$max\_size = size * 0.10$。

通过以上算法，可以更高效地实现对车牌、车型、车流量以及违章行为等多种交通信息的自动识别和分析，有效提升目标识别的准确性。

4.2.4 基于遗传算法的多源交通信息采集组合优化模型

DPSP 数据源包括传感器、监控摄像头、移动设备、道路设施以及 SSD-

MobileNet-v1 多目标交通信息检测识别数据等,涵盖了交通流量、速度、密度、车辆位置等相关信息。如何对这些海量数据进行高效融合,形成有效信息是交通信息采集中需要解决的问题[125-126]。传统方法往往只考虑单一数据源,需要在大量可能的方案中搜索最优解,计算复杂度较高,耗费时间和资源,并且容易受到噪声数据、设备故障等干扰影响,导致结果不稳定,数据的准确性和全面性不足[127],不适用于实时性要求较高的场景[128]。DPSP 高效运营的关键是能够对海量数据快速采集、传输,以实现足量停车资源的适时共享。为此,研究提出基于遗传算法的多源交通信息采集组合优化模型,并与粒子群算法相结合,对数据采集组合系统进行均衡调度优化,提高数据采集组合的效率和全面性。

遗传算法是一种模拟自然界生物进化过程的优化算法,通过模拟遗传变异、选择和交叉过程,实现遗传时子代对父代优良特性的继承。计算过程中,每一次迭代都删除低适应度的个体,对个体进行淘汰进化,从而能够在大规模搜索空间中找到全局最优解,用于多源交通信息采集组合优化具有很好的效果[129]。遗传算法基本运行流程如图 4-7 所示。

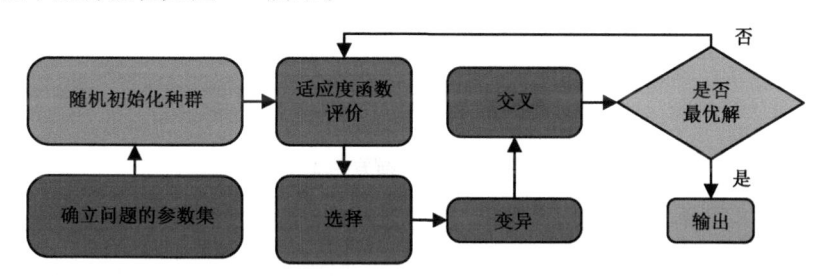

图 4-7 遗传算法的基本运算流程

由图 4-7 可见,遗传算法在运行时,首先输入基础系数并创建初始种群。之后对循环维数、初始时间和对应的速度随机值进行设置,再测量和评估适应性。选取评估结果中的合适样本,在交叉和变异后对计算结果进行评估,如果计算结果达到最优解则输出结果,若未达到最优解则再次对适应性进行测量和评估并进行交叉变异等操作,直到计算结果达到最优解再输出结果。集群的负载程度计算如式(4-13)所示。

$$Q = a\sigma_{cpu} + b\sigma_{mem} + c\sigma_{band} + d\sigma_{io} \tag{4-13}$$

式(4-13)中,Q 代表集群负载程度;a,b,c,d 代表每项资源利用率的影响因子。对适应度函数设计如式(4-14)所示。

$$F(X) = \frac{a}{\sigma_{cpu}} + \frac{b}{\sigma_{mem}} + \frac{c}{\sigma_{band}} + \frac{d}{\sigma_{io}} \tag{4-14}$$

式(4-14)中,$F(X)$代表一个连续的适应度函数,适应度函数的值越大,则表示所使用调度方案中资源利用率的均方差越小,负载越均衡。

粒子群算法是一种模拟鸟群觅食行为的优化算法,计算过程中随机生成多个粒子,在搜索区域中进行迭代寻优,寻优过程中种群内的信息共享,具有收敛速度快、全局搜索能力强等特点,可以辅助遗传算法进行信息采集优化,提高搜索效率。粒子搜索模型如图4-8所示。

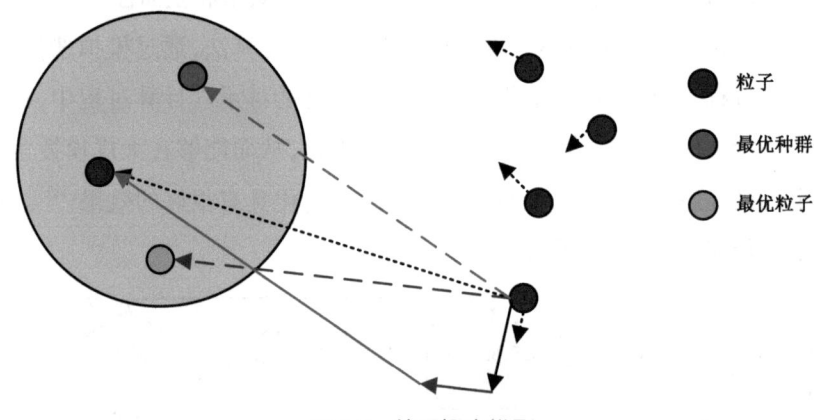

图 4-8 粒子搜索模型

由图4-8可见,每个粒子都具有自身独特的运动区域,粒子通过与其他粒子的信息共享来对下一步运动方向进行判断。粒子在不断迭代的过程中,由适应度函数计算出粒子的适应度值,并保留粒子和种群的最优位置,通过比较得到最优搜索结果。粒子个体的信息更新如式(4-15)所示。

$$\begin{cases} V(i)_{k+1} = \omega V(i)_k + c_1 r_1 (P(i)_{best} - X(i)_k) + c_2 r_2 (G_{best} - X(i)_k) \\ X(i)_{k+1} = X(i)_i + V(i)_{k+1} \end{cases} \tag{4-15}$$

式(4-15)中,$V(i)$代表粒子速度;$X(i)$代表粒子位置;ω代表惯性系数;c_1,c_2为学习因子;r_1,r_2为计算随机数;G_{best}代表种群历史最优;$P(i)_{best}$代表粒子历史最优。进行请求处理时的资源消耗如式(4-16)所示。

$$\left(N_{cpu,k_i} \times m \frac{x_i}{R} N_{mem,k_i} \times m \frac{x_i}{R} N_{band,k_i} \times m \frac{x_i}{R} N_{io,k_i} \times m \frac{x_i}{R} \right), k_i \in [1,j] \tag{4-16}$$

式(4-16)中，x代表权值；m代表需要被调度的请求数量；R代表请求任务数量；N代表负载程度。节点完成请求处理后，其中资源的负载率发生变化，组合方案所带来的影响程度越小，则资源利用率越均衡，均衡程度可以使用均方差计算进行衡量。引入柯西不等式对资源利用率进行分析，得到约束如式(4-17)所示。

$$\sigma_{cpu} \geq \frac{1}{n}\sum_{i=1}^{n}|p'_{cpu}(S_i) - \bar{p}'_{cip}| \qquad (4-17)$$

式(4-17)中，σ代表资源利用率均方差；$\bar{p}'_{cip}$代表资源平均利用率；S代表节点；p'_{cpu}代表资源负载率。资源利用率的均方差越小时，集群负载越趋于均衡，进行请求分配时，将请求更多分配至负载率小的节点中，以实现负载均衡。

将粒子群算法和遗传算法进行结合，对适应度函数进行求解。所得到的数据采集组合优化算法模型如图4-9所示。

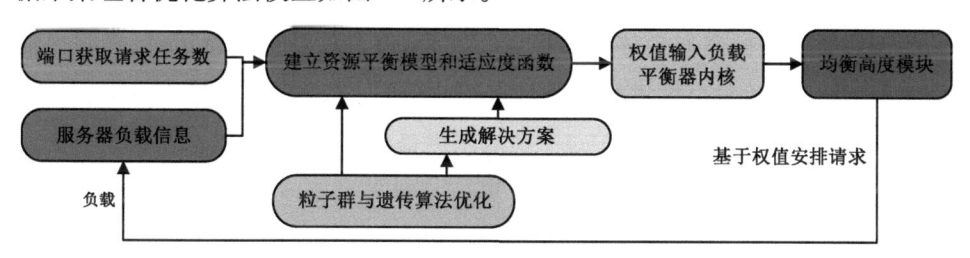

图4-9 DPSP数据采集组合优化算法模型

由图4-9可见，研究设计的融入粒子群算法和遗传算法的组合优化算法模型是一个循环过程。首先系统可以从各个交通数据采集端口获取实时交通数据作为请求任务数量，通过交通信息资源均衡模型在各个交通数据采集端口之间均衡分配数据处理资源，以优化数据采集和处理过程。适应度函数用来评估资源分配方案的优劣，需要考虑数据采集的速度、准确性以及处理资源的利用率等因素。经过计算后的权值被传递至负载均衡器内核中，使用调度模块按权值对调度请求进行处理。在处理过程中，系统会产生交通数据负载，并获取相关的负载信息。这些信息与最初的请求任务数量相结合，开始新一轮的计算循环，以不断优化资源分配和数据处理过程。在适应度求解过程中的基因都是实数，所以选取实数编码作为编码方案。计算权值过程如图4-10所示。

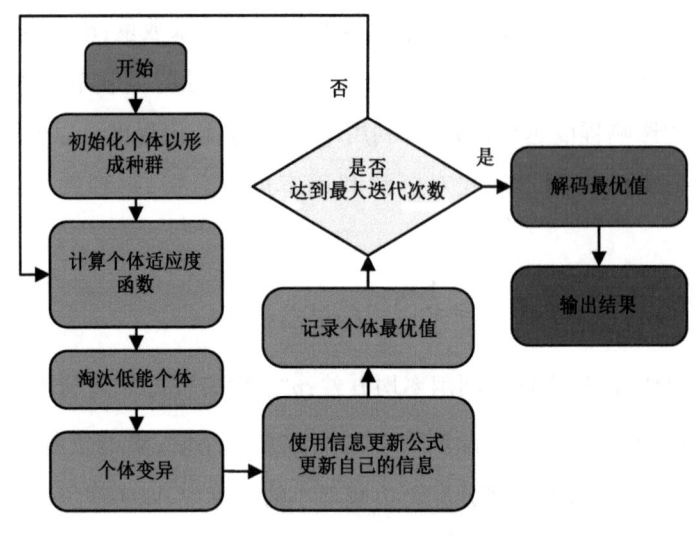

图 4-10 权值计算流程

由图 4-10 可见,研究方法在计算权值时,首先对若干个个体进行初始化形成种群,再由适应度函数对个体适应度进行计算,将全局最优进行记录,剔除掉较低的适应度个体后对个体进行变异,以信息更新公式对自身信息进行更新。计算出每个个体的适应度值后,记录个体的历史最优值,不断循环直到达到最大迭代次数后对最优值进行解码,输出结果。对惯性系数表达式进行重构,如式(4-18)所示。

$$\omega^* = \omega_{max} - \frac{4}{\pi}\arctan\left(\frac{k}{k_{max}}\right) * (\omega_{max} - \omega_{min}) \qquad (4-18)$$

式(4-18)中,k 代表目前进化代数;k_{max} 代表预设的最大进化代数。引入新的惯性系数后的粒子个体的信息更新式改变如式(4-19)所示。

$$V(i)_{k+1} = \omega * V(i)_k + c_i r_1 (P(i)_{best} - X(i)_k) + c_2 r_2 (G_{best} - X(i)_k) \qquad (4-19)$$

进行低适应度个体淘汰时,研究设计基于倍数标准差的淘汰机制对不适合的个体进行淘汰。用对应某代种群适应度值的均方差对离散程度进行衡量,如式(4-20)所示。

$$\sigma_k = \sqrt{\frac{1}{m_z}\sum_{i=1}^{m_z}\left[F(x(i)_k) - \mu\right]^2} \qquad (4-20)$$

式(4-20)中,σ_k 代表某代种群适应度值的均方差;$F(x(i)_k)$ 代表某代种群

中第 i 个个体的适应度值;m_z 代表种群中个体数量。设计变异率控制函数如式(4-21)所示。

$$\varphi(k) = 1 - \frac{1}{1+e^{-20\left(\frac{k}{k_{max}}-0.5\right)}} \quad (4-21)$$

式(4-21)中,$\varphi(k)$ 代表变异率控制函数。定义 p_m 代表变异率,变异率在控制情况下如式(4-22)所示。

$$p'_m = p_m * \varphi(k) \quad (4-22)$$

通过对变异率的有效控制,增加数据采集点的多样性,避免算法陷入局部最优解,提高算法的全局搜索能力,使系统能够寻找到更优的数据采集策略,从而提高整体数据采集效果。

由于在道路网络中,不同位置的数据采集设备设置不同、不同时段的交通流量分布不平衡,产生数据采集不均衡问题,影响数据采集的完整性和应用效率。为进一步优化数据采集组合模型,设计一种不均衡数据采集补偿方法,综合利用多源交通信息采集装备的优势,弥补不同种类设备的不足,从不同角度和维度收集交通相关信息,提高数据采集的完整性。研究设计可信度历史数据存储模块存储过去的历史数据,设计可信度计算模块对接收到的原始数据进行可信度计算,设计交通感知数据动态计算模块利用可信的数据来源来计算交通感知数据,如车流量、道路拥堵程度和车辆类型等信息,方法如图 4-11 所示。

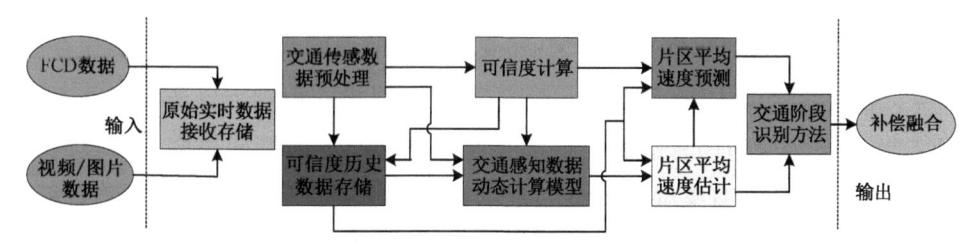

图 4-11 交通数据流不均衡补偿融合方法架构

图 4-11 中,原始数据输入模块负责接收浮动车辆数据 FCD、地磁数据、视频数据和网络数据以及 SSD-MobileNet-v1 多目标交通信息检测模型识别数据,并将其传递给后续处理模块。可信度历史数据存储模块用于存储过去的可信度历史数据,以便后续计算使用。可信度计算模块利用接收到的原始数据进行可信度

计算。交通感知数据动态计算模块,利用可信的地磁数据、视频数据和网络数据计算交通感知数据。片区平均车速预测模块使用交通感知数据和历史数据,通过建立预测模型来预测片区的平均车速。交通阶段识别模块,用于识别交通的不同阶段,如高峰期、低峰期或拥堵期的情况,根据交通感知数据和历史数据中的特征进行分类或聚类分析。通过综合考虑交通流量和车辆位置信息,判断不同区域或时间段的停车需求,并进行相应的调整和优化,提高数据的完整性和稳定性。

4.2.5 多源交通信息融合优化模型

数据的一致性是影响 DPSP 数据质量与速度进而影响高效运营的关键环节。提高数据的一致性需要对多源交通信息进行融合优化。多源交通信息融合是指将来自不同数据源或不同模态的信息进行整合和融合,目标是从多个信息源中获取更全面、准确的信息,以提高任务的性能和效果。研究提出一种基于遗传算法的多源交通信息融合优化模型,以量化模型为基础,预测结果与真实值之间的差异,从特征、决策、权重等方面考虑,将来自不同源的特征进行分析,分配不同的权重,以不同的策略为基础进行融合,使得模型能够以最优的参数配置状态实现最优的执行策略,实现最佳性能。

为了更好地实现复杂交通网络环境下交通信息的最优采集与融合调度,需要设计复杂交通网络环境下多源交通信息的分布式数据库结构。建立复杂网络环境下的多源交通信息数据库结构,需要用不同层面的数据来表示分散保存的多源交通信息。采用多非线性分量耦合统计法,将模式识别与自适应聚类方法相结合,在多源交通信息的组合与多交通网络环境下的特征提取相结合的复杂交通网络环境的高维度特征空间中重构多源交通信息。为实现以上目标,构建将信息采集和集成结合起来的多源交通信息采集与融合总体结构模型(见图 4-12)。

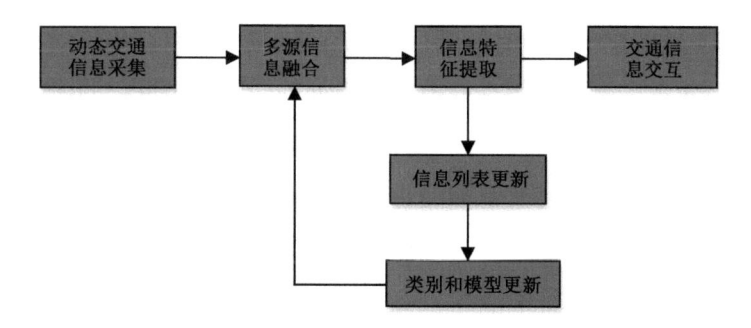

图 4-12　多源交通信息采集与融合总体结构模型

模型包含了动态交通采集、多源信息融合、信息特征提取、信息列表更新、类别和模型更新多个步骤。其中动态交通采集的任务是采用多源交通信息采集组合优化模型收集的交通网络实时动态信息。然后进行信息融合处理,包括清洗、整合、标准化等步骤,以确保信息的准确性和一致性。接着进行信息特征提取,通过统计方法和模式识别技术,从融合后的信息中提取出能够描述交通网络的主要状态和趋势的特征。信息列表更新将获取的信息进行更新和扩充,并基于更新后的信息列表进一步进行分类和模型更新,通过基于 LPR-Net 网络设计的多源交通目标识别算法来训练模型,对交通状态进行分类和预测。在完成信息更新和类别/模型更新后,再次进行多源信息融合,以实现更全面、准确的信息整合。交通信息交互模块基于更新的信息特征数据来进行交互,提供给相关的应用和服务。多源信息融合模块利用分布式数据库结构存储复杂交通网络环境下多源交通信息,用不同层面的数据来表示分散保存的多源交通信息,建立复杂网络环境下的多源交通信息数据库结构。多源交通信息融合模型的算法流程如图 4-13 所示。

第一步建立分布式数据库结构,设计一个适应复杂交通网络环境的多源交通信息数据库结构,用不同层面的数据表示和保存多源交通信息。第二步对原始多源交通信息进行预处理和特征提取,将其转化为可用于分析和建模的形式。第三步通过自回归分析等方法建立多源交通信息动态分布的线性度量模型。第四步通过统计特征采样方法对原始多源交通流进行采样,并利用遗传算法进行模糊聚类处理,以实现多源信息的完全分布式聚类。第五步进行目标函数构建与优化。从交通预测、路径规划和模式识别等角度出发,分析交通状态指标,构建基于多源交通比特序列的时频耦合分布目标函数,利用遗传算法去除干扰成分和特征集,实现多源交通信息的模糊聚类处理。第六步进行非线性特征分离与分析。针对非线性采集与组合问题,引入模糊动态变化核函数进行动态特征分离,以处理交通信息的时变性和随机变化特性。第七步用遗传算法等方法求解近似最优解,通过重复求解获得最终最优解。

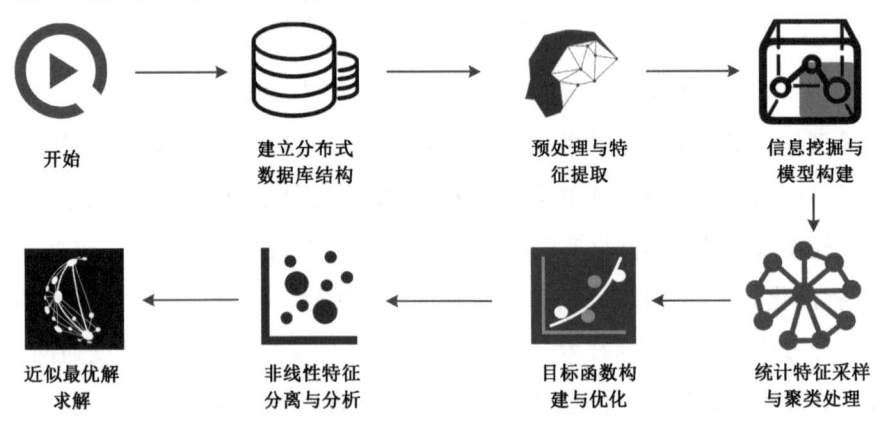

图 4-13　多源交通信息融合模型算法流程图

多源交通信息采集过程中包含了大量的干扰信息和路况信息,需要进行预处理与特征提取。通过频谱特征来表示数据的多源交通流量信息包含 N 种变数。用 $\{b_{11},b_{12},\cdots,b_{nn}\}$ 表示 a_j 对应的变量阈值,多源交通流量信息模型表示如式(4-23)所示。

$$\begin{cases} G_1 = b_{11}a_1 + b_{12}a_2 + \cdots + b_{1n}a_n \\ G_2 = b_{21}a_1 + b_{22}a_2 + \cdots + b_{2n}a_n \\ \vdots \\ G_n = b_{n1}a_1 + b_{n2}a_2 + \cdots + b_{nn}a_n \end{cases} \quad (4\text{-}23)$$

式(4-23)中,a_j 和 G_k 表示分布式传感器阵列,利用多传感器融合识别方法对车、路多源交通进行有效的信息挖掘。多源交通信息自回归分析结果为 $u(x_j)\xi_j$,目的是把多源交通信息的检测问题转化为复杂交通网络环境下多源交通信息动态分布的线性度量问题。根据上述设计,对多源交通信息的统计结果模型进行分析,并采用统计特征采样的方法对原始多源交通流进行信息采集,利用遗传算法进行模糊聚类处理,在融合空间中实现多源信息完全分布式聚类。

从交通预测、路径规划和模式识别等方面考虑,分析预测交通流量、交通拥堵程度或交通速度等交通状态指标,以均方误差、二分类的准确率和路径优化为参考,基于多源交通比特序列的时频耦合分布构建目标函数,目标函数要综合考虑经济效益与综合效益,多目标规划函数如式(4-24)。

$$\min Z = \sum_{}^{l} \sum_{}^{r} a_{ji} * \varphi_{ji} * c_i + \sum_{}^{e} n_i c_k$$

$$\min U = \sum_{i=1}^{l} \sum_{j=1}^{r} b_{jk} f_j r_j$$

$$\text{s.t.} \begin{cases} a_{ji} \geq 0, a_{ji} = 0 \quad \text{or} \quad 1 \\ b_{jk} = \sum_{i=1}^{1+e} a_{ji} \\ b'_{jk}, \text{if } b_{jk} \geq 1, b'_{jk} = 1, \text{otherwise } b'_{jk} = 0 \\ n_y = \theta \left(\sum_{j=1}^{r} a_{yj} \right) \end{cases}$$

(4-24)

式(4-24)中,φ_{ji} 表示 j 路段 i 种多源交通信息采集设备的因子变量,r 为路网中的路段,l 为固定设备数量,e 为移动设备数量,c_i 为第 i 种设备的成本;n_i 是第 i 类设备的数量,a_{ji} 为在 j 路段获得的第 k 个多源交通信息;b'_{jk} 为 j 路段所有采集设备共同采集的 k 个多源流量信息。

采用遗传算法去除多源交通信息的干扰成分和特征集,实现对多源交通信息的模糊聚类处理,以解决多源交通信息采集单一结构造成的信息碎片化、异构化问题,公式如式(4-25)。

$$\begin{cases} \min_{w,b,\xi} \frac{1}{2} \| w \|^2 + C \sum_{j=1}^{l} u(x_j) \xi_j \\ \text{s.t. } y_j((w \cdot x_j) + b) + \xi \geq 1 \\ \xi \geq 0, j = 1, 2, \cdots, l \end{cases}$$

(4-25)

式(4-25)中,C 是惩罚因子;w 代表与分类超平面垂直的向量;b 代表分类超平面偏置值;x_j、y_j 代表空间坐标位置;ξ 代表松弛变量;$u(\cdot)$ 代表样本错分代价。

针对非线性采集与组合问题,基于当前交通信息采集设备的非标准化所造成的交通信息的时变性和随机变化特性,引入模糊动态变化核函数 $k(x_i, x_j)$ 进行动态特征分离。过程如式(4-26)所示。

$$\begin{cases} \min_{a} \dfrac{1}{2}\sum_{i=1}^{l}\sum_{j=1}^{l}y_{i}y_{j}a_{i}a_{j}K(x_{i},x_{j})-\sum_{j=1}^{l}a_{j} \\ \text{s.t. } \sum_{j=1}^{l}y_{j}a_{j}=0 \\ 0\leqslant a_{j}\leqslant u(x_{j})C, j=1,2,\cdots,l \end{cases} \quad (4\text{-}26)$$

式(4-26)中,a 代表 Lagrange 乘数;$K(\cdot)$代表核函数。

基于特征提取结果,采用统计回归分析方法对复杂交通网络环境下的多源交通信息非线性结构群进行分析,推导出线性耦合模型见式(4-27)。

$$x_{k}=\sum_{n=0}^{N/2-1}2\left(a_{n}\cos\dfrac{2\pi kn}{N}-b_{n}\sin\dfrac{2\pi kn}{N}\right), k=0,1,\cdots,N-1 \quad (4\text{-}27)$$

式(4-27)中,a_n 表示多源交通信息线性规划在复杂交通网络环境下的特征分布,N 代表信息源总数量。复杂交通网络环境下,用于构建多源交通信息融合调度的有 m 个多源交通信息节点 $A_1,A_2,\cdots,A_m$,用来构建复杂交通网络环境下多源交通信息融合调度,其数学表达式如式(4-28)所示。

$$\min(f)=\sum_{i=1}^{m}\sum_{j=1}^{n}C_{ij}X_{ij} \quad (4\text{-}28)$$

$$\text{s.t.}\begin{cases} \sum_{j=1}^{m}X_{ij}=a_{i}, i=1,2,\cdots,m \\ \sum_{i=1}^{n}X_{ij}=b_{i}, i=1,2,\cdots,n \\ X_{ij}\geqslant 0, i=1,2,\cdots,m; j=1,2,\cdots,n \\ n_{y}=\theta\left(\sum_{j=1}^{r}a_{yj}\right) \end{cases}$$

通过以上方法,实现多源交通信息的深度融合,提高数据的一致性。

4.2.6 模型符号含义列表

上述模型涉及的主要符号及意义说明如表 4-2 所示。

表4-2 主要符号及意义说明

符号	意义	符号	意义
phi	自动调整的复合缩放参数	$\bar{p}'$	资源平均利用率
$beta$	用户定义的超参数	$\varphi(k)$	变异率控制函数
L_i	车辆样本产生的损失	p_m	变异率
L_j	交通标识样本产生的损失	G_k	分布式传感器阵列
Q	集群负载程度	a_j	传感器
a,b,c,d	每项资源利用率的影响因子	ξ	松弛变量
$F(X)$	连续的适应度函数	$u(x_j)\xi_j$	多元分析的回归结果
$V(i)$	粒子速度	$u(\cdot)$	样本错分代价
$X(i)$	粒子位置	$k(x_i,x_j)$	模糊动态变化核函数
ω	惯性系数	$K(\cdot)$	核函数
σ	资源利用率均方差		

4.3 数值算例

4.3.1 算例设计

以多源交通信息采集与融合模型为基础,设计一个算例。将传感器数据和历史交通数据作为模型的输入。算例执行步骤如下。

首先准备10个传感器数据作为模型的输入,模型的输入形式为一个$M \times N$的矩阵($N=10$),根据输入对传感器数据进行特征提取,处理输入的传感器数据和历史交通数据。对目标函数进行定义,采用的目标函数如式(4-29)所示。

$$L = \frac{-1}{N} \sum y\_true1 * \log\left(\frac{y\_pred1}{1-y\_pred1}\right) \quad (4-29)$$

式(4-29)中,y_true1可以是0或1,将交通流量分为拥堵和非拥堵两种状态。y_pred1表示其代表模型预测的交通流量类别概率。计算模型预测的交通流量与真实交通流量之间的平方差的平均值,首先,计算每个数据点的平方差其计算公式如式(4-30)所示。

$$e_i = (y_i - \hat{y}_i)^2 \quad (4-30)$$

式(4-30)中,y_i 表示的是传感器测量的交通流量数据,$\hat{y}_i$ 表示的是模型预测的交通流量数据。计算平方差的总和,其计算公式如式(4-31)所示。

$$SSE = \sum_{i=1}^{n} e_i \tag{4-31}$$

计算平方差的平均值,如式(4-32)所示。

$$MSE = \frac{SSE}{n} \tag{4-32}$$

通过参数优化以使模型的预测结果与真实交通流量尽可能接近,采用的参数优化方法为遗传算法,按照适应度进行标准化,适应度计算公式如式(4-33)所示。

$$\phi = \frac{1}{1+MSE} \tag{4-33}$$

使用验证数据集对优化后的模型进行评估,计算模型预测的交通流量与真实交通流量之间的均方误差以及 PR(Precision-Recall)曲线评估模型的性能,PR 曲线的关键计算公式如式(4-34)所示。

$$\begin{cases} Pre = \dfrac{TP}{TP+FP} \\ Rec = \dfrac{TP}{TP+FN} \end{cases} \tag{4-34}$$

式(4-34)中,TP 表示被正确分类为正例(交通数据)的样本数量,FP 表示被错误分类为正例的负例样本数量,FN 表示被错误分类为负例的正例样本数量。

使用的传感器数据如下。

传感器 1:[100,105,110,115,120,125,130,135,140,145,…]

传感器 2:[90,95,100,105,110,115,120,125,130,135,…]

传感器 3:[80,85,90,95,100,105,110,115,120,125,…]

传感器 4:[70,75,80,85,90,95,100,105,110,115,…]

传感器 5:[60,65,70,75,80,85,90,95,100,105,…]

传感器 6:[110,115,120,125,130,135,140,145,150,155,…]

传感器 7:[120,125,130,135,140,145,150,155,160,165,…]

传感器 8:[80,85,90,95,100,105,110,115,120,125,…]

传感器 9：[95,100,105,110,115,120,125,130,135,140,…]

传感器 10：[70,75,80,85,90,95,100,105,110,115,…]

使用的历史交通流量目标数据如下：

[80,85,90,95,100,105,110,115,120,125,…]

4.3.2 度量指标

多源交通信息数据量、数据质量评价是衡量信息采集与融合优化效果的重要指标。数据量指采集到的数据的数量，包括总体数据量和每个数据项的数量。较大的数据量通常表示采集系统的高效性和广泛性。数据质量主要从准确性、完整性、时效性、一致性和可用性几个维度进行评价。数据准确性是指数据与真实情况的符合程度，符合程度越高数据越准确。数据完整性是指数据是否最大限度反映真实情况，越能全面反映真实情况数据完整性越高。数据时效性是指数据是否能够及时反映真实情况，数据采集、融合时间越短及时性越高。数据一致性是指数据是否具有逻辑上的一致性和完整性。数据可用性指数据是否能够被有效利用。

基于 DPSP 运营的实际需求，本文将准确性、完整性、时效性和一致性作为 DPSP 数据采集与融合优化效果评价的度量指标。

4.3.3 参数确定

设定各个关键参数如表 4-3 所示。

表 4-3 各个关键参数定义

变量名称	符号	取值范围
流量信息采集时间	T_c	1 025 s
加权因子	w	2.19
数据集	S	33 000
调度数据	S_d	33/41/51/56
任务数量	N_t	基于传感器的正态分布
动态交通信息采集组合百分比	P_c	55%/44%/33%/21%

续表 4-3

变量名称	符号	取值范围
组合序列训练	G	2 100
错误值	μ	2%~5%
采集节点的数据上传标志位	$Flag$	1/0
期间采集节点采集的传感数据序列的最大长度	N_{TP}	30 s/300 点
用于确定是否超过 NTP 的计数变量	Sum	10%

4.3.4 结果与分析

1. 多源交通信息检测效果

为了验证 SSD-MobileNet-v1 目标检测算法的交通信息检测效果,实验采用 COCO 数据集分别对 SSD-MobileNet-v1 算法与标准 SSD 目标检测算法进行了 100 次迭代。该数据集包含超过 330 000 张图像,涵盖了 80 个常见对象类别,例如人、动物、交通工具、家具等。每个图像都标注了精确的对象边界框、对象类别、图像分割掩码(对于分割任务)、对象关键点位置(对于关键点检测任务)等信息,并以 PR 曲线作为评判标准,实验结果如图 4-14 所示。

a) SSD

b) SSD-MobileNet-v1

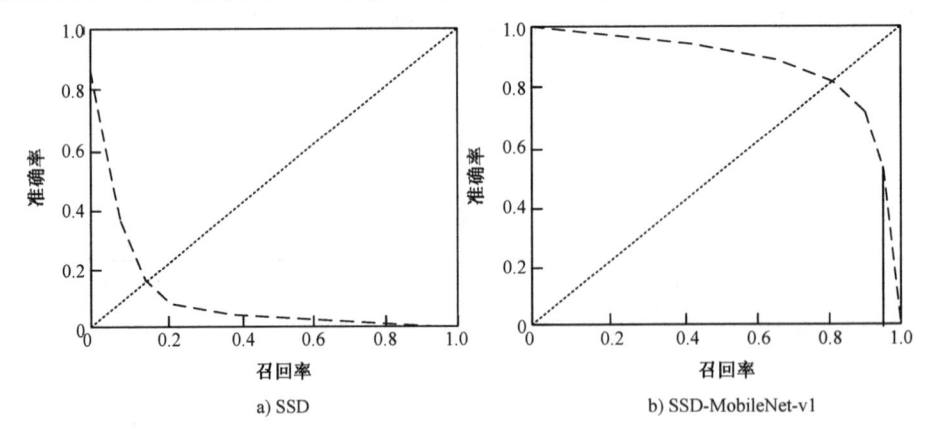

图 4-14 SSD-MobileNet-v1 算法与标准 SSD 目标检测算法的 PR 曲线比较

图 4-14 展示了 SSD-MobileNet-v1 交通信息检测算法与标准 SSD 目标检测算法的 PR 曲线比较情况。从图 4-14a)可以观察到,在模型迭代收敛后,SSD 算法的召回率有所提升,但准确率却显著下降。这意味着在使用 SSD 算法时,虽然能

够更好地捕捉到目标,但同时也引入了更多的误检测。从图 4-14b)可以看出,MobileNet-v1 与 SSD 算法结合,模型的特征提取能力得到了显著增强。这种结合能够同时保持高召回率和高精度,即在检测目标时能够更准确地找到目标,并且较少产生误检测。在 COCO 开源数据集中,相比标准 SSD 算法基于 SSD-MobileNet-v1 的检测算法平均精确率均值提升了 35%。实验还记录了模型训练过程中 SSD-MobileNet-v1 算法与 SSD 在不同资源方面的消耗,结果如图 4-15所示。

a) SSD-MobileNet-v1　　　　b) SSD

图 4-15　SSD-MobileNet-v1 算法与 SSD 在不同资源方面的消耗

根据图 4-15 的结果,可以观察到 SSD-MobileNet-v1 算法和 SSD 算法在 CPU 资源、内存资源和训练时间等方面的消耗情况。通过对比图 4-15a)与图 4-15b),可以发现 SSD-MobileNet-v1 算法相较于 SSD 算法在物理内存使用方面减少了 42.3%,仅为 536MB,而 SSD 算法需要 763MB。在 CPU 资源使用率方面,SSD-MobileNet-v1 算法只利用了 25% 的 CPU 资源。值得注意的是 SSD-MobileNet-v1 算法的训练耗时约为 22 分 30 秒,而 SSD 算法的训练耗时约为 37 分 27 秒。这表明 SSD-MobileNet-v1 算法在保证训练效果的同时,通过优化算法设计和减少资源消耗,实现了更快的训练速度。为进行算法横向对比实验,研究引入 YOLOv2 算法(You Only Look Once v2,YOLOv2)、Faster R-CNN 算法(Faster Region-Based Convolutional Neural Networks,Faster R-CNN)进行对比。实验利用 PyTorch1.8 软件在 Windows10 系统平台上,采用 COCO 数据集以及 KITTI 数据集分别对 4 种模型进行了 100 次迭代训练,结果如图 4-16 所示。

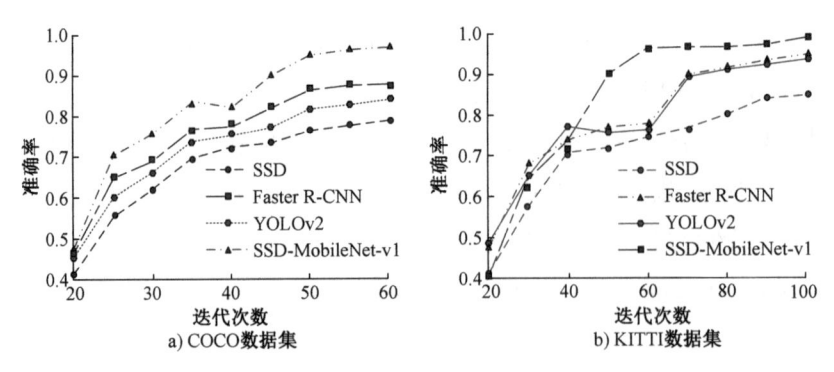

图 4-16 四种算法在 COCO 数据集以及 KITTI 数据集中的准确率表现

图 4-16 展示的是四种算法在 COCO 数据集和 KITTI 数据集中的准确率,图 4-16a)显示,在 COCO 数据集中,四种目标检测算法收敛速度相差不大,均在 50 次迭代左右趋于收敛。但四种算法收敛时的准确率相差较大,SSD-MobileNet-v1 模型收敛时准确率最高,达到了 95.6%,SSD 算法收敛准确率最低,仅为 78.3%。从图 4-16b)可以看出,SSD-MobileNet-v1 目标检测算法在 KITTI 数据集中的准确率表现相对稳定,没有出现太大的波动。相比之下,其他三种算法的准确率表现变化较大,这可能表明它们对数据集中的不同图像或类别具有不稳定的性能。根据这些结果,可以得出 SSD-MobileNet-v1 具有较好的准确率和稳定性。为了更深入地验证该算法在数据量较小的情况下的表现,实验还将本书提出的方法与具有挤压和激励(SE)块的 SE-MobileNet 算法、改进 MobileNetV3 方案以及结合空间金字塔池与 k 均值聚类算法的 MobileNetV2-SPPKM 融合算法进行对比,记录训练过程中不同算法准确率随数据量变化曲线,实验结果如图 4-17 所示。

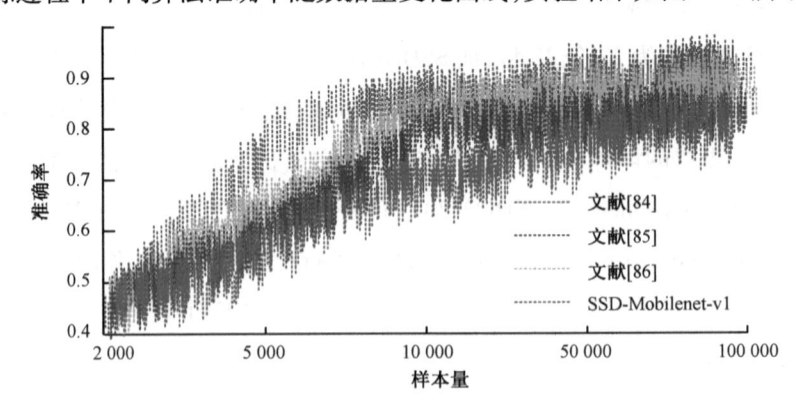

图 4-17 不同算法准确率随数据量变化曲线

根据图 4-17 的展示，可以明确地观察到四种算法之间的性能差异。其中，SE-MobileNet 算法在性能上稍显不足，其准确率在数据量达到 70 000 后才勉强接近 85%。相较之下，本研究提出的 SSD-MobileNet-v1 算法则呈现出显著优越的性能。当数据量仅为 10 000 时，其准确率便迅速达到了 92%，随着数据量的进一步增长，其准确率也随之逐步攀升，并最终稳定收敛于 98% 的高水平。而其余两种算法的性能则位于这两者之间，既未达到最差也未达到最佳。

将 SSD-MobileNet-v1 多目标检测模型应用于实际的交通信息检测当中，实验结果如图 4-18 所示。

图 4-18　SSD-MobileNet-v1 多目标检测模型识别车流、行人、违章

图 4-18 展示的是 SSD-MobileNet-v1 多目标检测模型识别车流数据的应用效果。从图中可以看出该模型能较准确地识别出道路中 0～200 m 范围内的所有车辆、行人以及违章情况，且无遗漏。同时还能够感知到当前的交通态势，并将道路畅通、缓行、拥堵等状态信息提炼标注出来，SSD-MobileNet-v1 多目标检测模型在交通信息检测中的应用效果显著。

2. 多源交通信息识别效果

利用多源交通信息数据集分别用 Lexnet-5、Word2Vec、GloVe（Global Vectors for Word Representation）以及 LPR-Net 进行训练，在完成训练后，将这四种算法应

用于北京市某地下停车场。该地下停车场是一个典型的交通场景,具有复杂的交通流和交通状况。通过在实时视频中提取交通信息,结果如图4-19所示。

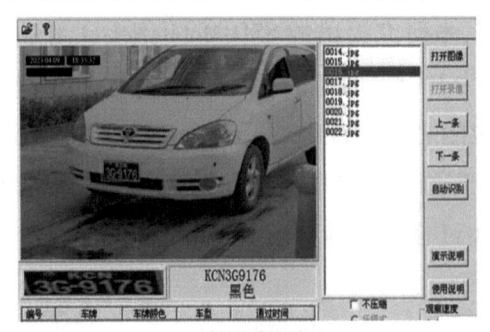

a) 识别系统展示

b) 四种算法的平均准确率

c) 四种算法的识别速度

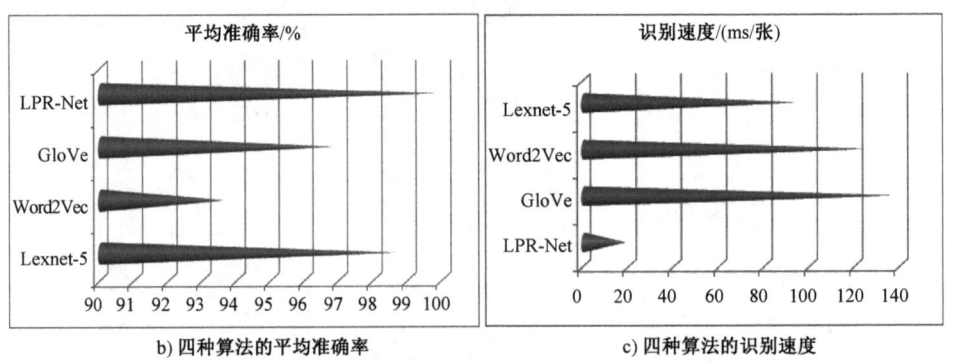

图4-19 四种算法平均准确率以及识别速度比较

图4-19展示的是识别系统截图以及实验过程中不同算法的平均准确率以及识别速度统计结果。从图4-19a)可以看出该识别系统不仅能准确地识别出车牌号码,还能提取出车牌颜色、通过速度等信息。图4-19b)展示了四种算法在测试集上的准确率统计结果,LPR-Net、GloVe、Word2Vec,以及Lexnet-5的准确率分别为99.8%、96.5%、93.3%、98.4%。可以看出,LPR-Net算法的准确率最高,其次是Lexnet-5算法和GloVe算法,而Word2Vec算法的准确率相对较低。图4-19c)展示了四种算法在测试集上的识别速度统计结果。从图中可以看出,GloVe算法的识别速度最慢,平均识别时间为136.9 ms/张,而其他三种算法的识别速度相对较快,其中LPR-Net算法的识别速度最快,平均识别时间为18.3 ms/张,其次是Lexnet-5算法和Word2Vec算法。

3. 多源交通信息采集组合优化效果

多源交通信息采集组合优化效果进行验证,设置两个多变量且仅有一个全局最大值的函数 F1 和 F2,其中 F1 函数为较简单函数,F2 函数为较复杂函数。预设种群规模为 50,学习因子为 1.496,最大进化代数为 400,初始变异率为 0.5,惯性权重系数最大值为 0.8,最小值为 0.1。首先测试研究方法进行训练时的损失值,并与粒子群-轮询调度方法(PSO-RR)、遗传-加权轮叫算法(GA-WRR)进行对比,如图 4-20 所示。

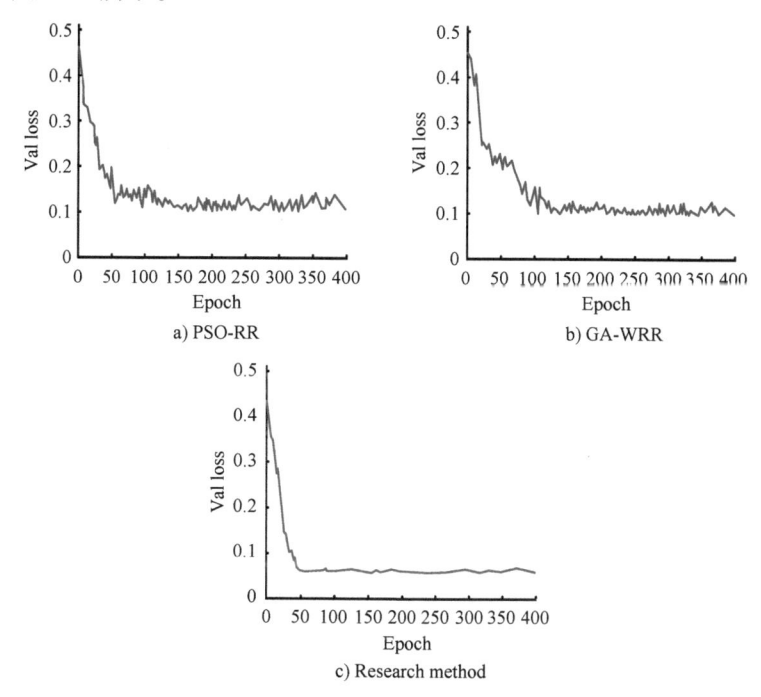

图 4-20 训练损失值测试

由图 4-20 可见,在进行训练的过程中,三种方法的损失值变化都在前期随着迭代次数增加而快速下降,在进入最低区间后在最低区间内波动。粒子群-轮询调度方法的损失值在经过 137 次迭代后达到最低区间,曲线在下降过程中存在较大幅度波动,区间的最大最小值差值为 0.04。加权轮叫-遗传算法的损失值在经过 122 次迭代后达到最低区间,曲线在下降过程中存在较大幅度波动,区间的最大最小值差值为 0.03。研究方法的损失值在经过 48 次迭代后达到最低区间,曲线在下降过程中存在较大幅度波动,区间的最大最小值差值为 0.01。说明研究方法具有更快的训练速度和训练效果。对研究方法在不同函数中的寻优结果进行测试,如图 4-21 所示。

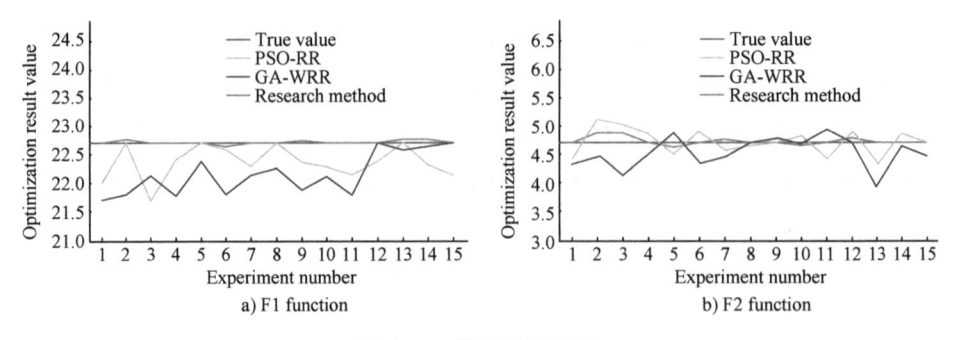

图 4-21 优化结果测试

由图 4-21 可见，在较为简单的 F1 函数中的全局最优值为 22.718，较为复杂的 F2 函数中的全局最优值为 4.721。F1 函数的 15 组实验中，粒子群-轮询调度方法的寻优结果在 21.693 到 22.718 之间波动，其中有 4 组实验的寻优结果与全局最优值吻合；遗传-加权轮叫算法的寻优结果在 21.703 到 22.718 之间波动，其中有 2 组实验的寻优结果与全局最优值吻合；研究方法的寻优结果在 22.742 到 22.681 之间波动，其中有 10 组实验的寻优结果与全局最优值吻合。F2 函数的 15 组实验中，粒子群-轮询调度方法的寻优结果在 5.131 到 4.375 之间波动，其中有 2 组实验的寻优结果与全局最优值吻合；遗传-加权轮叫算法的寻优结果在 4.967 到 3.911 之间波动，其中有 3 组实验的寻优结果与全局最优值吻合；研究方法的寻优结果在 4.907 到 4.591 之间波动，其中有 9 组实验的寻优结果与全局最优值吻合。说明研究方法有更好的寻优精度。对研究方法的寻优截止代数进行测试，如图 4-22 所示。

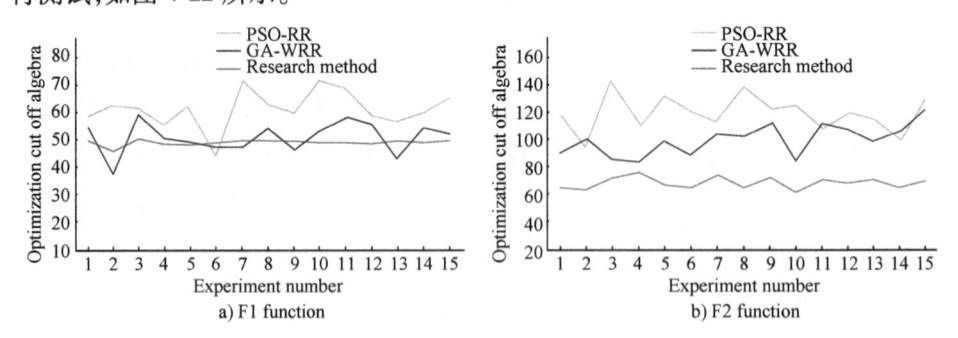

图 4-22 优化截止代数测试

由图4-22a)可见,在较为简单的F1函数中,粒子群-轮询调度方法的寻优截止代数在43到72之间波动;遗传-加权轮叫算法的寻优截止代数在38到58之间波动;研究方法的寻优截止代数在46到50之间波动,其中仅有5组实验的寻优截止代数多于遗传-加权轮叫算法,仅有1组实验的寻优截止代数多于粒子群-轮询调度方法。由图4-22b)可见,在较为复杂的F2函数中,粒子群-轮询调度方法的寻优截止代数在93到144之间波动;遗传-加权轮叫算法的寻优截止代数在83到121之间波动;研究方法的寻优截止代数在61到76之间波动。说明研究方法具有更快的寻优速度。

对研究方法的响应时延进行对比,如图4-23所示。

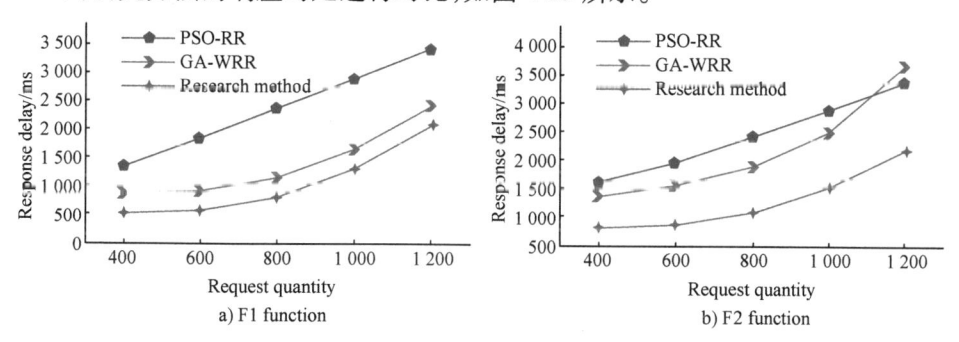

图4-23 响应延迟测试

由图4-23可见,在进行响应时延测试时,在不同函数中,方法的响应时延都随请求数量增加而上升。在F1函数中,粒子群-轮询调度方法在请求数量为400时的响应时延为1 376 ms,请求数量增加到1 200时的响应时延上升到3 442 ms;遗传-加权轮叫算法在请求数量为400时的响应时延为867 ms,请求数量增加到1 200时的响应时延上升到2 421 ms;研究方法在请求数量为400时的响应时延为501 ms,请求数量增加到1 200时的响应时延上升到2 036 ms。在F2函数中,粒子群-轮询调度方法在请求数量为400时的响应时延为1 612 ms,请求数量增加到1 200时的响应时延上升到3 408 ms;遗传-加权轮叫算法在请求数量为400时的响应时延为1 392 ms,请求数量增加到1 200时的响应时延上升到3 634 ms;研究方法在请求数量为400时的响应时延为771 ms,请求数量增加到1 200时的响应时延上升到2 172 ms。说明研究方法具有更快的响应速率。

4. 多源交通信息融合优化效果

对多源交通信息融合效果进行测试,依据地磁、视频流、浮动车等数据的信息融合,对道路态势进行感知,测试环境如图 4-24 所示。

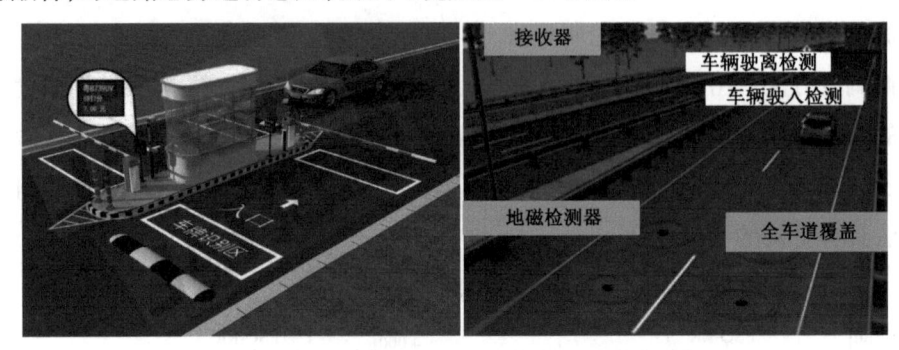

图 4-24 多源交通信息融合应用效果测试环境示意图

测试环境中在停车场内部署了地磁传感器来获取道路上的地磁场信息,从而判断车辆的行驶方向和行驶速度。通过部署的摄像头获取视频流,得到车辆的行驶轨迹和速度信息。通过检测车辆驶离的行为来判断车辆的驶离时间和地点,进而判断停车场和道路的使用情况。通过 SSD-MobileNet-v1 多目标检测模型识别目标车辆。通过 LPR-Net 识别车辆牌照等多源交通识别信息。通过这样的测试环境,可以实现对道路态势和停车场状况的全面感知和预测。实验选取 10 个不同的路段部署上述测试环境,结果如图 4-25 所示。

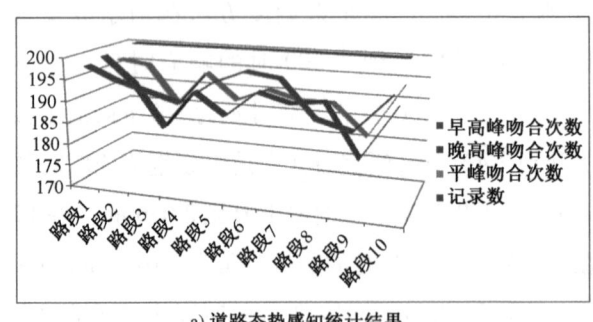

a) 道路态势感知统计结果

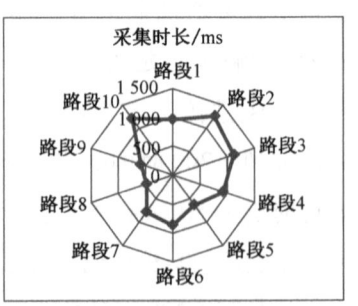

b) 各路段交通数据采集时长

图 4-25 多源交通信息融合结果统计

图 4-25 展示了 10 个不同路段进行早高峰、晚高峰、平峰预测的结果统计。从图 4-25a)中可以看出,该模型对早高峰的感知比较准确,吻合次数基本上在每条路上都超过了 190 次。这种高准确率表明,该模型能够有效地分析和预测早

高峰时期的交通状况。然而,对于晚高峰的感知,该模型的表现相对稍差。尤其是在路段9,吻合次数仅达到180次。这种不理想的预测结果可能是由多种因素导致的。例如,可能是由于晚高峰时期的交通状况更加复杂多变,或者是因为该时段内交通数据的噪声较大,影响了模型的准确性。尽管对晚高峰的预测存在一些挑战,但总体来看,该模型仍然比较准确可靠。在早高峰和平峰时期的预测中,该模型表现出了较高的准确性和稳定性,总体识别准确率高达96.5%。从图4-25b)中可以看出所提方法的信息采集输出时间最长仅为1 257 ms,最短为478 ms,有效提升了多源交通数据采集与融合的效率和精度。

从以上结果可以看出,本研究提出的数据采集与融合优化方法有效提升了数据采集与融合的效率、精度、完整性与稳定性,具有更强的可靠性。

4.4 本章小结

本章针对共享停车实际运营中出现的停车资源不足、停车位推荐不准确问题,开展DPSP数据采集与融合优化研究。首先设置了DPSP数据采集场景,对数据采集与融合中存在的问题进行分析。然后从问题出发,为了提高数据采集与融合的及时性、准确性、可用性、完整性和一致性,分别构建基于轻量化CNN的SSD-MobileNet-v1目标检测算法,基于LPR-Net网络设计的多源交通目标识别优化方案,基于遗传算法和粒子群算法的多源交通信息采集组合优化模型,基于遗传算法的多源交通信息融合优化模型。最后对模型性能进行分析验证。结果显示,相比标准SSD算法,研究提出的基于SSD-MobileNet-v1的检测算法平均精确率均值提升了35%,在物理内存使用方面减少了42.3%。与YOLOv2算法、Faster R-CNN算法进行对比,SSD-MobileNet-v1模型收敛时准确率最高,达到了95.6%。利用多源交通信息数据集分别对Lexnet-5、Word2Vec、GloVe算法(Global Vectors for Word Representation,GloVe)以及LPR-Net进行训练并应用于北京市某地下停车场,结果显示LPR-Net算法的识别速度最快,平均识别时间为18.3 ms/张。与粒子群-轮询调度方法、遗传-加权轮叫算法进行对比,对研究方法在不同函数中的寻优结果进行测试,研究方法的寻优结果在4.907到4.591之间波动,其中有9组实验的寻优结果与全局最优值吻合。说明研究方法具有更好的寻优精度。在进行响应时延测试时,研究方法在请求数量为 400 时的响应时延为 771 ms,请求数量增加到 1 200 时的响应时延上升到 2 172 ms。说明研究方法具有更快的响应速率。研究选取了 10 个不同的路段部署了测试环境,对研究结果进行应用测试。在早高峰和平峰时期的预测中,该模型表现出了较高的准确性和稳定性,总体识别准确率高达 96.5%。信息采集输出时间最长仅为 1 257 ms,最短为 478 ms,有效提升了多源交通数据采集融合效率和精度。验证结果表明本研究提出的交通信息采集与融合优化模型在进行多源交通信息目标检测与识别时具有更好的准确率和稳定性,数据采集的效率更高、更完整,信息融合程度更好,可以有效提升 DPSP 数据采集的总量、质量和速度。

第5章 考虑精确度需求的共享停车数据处理优化研究

共享停车实际运营中出现的计时计费不精确、车位推荐不准确等问题是当前影响城市共享停车吸引力的重要因素之一。计时计费不精确、车位推荐不准确既受数据采集与融合的数量和质量影响,更取决于系统平台的数据处理能力。以整个城市停车资源最大化利用为目标的DPSP要对区域内的停车供需数据进行采集,并进行适时数据反馈,数据量极其庞大,不可避免地会出现大量虚假数据、冗余数据和噪声信号,对共享停车车位推荐和共享时间、共享费用计算的准确性造成影响。因此,要提高数字共享停车的运行质量,就需要对平台的数据处理能力进行优化。本章在第4章数据采集与融合优化研究的基础上,开展DPSP数据处理优化研究,以提升DPSP平台数据处理能力。

5.1 问题描述

本节主要进行DPSP数据处理场景描述、问题分析,为数据处理优化模型构建进行相关准备工作。

1. 场景描述

数字共享停车的主要目标是实现城市停车资源的最大化利用,满足停车方快速找到合适的停车位需求和资源供给方的价值再创造需求。因此,平台需要对城市停车过程中形成的数据进行实时采集和处理。由于目前停车场使用的停车检测技术不同,数据接口和交换机制也没有统一的标准,现在的车位数据异构性和封闭性较高,限制了数据采集和使用,很难为用户提供更多信息、更优服务。同时用户的车辆种类繁多,传感器种类复杂,存在不同的数据格式,车与车之间也存在传输方式的差异,加大了车辆数据使用的难度。所以,为了实现数字共享停车及时、精准的停车服务,平台必须能够基于网络信令对多源交通信息数据进行网络控制,最大限度减少虚假数据、冗余数据的产生,提高数据的识别精度和传输精度。基于以上描述,设置 DPSP 信息调度中心和系统数据处理场景(见图5-1)。网络技术采用 ZigBee,信息源结构模型是基于 ITU-TH 的三层结构模型,网络信令采用 323 和 IETFSIP 协议。

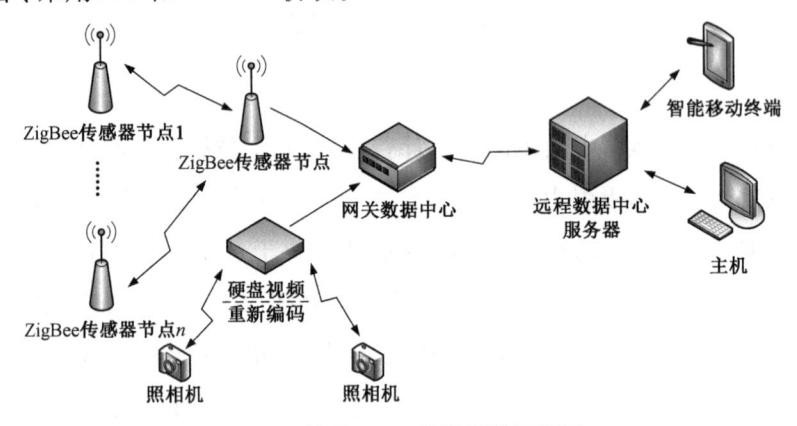

图 5-1 基于 DPSP 的数据处理场景

2. 问题分析

数据处理的根本目的是对庞大无序、难懂的数据资料进行分析和提取,最终得到有价值的、有意义的数据。随着大数据的发展,数据处理技术已经被广泛应用到不同行业[130],利用数字技术提高交通管理效能的研究也不断深入[131-134]。DPSP 是以数据为关键生产要素的共享停车新模式,作为以整个城市为服务对象的 DPSP 需要集成大量、多源的交通信息,会产生大量的冗余数据与虚假数据。

当前,共享停车数据采集一般采用无线传感器来获取数据,并将数据传输至数据管理中心,再反馈给数据需求者[135]。WSN 的基本结构如图 5-2 所示。

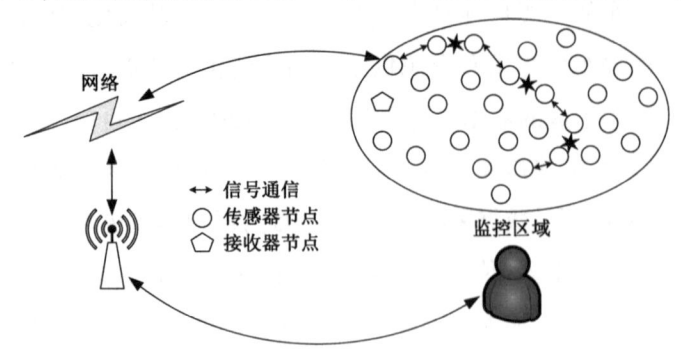

图 5-2 无线传感器网络的基本结构

DataFusionTechnology(DA)是 WSN 的核心技术支撑,主要是降低 WSN 中的冗余数据,提高数据收集效率。假设 WSN 的传感器节点所采集的数据集为 $S=\{d_i\}, i \in [1,n]$,其误差值的计算方式如式(5-1)所示。

$$\mu = |E - d_i| \tag{5-1}$$

然而,WSN 的存储能力、运算能力和通信能力都有一定局限,该方法在对海量数据进行处理优化时往往存在精确度和效率不高的问题。因此,WSN 的数据处理优化变得十分关键[136],为避免大量冗余或错误数据的产生,需要对数据处理模型进行优化。

5.2 模型构建

由于本章关注的是 DPSP 的数据处理优化问题,因此重点呈现冗余数据消除、虚假数据处理和降噪处理建模,其余的数据采集、通信均进行简化,可以参考其他章节。

5.2.1 模型整体框架

共享停车数据处理优化的目的是解决共享停车实际运营中存在的计时计费不精确、车位推荐不准确等问题,主要思路是通过消除冗余数据、虚假数据,提升数据的精确性。

本书研究的共享停车数据处理优化模型主要包含冗余数据消除、均值滤波降噪处理和虚假数据过滤模型 3 个部分。冗余数据消除(Change able Length Data Aggregation Algorithm,CLDAA)主要负责处理重复或无效的数据,以减轻存储和处理的负担。研究采用基于数据的变化性和相似性的方法进行数据清洗,通过比较和计算数据之间的相似度来识别和删除冗余数据。CLDAA 的优点在于能够有效地减少数据处理的时间和存储空间,同时提高数据的质量。均值滤波降噪处理是用来降低数据中的噪声或不确定性,利用均值滤波算法对数据进行平滑处理,以减小噪声对数据的影响。虚假数据过滤模型主要用于识别和处理虚假数据,在分析虚假数据产生原因的基础上,设计动态密钥筛选方案、密钥存储方式、密钥更新步骤以及核验流程等步骤,检测并滤除虚假数据,提高数据的准确性。共享停车数据处理优化模型整体结构如图 5-3 所示。

```
                    DPSP数据处理优化模型
        ┌───────────────┼───────────────┐
    冗余数据消除      均值滤波降噪处理    虚假数据过滤模型
    ┌─────────┐      ┌─────────┐      ┌─────────┐
    │CLDAA算法 │      │         │      │核验流程 │
    │模型优点  │      │与CLDAA  │      │密钥更新 │
    │CLDAA模型 │      │结合     │      │步骤     │
    │与算法步骤│      │         │      │密钥储存 │
    │CLDAA数据 │      │利用均值 │      │方式     │
    │处理流程  │      │滤波算法 │      │动态密钥 │
    │CLDAA的   │      │进行降噪 │      │筛选方案 │
    │设计原理  │      │         │      │虚假数据 │
    │CLDAA的   │      │         │      │产生原因 │
    │基本思想  │      │         │      │分析     │
    └─────────┘      └─────────┘      └─────────┘
```

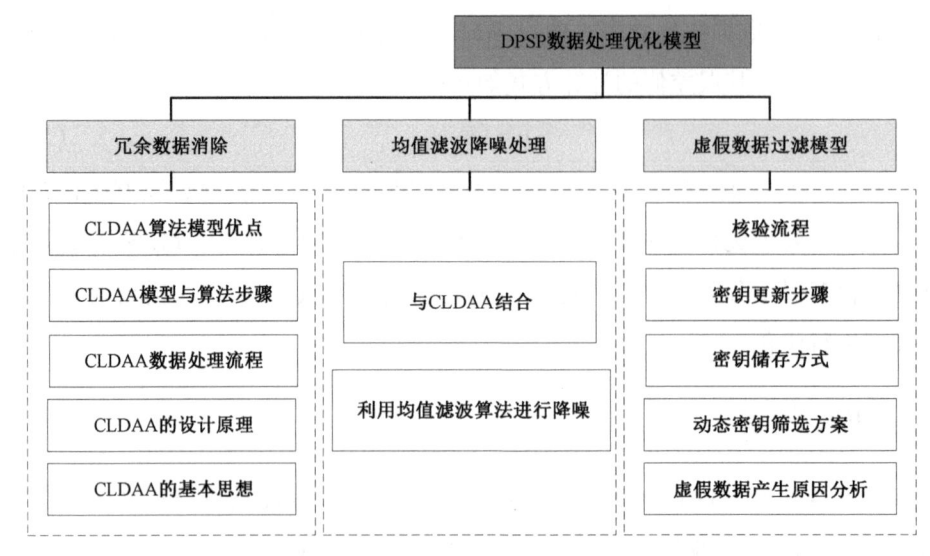

图 5-3 DPSP 数据处理优化模型整体结构示意图

5.2.2 CLDAA 冗余数据消除

为提高 DPSP 冗余数据消除能力,本研究提出一种可变长度数据聚合算法(CLDAA)进行冗余数据消除。

1. CLDAA 的基本思想

CLDAA 的基本思想是将不同共享车辆的数据进行合并和统计,得到更全面、准确的数据信息。CLDAA 是一种基于数据长度变化的算法,可以根据数据的长度变化来消除冗余数据。该算法首先对数据进行排序,然后将相邻的数据进行比较,如果发现两个数据相似度很高,就将其中一个数据删除。其次在数据融合过程中,算法会根据数据的长度变化来调整数据的相似度阈值,便于消除相似长度的冗余数据。

2. CLDAA 的设计原理

(1) 条件基础:WSN 中采集节点能够对感知数据进行处理和分析。

(2) 实现方法:通过 WSN 中采集节点实现计算存储数据的权重计算,并对比下一个周期中结构的感知数据,以判断下个周期中的感知数据是否需要进行上传,从而实现消除冗余数据的目的。

(3) 计算权重值的感知数据长度能够随着环境数据的变化而进行调整。

3. CLDAA 数据处理流程

CLDAA 数据处理流程可以分为数据预处理、特征提取、数据融合、数据分析和反馈优化五个步骤。

(1) 数据预处理是 CLDAA 的基础。由于不同车辆共享的数据格式和采样频率不同,需要进行格式转换、清洗、去重等预处理操作,以便于后续的数据融合处理。例如,将定位数据格式化为标准的经纬度坐标、将不同车辆采样频率调整为相同的频率等。

(2) 特征提取是 CLDAA 的核心。特征提取是指从共享数据中提取出有价值的特征,例如车辆的位置、速度、加速度、道路类型等信息。特征提取的目的是将原始数据转换为更具有代表性和可解释性的特征表示,为后续的数据融合和分析提供数据基础。

(3) 数据融合是 CLDAA 的重点。数据融合是将不同车辆共享的数据进行合并和统计,得到更全面、准确的数据信息。在数据融合过程中,需要解决数据格式不同、数据缺失、数据异常等问题,采用有效的数据插值和异常值处理方法,保证数据的完整性和准确性。同时,需要考虑数据权重和置信度等因素,为数据融合提供更加科学的依据。

(4) 数据分析是 CLDAA 的重要环节。对融合后的数据进行分析和挖掘,得到有用的信息和模式,为车辆共享管理提供决策支持。数据分析可以采用可视化、统计分析、机器学习等方法,对数据特征进行探索和发现,为后续的应用提供基础。

(5) 反馈优化是 CLDAA 不可或缺的环节。根据分析结果对算法进行优化和调整,提高数据融合的效率和准确性。反馈优化可以通过不断地实践和实验,对算法进行改进和完善,提高算法的可靠性和实用性。

4. CLDAA 模型与算法步骤

设置数据权重值的数据集为 A,$y(x)$ 是 x_i 的线性多项式,且有 $i \in [1, n]$。x_i 是同一状态的感知数据,节点中数据序列长度为 n,数据集中存在 n 种状态的数据,状态集可表示为 $X = \{x_1, x_2, \cdots, x_n\}$;$p_i$ 表示该状态数据在数据集中的权重系数,且有 $A=\{p_0,p_1,\cdots,p_n\}$。

CLDAA算法模型可表示为公式(5-2)。

$$y(x)=p_0+p_1x_1+\cdots+p_ix_i \tag{5-2}$$

通过公式(5-2)即可根据当前权重系数与感知数据计算出感知数据的融合数据。

CLDAA消除冗余数据的算法基本步骤如图5-4所示。

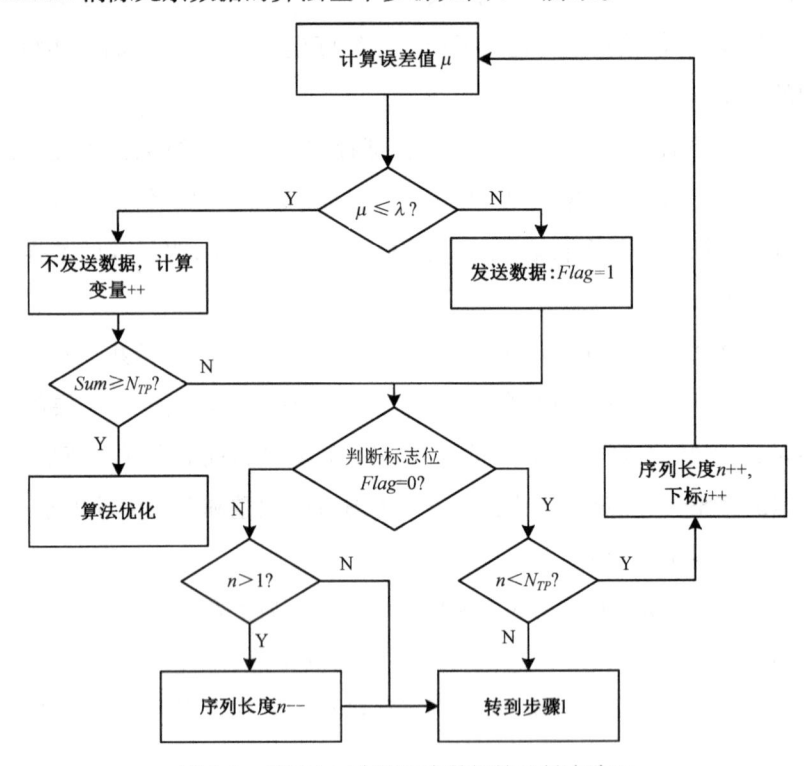

图5-4 CLDAA消除冗余数据算法基本流程

在图5-4中,计算步骤如下:

第一步是计算误差值 μ。

第二步是比较 μ 和 λ 的大小。若存在 $\mu<=\lambda$,则不发送数据,且 $Sum++$,转到第三步;若 $\mu<\lambda$,则发送数据,使 $Flag=1$,转到第四步。

第三步是比较 Sum 与 N_{TP} 的大小,若存在 $Sum<N_{TP}$,则转到第四步,反之,转到第二步。

第四步是判断 $Flag$ 的值。当 $Flag==0$ 且存在 $n<N_{TP}$ 时,$n++,i++$,并转到

第一步;若 $Flag==0$ 且 $n>=N_{TP}$,则直接转到第一步;若有 $Flag!=0$,则转到第五步。

第五步是判断 n 的值。若 $n>1$,则 $n--$,转到第一步;若 $n<=1$,则直接转到第一步。

第六步是算法优化:在时间周期内,感知数据序列长度值可根据需要进行调整,最小为1,最大为 T_P。在采集节点设置强制上传数据周期 T_P 进行优化,防止采集节点长时间不上传数据的情况,簇头节点视为哑节点(Substruction Node)。如果此时 $Flag==0$,则强制上传数据 E,并使 $Sum==0$;否则就跳转到步骤1。然后,用数据发送率和数据误差来评估算法性能。数据发送率的计算如式(5-3)所示。

$$R=\frac{SC}{N} \qquad (5-3)$$

公式(5-3)中,SC 为发送数据量;N 为总数据量。数据平均误差计算如式(5-4)所示。

$$E=\frac{1}{N}\sum_{i=1}^{N}(|x_i-y|) \qquad (5-4)$$

在式(5-4)中,x_i 为簇头接收的感知数据;N 为簇头节点接收的总数据量;y 为对所有感知数据进行融合操作后的数据。

通过上述模型处理 DPSP 平台的冗余数据,可以很好地清理和去除重复或者错误的数据,保证平台的历史数据和实时数据的准确性、完整性和一致性,提高车辆及个体车位状况的详细数据的可信度和映射方式的可信度,从而更好地支持 DPSP 平台的决策调度和运营需求。CLDAA 可以应用在多个场景中,例如车辆定位数据融合、车辆传感器数据融合、车辆故障诊断数据融合等。

需要注意的是,CLDAA 并不是万能的,它只能消除数据中的一部分冗余,而无法消除所有的冗余。因此,在实际应用中,需要根据具体的场景和需求,综合考虑多种算法和方法,以便于提高数据的准确性和可靠性。为此,本书提出基于均值滤波算法的降噪处理方法,与 CLDAA 结合应用,更好地消除冗余数据。

5.2.3 均值滤波算法降噪处理

DPSP 信息集成与传输过程中,大量数据会形成相互干扰,产生噪声问题,从而导致数据传输出现差错,降低信息准确率。本研究提出一种均值滤波算法,对 DPSP 数据噪声进行滤波降噪处理。

均值滤波是典型的线性滤波算法,其基本思想是用像素点周围的邻域像素的平均值来代替该像素的值,通过计算信号在一个窗口内的平均值来实现滤波[137-139]。

均值滤波算法降噪处理方法设计如下。

定义:$y(i)$ 表示待滤波数据;M 为滤波窗口的规模,$y(n)$ 为滤波后的结果。均值滤波算法可以表示为公式(5-5)。

$$y(n) = \frac{1}{M} \sum_{i=n-j}^{n+j} y(i) \tag{5-5}$$

$$M = 2j+1$$

因为无线传感器的信息具有明显的时域特征,所以,需要对均值、方差、峰值等进行计算。

设 n 为数据数量,X_i 为第 i 个数据,则均值计算如公式(5-6)所示。

$$\bar{X} = \frac{1}{n} \sum_{i=1}^{n} X_i \tag{5-6}$$

标准差计算如公式(5-7)。

$$\sigma = \sqrt{\frac{1}{n} \sum_{i=1}^{n} (X_i - \bar{X}_i)^2} \tag{5-7}$$

峰度计算如公式(5-8)。

$$E[(x-\bar{x})^4]/E[(x-\bar{x})^2]^2 \tag{5-8}$$

方差计算如公式(5-9)。

$$\sigma^2 = \frac{1}{n} \sum_{i=1}^{n} (X_i - \bar{X})^2 \tag{5-9}$$

通过时域特征,能够更好地反映停车位的动态变化,同时确保车辆定位信息的准确性。

此外根据数据的特性,选择合适的滤波窗口大小是十分重要的。如果窗口过大,可能会平滑掉过多的有用信息;如果窗口过小,可能无法有效地滤除噪声。因此,需要自适应地选择滤波窗口大小。第一步进行初始化,选择一个初始的

3×3窗口大小。第二步对当前窗口内的数据进行分析,计算窗口内数据的统计特性,如均值、方差、峰值等。第三步判断噪声,根据预先设定的阈值或条件,判断当前窗口内是否存在噪声。例如,可以将窗口内数据的最大值和最小值与整个数据集的均值进行比较,如果差异过大,则认为存在噪声。第四步是调整窗口大小,根据噪声的判断结果,动态地调整窗口的大小。如果检测到噪声,则扩大窗口大小以包含更多的数据点进行平滑处理;如果没有检测到噪声,则保持当前窗口大小或适当缩小。第五步进行滤波处理,使用调整后的窗口大小对数据进行均值滤波处理,计算窗口内数据的平均值作为当前像素或数据点的滤波结果。最后进行迭代处理,将滤波窗口移动到下一个位置,重复步骤二至五,直到处理完所有数据。这种自适应滤波窗口大小的算法可以根据数据的局部特性动态地调整滤波窗口的大小,以在平滑噪声的同时保留尽可能多的信息。

基于滤波算法的数据降噪算法可以应用在 DPSP 运营的多场景中,如:(1)车辆定位数据降噪:车辆定位数据中可能存在误差和噪声,主要是因为定位信号的多径效应、信号遮挡等因素,这些误差和噪声会影响车辆定位的准确性。(2)车辆传感器数据降噪:车辆传感器可以获取车辆行驶过程中的多种数据,例如加速度、角速度、油耗等,这些数据也可能存在误差和噪声。(3)车辆故障诊断数据降噪:对车辆进行故障诊断和维护时产生的数据中也可能存在误差和噪声。本算法与 CLDAA 结合,可以更好地消除冗余数据,降低噪声。

5.2.4 DKFS 虚假数据过滤

DPSP 信息不精确产生的另外一个原因是数据中存在虚假数据。虚假数据产生的原因很多,相当一部分原因是数据传输过程中出现了由于 WSN 的节点安全性不够高而容易被入侵的问题。数据传输过程中,信息群集节点会验证收集节点在信息传输过程中所传递的信息,这些信息中的虚假数据可能是由入侵者部署的攻击节点注入折中节点(Metacritic)产生的。攻击节点制造的所有虚假数据都可能被 Sink 节点接收,从而产生虚假数据。WSN 的节点部署模型如图 5-5 所示。因此需要对数据进行验证过滤,保障数据传输的安全性和可靠性。

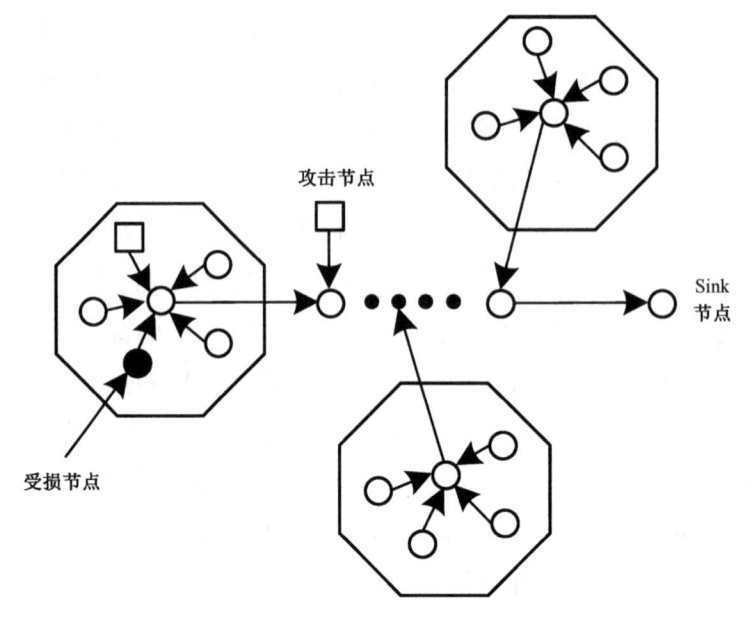

图 5-5　无线传感器网络节点部署模型

研究提出过滤虚假数据的动态密钥筛选方案（Dynamic-Key Filtering Scheme，DKFS）对传输数据进行筛选过滤，避免虚假数据被 Sink 节点接收。

DKFS 方案主要有三个步骤：

(1) 将密钥分配到网络中的各个节点。

(2) 在可监测的环境中部署无线传感器，对环境数据进行采集，加密上传资料。

(3) 核实传递数据，对不实数据进行过滤。

DKFS 方案将动态密钥管理方案和随机密钥管理方案相结合，形成动态密钥池管理模式。该方案特点如下：

(1) 簇内节点的密钥存储在簇头节点中，无须和其他节点进行密钥连接，只需在簇头节点之间保持密钥连接即可，不受其他节点状况影响，抗毁能力更强。

(2) 簇头节点中的密钥时刻都在更新，入侵者无法实时获取密钥，安全性更高。

DKFS 方案的密钥存储方式为链表形式，如图 5-6 所示。

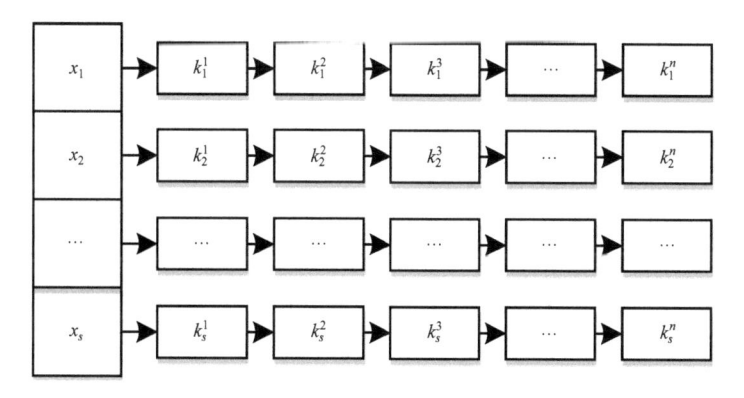

图 5-6 动态密钥池管理方案的密钥存储模式

在图 5-6 中，$x_1 \sim x_s$ 是利用随机函数随机生成的数据；k_i 是第 i 个节点中生成的密钥池；k_i^n 为第 i 个节点中生成的密钥池中第 i 个随机数生成的第 n 个密钥，$k_i^1 \sim k_i^n$ 则表示一个密钥链。随机数的右侧是根据 HAHI 函数生成的密钥，密钥链的输入值采用随机函数生成随机数据，HAHI 函数 H 生成的密钥作为输出值，即：

$$k_i^n = H^n(k_i^{n-1}), k_i^1 = K(x_i), 2 \leq n \leq w, 1 \leq i \leq s \tag{5-10}$$

在 WSN 网络的节点部署过程中，所有节点都会被分配一个具有唯一性的身份标识 ID，以及一个随机函数，且每个节点中随机函数生成的随机数都不同。在所有节点中都分配一个单向哈希函数 H，即当输入一个常量 a 时，H 生成一个数值，则有 $H(a)=b$，但不能根据 b 的值来推断 a 的值。簇内节点生成长度为 w 的密钥池的过程为：在节点中，利用分配的随机函数随机生成 s 个数值，并计算 $k_i^1 = H(x_n), k_i^2 = H^2(x_n) = H(k_i^1), k_i^w = H^w(x_n) = H(k_i^{w-1})$。

根据上述操作，即可获取一个密钥池：$K_i = \{k_i^n : 1 \leq n \leq w\}$。

消息认证代码（MAC）能够提高信息传输的安全性，因为在 MAC 数据传输的过程中不会发生改变，或被外力篡改。一般而言，对于某个 MAC 值，可将其转换为一个经过加密的哈希值。一个 MAC 值可定义为公式（5-11）。

$$MAC(m,k,n) = h(m \| k) \bmod 2^n \tag{5-11}$$

式（5-11）中，$h(\cdot)$ 为哈希函数，m 为消息；k 为密钥；n 是一个可调节参数。$MAC(m,k,n)$ 能够提供 n 个 bit 验证位，从而使得过滤出虚假信息的概率为 $1-1/2^n$。为更好地过滤入侵者制造的虚假数据，在簇头节点中对通过监测节点 v_0 的

信息 m 中的 MAC 进行验证,并通过邻居节点验证信息 m 中的事件值。验证通过后,在该簇头节点中会生成一个包含了 v_0 与相邻节点生成的 MAC 的 M_C,如公式(5-12)所示。

$$M\_C = (mac_1 \quad mac_2 \quad \cdots \quad mac_t) \tag{5-12}$$

无线传感器节点上传的数据是在簇头节点中验证的,没有通过的数据直接放弃,如果有发送虚假数据的折中节点,则视为不信任节点,不会接收节点上传的数据。

DKFS 方案的密钥更新步骤如下。

(1)密钥链更新:更新准则是更新时只选择 s 条密钥链中使用时间最长的。

(2)密钥池更新:当一个簇内节点 v_0 需要更新密钥池时,首先选择使用时间最长的密钥链 l 进行更新;使用分配在节点中的随机算法,产生一个新的随机数 x_i,并用已更新密钥链进行加密,如公式(5-13)所示。

$$M_i = MAC(x_i, k_i^1) \tag{5-13}$$

将 x_i 和 M_i 添加到数据包 r 中,并上传到簇头节点,然后根据节点 v_0 上传 r 中对应的事件值和 MAC 来进行验证,如果通过则再次验证其中随机数的加密信息 M_i,在二次验证通过后提取并保存 x_i,如果二次验证没有通过就丢弃 r。随后簇头向通过验证的节点 v_0 发送信息,如式(5-14)所示。

$$r' = \{x_i'; M_i'\} \tag{5-14}$$

公式(5-14)中,x_i' 表示簇头节点中随机函数生成的随机数值 $M' = MAC(x_i', k_i^1)$。

当节点 v_0 接收信息 r' 并验证并通过后,簇头节点再输入一个单向函数,生成一条长 w 的密钥链,更新第 i 条密钥。当 v_0 想要再次上传数据到簇头节点时,则发送信息给簇头节点,通知密钥已经实现更新,簇头节点在接收信息后生成相同的密钥链,以替换 v_0 的 ID 所对应的第 i 条密钥链。密钥更新过程中,如果 v_0 未能接收簇头节点发送的 r,则不更新密钥池。在 v_0 和簇头节点都确认密钥已经成更新后,方可将更新后的密钥链投入使用。在 Sink 节点完成密钥更新后,再由 Sink 节点向上游发送通知,下游节点重复上述操作,直到所有 Sink 节点完成密钥更新,实现全网密钥更新。

对簇头节点内所有上传的数据进行核验,对核实不通过的,一律弃之不用。对于妥协的节点,将节点对应的 ID 加入黑名单,不予接收该节点发送的虚假信息。

核验判断方法是:当存在一个簇内节点 v_j 向簇头节点发送信息数据时,v_j 根据密钥 k_1 以及数据值 e_j 产生一个认证码 MAC:$mac_j = k_1(e_j)$。v_j 生成的数据表示为公式(5-15)。

$$r_j = \{ID_j; eM_j; mac_j; F\_T_j; x_j^i; M_j\} \quad (5-15)$$

在公式(5-15)中,F_T_j 为生成 r_j 的时间点。

核验流程为:

(1) 验证簇内节点中的上传 ID 与 F_T_j,丢弃虚假数据和过时数据。

(2) 验证簇内节点的 mac_j,如果不通过,则将其对应的 ID 加入黑名单。如果通过,则计算所有簇内节点上传数据值 e_j 的平均值 $\bar{e}$ 的误差,如果误差值大于设定的误差值,则把对应的 r_j 丢弃。

(3) 对 r_j 中 x_j^i 的 M_j 进行验证,如果没有通过则丢弃数据,通过则对密钥进行更新,同时使 $F\_T_j = 0$。

(4) 其他节点依次更新,Sink 节点密钥全部更新完毕后,向上游节点发送通知,最终采用新的密钥。

总之,在 DPSP 系统运营中涉及多种数据来源,这些数据可能受到多种因素的影响,如信号遮挡、多径效应、电磁干扰、传感器故障等,导致因受到的干扰、欺诈或错误的收集方式等原因而产生虚假数据、冗余数据。此外,恶意攻击者也可能伪造或篡改这些数据,导致虚假数据产生。因此,识别和过滤虚假数据对于保证数据共享的安全性、准确性和精确性至关重要。

本研究建立的冗余数据消除、降噪处理和虚假数据过滤模型构建 DPSP 数据处理优化系统,可以通过识别和排除异常数据,有效提升数据传输的安全性和精确度。

5.2.5 模型符号含义列表

上述模型涉及的主要符号及意义说明如表 5-1 所示。

表 5-1　主要符号及意义

符号	意义
S	传感器节点所采集的数据集
μ	误差值
x_i	同一状态的感知数据
n	节点中数据序列长度
p_i	数据集中的权重系数
A	数据权重值的数据集
SC	发送的数据量
N	总数据量
R	数据发送率
$y(n)$	滤波后的结果
$y(i)$	待滤波数据
M	滤波窗口的规模
w	簇内节点生成长度
m	消息
k	密钥
n	可调节参数

5.3　数值算例

5.3.1　算例设计

在多源信息融合模型聚合和数据过滤的基础上设计一个完整的算例,对冗余数据和虚假数据进行处理,以验证本方案提出的冗余数据、噪声数据和虚假数据消除的有效性和优势。数据来源于某地交通管理部门提供的一定区域内的传感器实时采集的交通信息数据。传感器以每小时为单位进行数据采集,并使用随机生成的数据来模拟交通流量。

将车辆信息数据设置为时间戳、经度、维度、速度和加速度。其中,时间戳表示数据采集的时间,经度和纬度表示车辆的位置坐标,速度和加速度表示车辆的运动状态。假设有三辆车 A、B、C,共享了定位数据,并且每辆车的数据格式和采样频率不同。车辆位置信息见表5-2。

首先,进行数据预处理,将不同车辆的数据格式化为标准的经纬度坐标,并将采样频率调整为相同的频率,例如每秒采样一次。然后,进行特征提取,从共享数据中提取出有价值的特征,例如,从数据中提取出车辆的位置、速度、加速度等信息。

表5-2 车辆位置信息一

车辆	时间戳	经度	纬度	速度	加速度
A	1	116.3	39.9	50	2.5
A	2	116.4	39.8	55	3.0
A	3	116.5	39.7	60	4.0
B	1	116.4	39.8	50	2.5
B	2	116.5	39.7	55	3.0
C	1	116.5	39.7	60	4.0

接着,进行数据融合。将不同车辆共享的数据进行合并和统计,得到更全面、准确的数据信息,见表5-3。

表5-3 车辆位置信息二

时间戳	经度	纬度	时间戳	速度	加速度
1	116.4	39.8	1	53.33	3.0
2	116.45	39.75	2	53.33	3.0
3	116.5	39.7	3	60	4.0

算例执行步骤如下:首先准备包含实时交通信息流的数据集,其中包括冗余数据、噪声数据和虚假数据。计算冗余数据消除比例,如式(5-16)所示。

$$redundance = \frac{N-M}{N} \tag{5-16}$$

式(5-16)中,N表示的是总数据量,M表示的是经过冗余数据消除处理后剩余的数据量。同时,准备相应的真实交通数据集作为参考;其次使用可变长度数据聚合算法对实时交通信息流进行处理,可以计算冗余数据的比例或数量来量化冗余数据消除的效果,并评估其对冗余数据的消除效果影响程度。假设输入

数据为 $x_1, x_2, \cdots, x_n$，聚合后的数据如式(5-17)所示。

$$y_i = \frac{x_{i1} + x_{i2} + \cdots + x_{ik}}{k} \tag{5-17}$$

式(5-17)中，k 表示的是第 i 个时间窗口的长度。随后使用滤波算法对实时交通信息流进行处理，定义 $x[n]$ 表示输入数据，$y[n]$ 表示输入信号 $x[n]$ 的前 N 个样本的平均值，其表达式如式(5-18)所示。

$$y[n] = \frac{x[n] + x[n-1] + \cdots + x[n-(N-1)]}{N} \tag{5-18}$$

式(5-18)中，N 表示的是样本的总数。将式(5-18)进行展开，并引入滑动窗口操作符[ ]，得到实验采用的滤波公式如式(5-19)所示。

$$y[n] = \left(\frac{1}{n}\right) * \sum_{N-1}^{l=0} x[n-l] \tag{5-19}$$

然后，通过计算噪声数据的比例或数量来量化数据降噪的效果，并对其对噪声数据的降噪效果影响进行评估；接着使用虚假数据过滤模型对实时交通信息流进行处理，并分析其对虚假数据的过滤效果。根据评估结果，对多源信息融合模型的参数进行优化和调整，以达到进一步提升冗余数据消除、数据降噪和虚假数据过滤的效果。可以使用冗余度指标(如重复率)计算冗余数据的比例，使用错误率或误差指标来衡量从真实数据中误分类为噪声数据的比例。对于虚假数据可以使用准确率、召回率和 F1 得分等指标来衡量虚假数据的识别效果。最后采用相似度度量方法来判断数据 A 以及数据 B 之间的相似程度，其表达式如式(5-20)所示。

$$Similarity(A, B) = \frac{A \cdot B}{(\|A\| * \|B\|)} \tag{5-20}$$

式(5-20)中，$A \cdot B$ 表示的是向量 A 以及向量 B 的点积，$\|A\|$、$\|B\|$ 表示的是向量 A 以及向量 B 的模长。

5.3.2 度量指标

本模型使用的主要度量指标由三个部分组成：可变长度数据聚合算法的冗余数据消除效果、滤波算法的数据降噪效果和虚假数据过滤模型的过滤效果。

可变长度数据聚合算法的冗余数据消除效果评估:对冗余数据消除效果的评估,通常使用冗余度或者去重率等指标来度量。冗余度值越小表示冗余数据越少;去重率表示数据中的重复率,其值越小表示数据中的重复数据越少。

均值滤波算法的数据降噪效果评估:对数据降噪效果的评估,通常使用信噪比(SNR)或均方误差(MSE)等指标来度量。SNR 表示信号与噪声的比值,其值越大表示信号越强,噪声越弱;而 MSE 表示降噪后的数据与原始数据的误差平方和,其值越小表示降噪效果越好。

虚假数据过滤模型的过滤效果评估:对虚假数据过滤模型的过滤效果评估,通常使用准确率、召回率、F1 值等指标来度量。其中,准确率表示模型正确识别虚假数据的比例,召回率表示模型正确识别虚假数据的能力,F1 值则综合考虑了准确率和召回率。除了这些指标,还需要结合实际场景进行分析,例如模型的误判率、漏判率、处理速度等,以便于判断模型的实际效果和可用性。

5.3.3 参数确定

设定各个关键参数如表 5-4 所示。

表 5-4 各个关键参数定义

变量名称	符号	取值范围
采集节点上传数据周期	P_T	10 s
在节点处收集传感数据	d_i	30/50%/2 000 pa
簇头节点接收到的数据	x_i	基于传感器个数正态分布
用户可接受的错误阈值	λ	1%/5%/5%
节点收集的数据序列的长度	n	30 s/60 个数据点
长度为 n 的感知数据的权重值	E	80%
错误值	μ	2%~5%
采集节点的数据上传标志位	$Flag$	1/0
TP 期间采集的传感数据序列的最大长度	N_{TP}	30 s/300 点
用于确定是否超过 NTP 的计数变量	Sum	10%

其余参数均随机生成,并逐步累积,各参数一旦生成,短期内不会变化。

5.3.4 结果与分析

1. CLDAA 冗余数据消除效果

基于时间相关性的 TCDCP 算法是一种常见的冗余数据消除算法,以其为参考,验证研究提出的 CLDAA 算法对车位传输数据中冗余数据的消除效果。利用 MATLAB 软件对两种算法处理车辆共享数据过程效果进行验证比较。两种算法的数据发送率和误差阈值如图 5-7 所示。

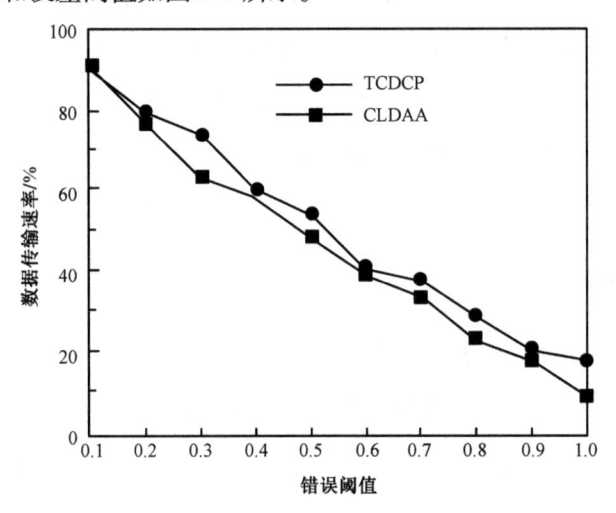

图 5-7 数据传输速率与错误阈值的关系

在图 5-7 中,误差阈值增大时,两种算法的数据发送率相应下降。当误差阈值相同时,CLDAA 算法的数据发送率明显比 TCDCP 算法低。当误差阈值为 0.1 时,两种算法的数据发送率均为 92%;当误差阈值为 0.5 时,CLDAA 算法的数据发送率为 52%,TCDCP 算法的数据发送率为 58%,比 CLDAA 算法的数据发送率高 6%;当误差阈值为 1.0 时,CLDAA 算法的数据发送率为 10%,TCDCP 算法的数据发送率为 23%,比 CLDAA 算法的数据发送率高 13%。上述结果表明 CLDAA 算法对车位数据中的冗余数据消除效果比 TCDCP 算法更好。

两种算法的融合数据精度如图 5-8 所示。

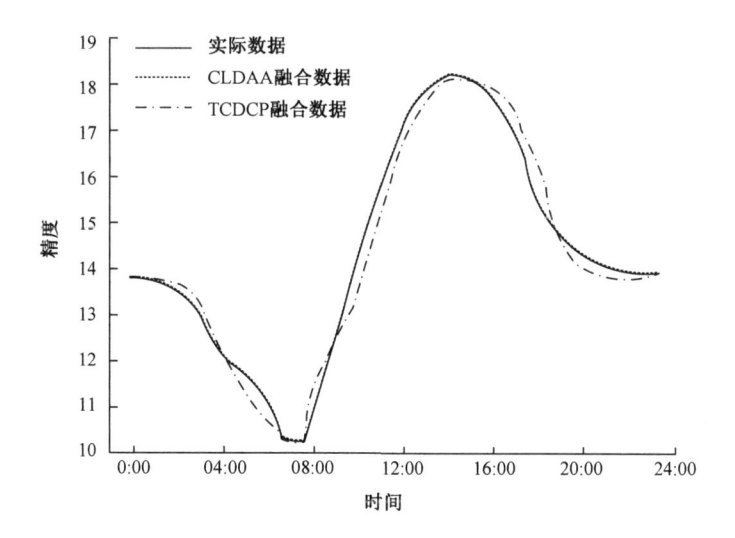

图 5-8 两种算法的融合数据精度

图 5-8 中，各个时刻 CLDAA 的融合数据与实际数据几乎无差异，平均误差为 0.2，而 TCDCP 融合数据与实际数据的差异较大，平均误差为 1.4，比 CLDAA 算法大 1.2。可以看出，在 0:00 到 24:00，CLDAA 算法的融合数据误差均明显低于 TCDCP 算法融合数据的误差。所以，相对于 TCDCP 算法的数据融合，CLDAA 算法效果更好。

2. 均值滤波算法数据降噪效果

为验证研究提出的均值滤波算法对数据的滤波效果，采用相同的车位信息数据集来进行测试，对其中一组车位信息数据集采用均值滤波算法进行滤波处理，另一组数据集则不处理。根据已有实验结果验证，在使用均值滤波算法对车位数据进行滤波处理时，滤波窗口大小为 20 的滤波效果最好。因此研究将滤波窗口设置为 20。数据输入后，无线传感器的反馈结果与实际结果的误差值如图 5-9 所示。

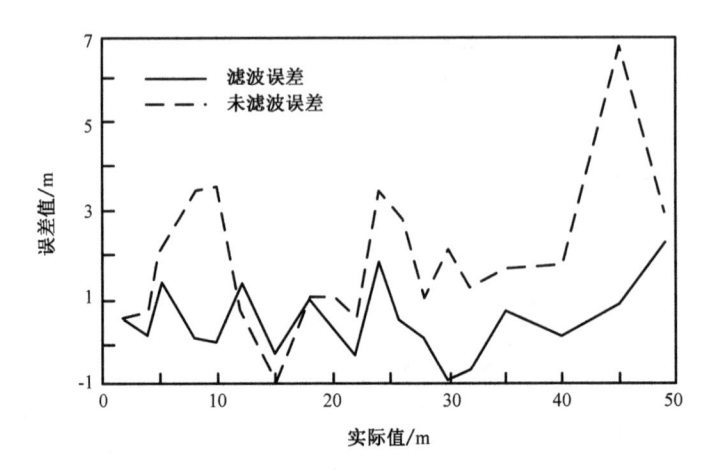

图 5-9 均值滤波算法的滤波效果

由图 5-9 能够得知,在采用均值滤波算法进行滤波处理后,无线传感器传输的车位信息数据更加精确。在车辆实际距离车位 50 m 时,无线传感器的反馈数据误差为 2.4 m;在经均值滤波算法进行优化后,无线传感器的反馈数据误差为 1.7 m,比未经均值滤波算法处理时低 0.7 m。由此证明,均值滤波算法能够有效地对无线传感器传输的车位信息数据进行滤波降噪处理。

3. DKFS 虚假数据过滤效果

在 WSN 中经常采用统计途中过滤方案(SEF)进行虚假数据过滤。对 DKFS 和 SEF 两种方案进行比较测试,以验证本研究提出的 DKFS 方案的优越性。

分别设置被妥协节点的数量 n 为 2、3 和 4,网络节点对虚假数据的过滤率与经过传输跳数 H 的关系如图 5-10 所示。

在图 5-10 中可以看到,如果跳数和被妥协节点数量相同,与 SEF 方案相比,DKFS 方案的虚假数据过滤率更高。当跳数为 6 时,DKFS 方案的虚假数据过滤率在 n 为 2、3、4 时分别为 100％、97.2％和 79.4％;而 SEF 方案分别为 28.3％、24.1％和 16.5％。说明 DKFS 方案的虚假数据过滤能力与时间响应能力明显优于 SEF 方案。

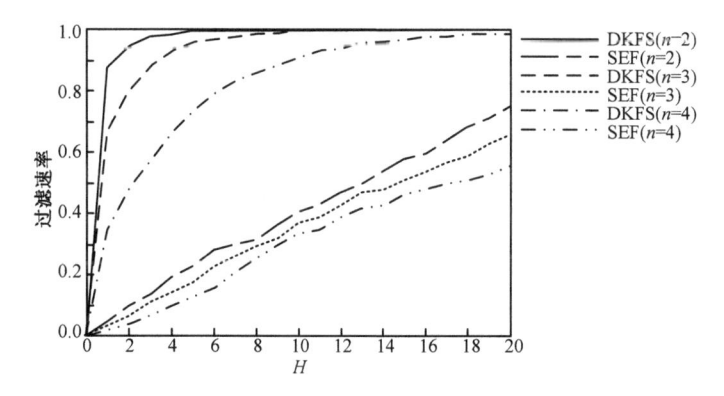

图 5-10 滤波速率与传输跳数 H 之间的关系

为验证两种方案的传输能耗,采用相同的测试数据集对两种方案进行测试。两种方案的传输能耗如图 5-11 所示。当传输跳数相同($H=20$)时,虚假数据量对传输能耗的影响见图 5-11a)。在图 5-11a)中,当虚假数据数量超过 1 时,DKFS 的传输能耗显著低于 SEF。当虚假数据数量达到 6 时,DKFS 的传输能耗为 0.150 J,SEF 的传输能耗为 0.334 J,比 DKFS 的传输能耗高 0.184 J;当虚假数据数量达到 10 时,DKFS 的传输能耗为 0.171 J,SEF 的传输能耗为 0.473 J,比 DKFS 的传输能耗高 0.302 J;当虚假数据数量达到 20 时,DKFS 的传输能耗为 0.232 J,SEF 的传输能耗为 0.893 J,比 DKFS 的传输能耗高 0.661 J。当虚假数据量相同($N=10$)时,传输跳数对传输能耗的影响见图 5-11b)。图 5-11b)中,当传输跳数为 6 时,DKFS 的传输能耗为 0.074 J,SEF 的传输能耗为 0.314 J,比 DKFS 的传输能耗高 0.240 J;当传输跳数为 10 时,DKFS 的传输能耗为 0.101 J,SEF 的传输能耗为 0.397 J,比 DKFS 的传输能耗高 0.298 J;当传输跳数为 20 时,DKFS 的传输能耗为 0.203 J,SEF 的传输能耗为 0.512 J,比 DKFS 的传输能耗高 0.309 J。

研究采用改进均值滤波算法对 DPSP 数据噪声进行滤波降噪处理,为验证该算法的降噪效果,实验引入中值滤波、高斯滤波进行对比实验与适应性分析,以均方误差(MSE)、峰值信噪比(PSNR)以及边缘保护因子(Edge Protection Factor,EPF)作为评价标准。实验结果显示,改进均值滤波算法在 EPF、MSE 和 PSNR 上分别达到了 0.923、0.1353 和 43.1 的出色表现。相较之下,中值滤波在 EPF、MSE 和 PSNR 上的表现为 0.823、0.5343 和 33.4,而高斯滤波则分别为 0.951、

0.951 和 41.5。由此可见,改进均值滤波算法在降噪效果和边缘保护方面显著超越了中值滤波,虽然在高斯滤波的降噪效果上略有不及,但在保护图像边缘的性能上却展现出其独特优势。综上所述,改进均值滤波算法以其高效降噪能力和出色的边缘保护性能,为 DPSP 数据噪声处理提供了一种有力工具。其在保持信号边缘清晰度的同时,有效降低了噪声干扰,对于提升数据质量和后续数据处理效率具有积极意义,如表5-5所示。

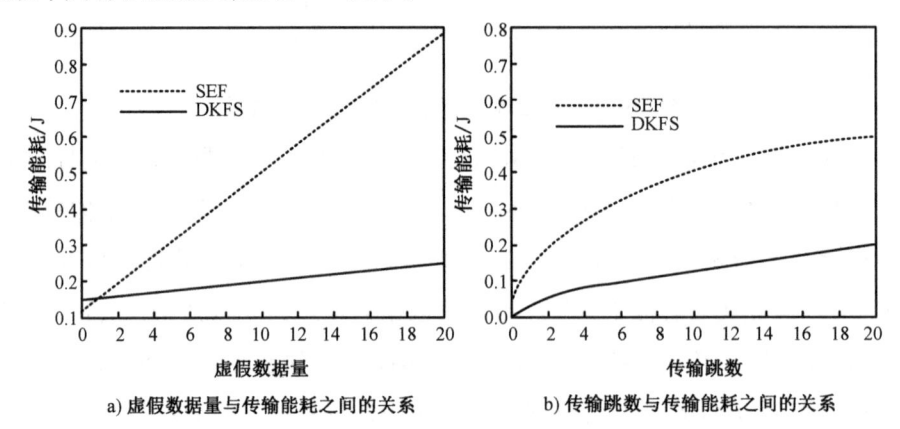

a) 虚假数据量与传输能耗之间的关系   b) 传输跳数与传输能耗之间的关系

图 5-11 两种方案的传输能耗

表 5-5 各个关键参数定义

算法名称	EPF	MSE	PSNR(dB)
改进均值滤波	0.923	0.135 3	43.1
中值滤波	0.823	0.534 3	33.4
高斯滤波	0.951	0.893 3	41.5

4. 系统优化效果

为验证研究构建的 DPSP 停车数据处理优化系统的优化效果,分别基于 CLDAA、均值滤波算法和 DKFS 构建 DPSP 停车数据传输系统(系统1),基于 TCDCP 和 SEF 构建停车数据传输系统(系统2)。设置传输跳数为20,两个停车数据传输系统的传输能耗与虚假数据量(N)和传输数据报告中 MAC 个数(T)的关系见图5-12。

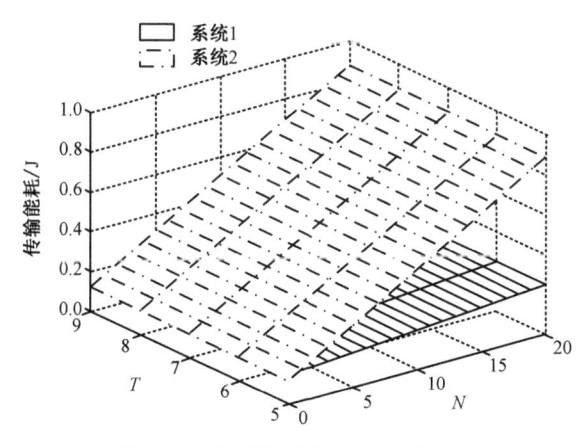

图 5-12 传输能耗与 N 和 T 的关系

在图 5-12 中,相同条件下,系统 1 的能耗远低于系统 2。其中,当虚假数据量为 6,传输数据报告中 MAC 个数为 20 时,系统 1 的传输能耗为 0.2 J,系统 2 的传输能耗为 0.9 J,比系统 1 高 0.7 J。当虚假数据量为 8,传输数据报告中 MAC 个数为 10 时,系统 1 的传输能耗为 0.06 J,系统 2 的传输能耗为 0.27 J,比系统 1 高 0.21 J。当虚假数据量为 9,传输数据报告中 MAC 个数为 20 时,系统 1 的传输能耗为 0.30 J,系统 2 的传输能耗为 0.96 J,比系统 1 高 0.66 J。上述结果表明,基于 CLDAA、DKFS 和均值滤波算法构建的 DPSP 车位数据传输优化系统能够有效节约 WSN 的能耗,提高传输效率。

采用一个包含了 9.1% 虚假数据的测试数据集对两个系统的数据优化性能进行测试。图 5-13 所示是两个系统 Sink 节点的真实数据接收率。

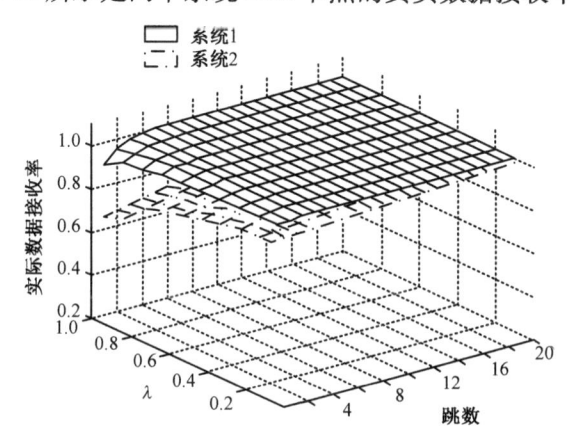

图 5-13 Sink 节点实际数据接收速率

在图 5-13 中,当 $\lambda=1$,跳数为 1 时,系统 1 的 Sink 节点真实数据接收率为 99%,系统 2 为 63%,比系统 1 低 36%。当 $\lambda=0.6$,跳数为 8 时,系统 1 的 Sink 节点真实数据接收率为 91%,系统 2 为 67%,比系统 1 低 24%。当 $\lambda=1$,跳数为 3 时,系统 1 的 Sink 节点真实数据接收率为 92%,系统 2 为 61%,比系统 1 低 31%。

为判断研究提出的数据处理优化算法的稳定性,分别基于粒子群算法构建系统 3,基于 GA-BP 算法构建系统 4,比较四种系统在数据传输过程中的丢包率,如图 5-14 所示。

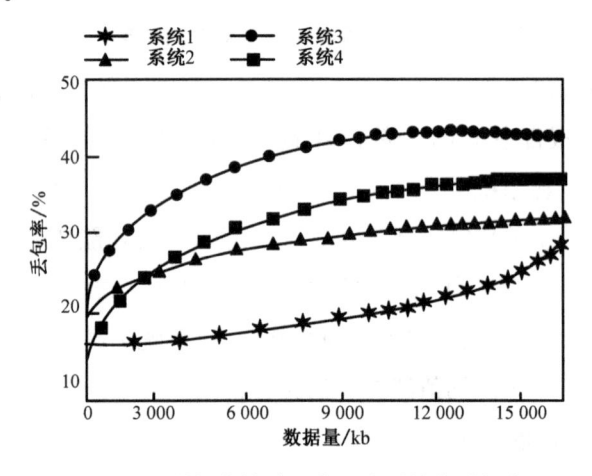

图 5-14 数据传输过程中四个系统的丢包率

从图 5-14 中能够看出,系统 1 的丢包率远低于其他几个系统。当数据量为 3 000 时,系统 1 的丢包率为 15.2%,远低于其他几种系统。综合上述内容可知,研究构建的数据处理优化系统,能够达到有效优化数据处理的目的。

5.4 本章小结

本章针对 DPSP 运营过程中出现的由过多冗余数据和虚假数据及数据传输噪声导致的数据传输精度较低、稳定性不高、安全系数下降,产生计时计费不精确等问题开展针对性研究。研究提出利用 CLDAA 算法来消除冗余数据,利用均值滤波算法进行降噪处理,利用 DKFS 方案来过滤虚假数据。结合 CLDAA 算法、均值滤波算法以及 DKFS 方案构建停车数据处理优化系统,并进行了仿真验证,验证结果显示,与传统的 TCDCP 算法相比,采用 CLDAA 算法进行冗余数据消除后,错误数据发送率更低。在经均值滤波算法进行优化后,无线传感器的反馈数据误差为 1.7 m,比未经均值滤波算法处理时低 0.7 m。采用相同的测试数据集对 DKFS 和 SEF 两种方案进行比较测试,在 n 为 2、3、4 时 KDFS 方案分别为 100%、97.2% 和 79.4%;而 SEF 方案分别为 28.3%、24.1% 和 16.5%。说明 DKFS 方案的虚假数据过滤能力与时间响应能力明显优于 SEF 方案,且能耗更低。将基于 CLDAA、均值滤波算法和 DKFS 构建的 DPSP 停车数据传输系统 1 与基于 TCDCP 和 SEF 构建的停车数据传输系统 2、基于粒子群算法构建系统 3、基于 GA-BP 算法构建系统 4 进行比较,研究构建的系统 1 真实数据接收率更高,丢包率更低。验证结果表明本研究提出的数据处理优化方法能够有效提高数据传输精度,降低能耗。

第6章 考虑及时性需求的共享停车实时匹配技术研究

协助停车需求方快速找到合适的停车位是 DPSP 运营的主要目标。然而,在当前共享停车实际运营中普遍存在停车需求反馈滞后、停车位推荐不准确的问题,成为影响共享停车发展的重要因素。在数据可靠、精确的情况下,数据通信、车辆定位、车位预测和车位匹配技术是影响共享停车及时性需求满足的主要因素。本章在前文对数据采集与融合、数据处理优化研究的基础上,开展基于数据交互的车位动态实时匹配技术研究,以提升 DPSP 及时性需求满足的能力。

6.1 问题描述

本节对 DPSP 系统供需衔接场景进行设置,对当前共享停车中存在的停车需求反馈滞后形成的原因进行分析。

1. 场景设置

基于 DPSP 的共享停车过程可以分为提出停车需求、车位分配预测、车位推荐、停车诱导、泊位入驻几个环节。整个过程共关联三个主体和五次的数据交互:(1)停车需求方向平台提出停车需求;(2)平台接受需求,对需求方车辆进行定位;(3)基于车位供给方提供的数据预测可提供车位,根据预测结果向需求方推荐车位,并进行停车诱导;(4)车位供给方(停车场管理方)向平台提供车位;(5)车位供给方接受平台的车辆分配。整个过程场景刻画如图6-1所示。

该场景中主体由系统平台、停车场服务器和需求用户手机客户端三部分组成。通信方式是基于 TCP/IP 协议的网络通信、蓝牙通信和 Wi-Fi 通信。用服务器作为数据存储设备,管理用户信息和停车场信息,并负责与手机的 Socket 通信;蓝牙通信模块的核心控制采用基于 ARM6410 的开发板,扩展蓝牙模块与手机蓝牙通信;利用 Wi-Fi 路由器建立本地网络,实现用户与服务器之间的网络通信。手机客户端具有 Wi-Fi 功能、蓝牙功能、GPS/BDS 定位功能等。Wi-Fi 功能用于检测本地网络中的 Wi-Fi 信号和通信。蓝牙具备可以和停车位内的蓝牙节点通信的功能。GPS/BDS 定位是为了查询用户当前所处位置并进行定位。利用百度地图提供的软件开发工具(SDK)给出从当前位置到停车场的距离和进入停车位的行车路径。

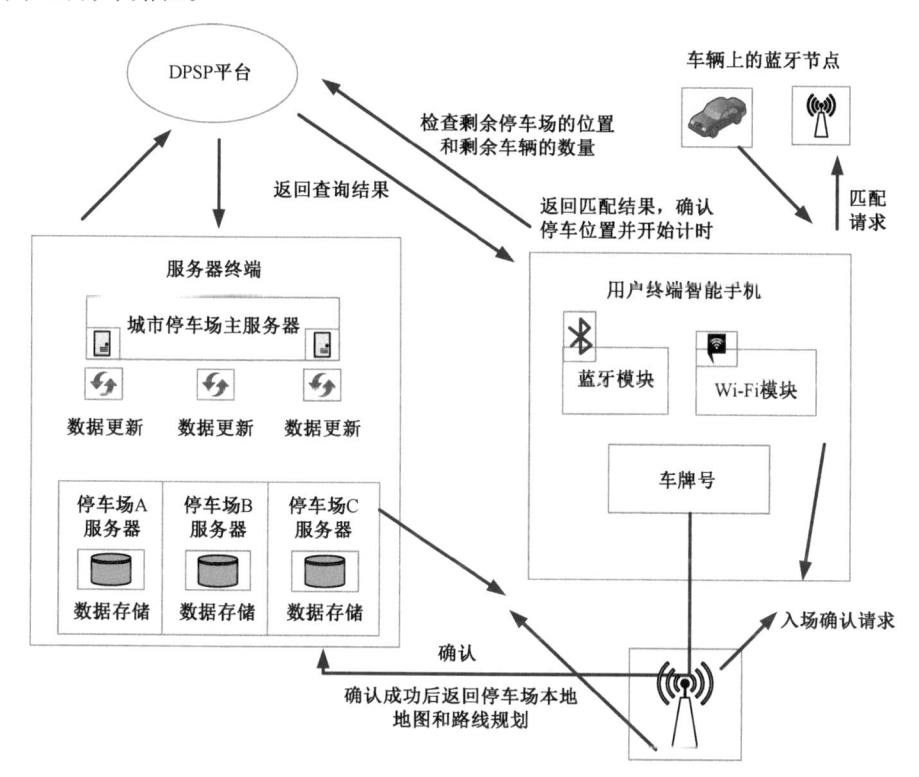

图 6-1 基于 DPSP 的共享停车实时匹配场景描述

2. 问题分析

从共享停车的场景设置可以看出,确保共享停车及时性需求的满足,首先是提高停车需求用户与系统平台数据交互的及时性,系统平台能够即时接收用户需求信息,并作出反馈。因此,数据通信技术是实现 DPSP 停车位实时匹配的关键环节。

其次,当共享车辆提出车位共享需求时,要求系统平台能够及时对车辆位置作出精准定位,才能准确地推荐最合适的停车场和停车位,因此对车辆的精准定位是实现停车位推荐准确性的另一要素。当前,车辆定位技术主要以 GPS/BDS 技术为主。GPS/BDS 有着明显的优缺点。GPS/BDS 基于卫星定位系统,通过接收卫星信号来确定位置,受卫星运行影响,在天空视野良好的情况下,定位精度可以达到几米甚至更高的水平。在天气不好或者环境变化较大时,定位的稳定性可能会受到影响,更多地适用于室外和开阔地区的定位。城市高楼大厦云集,立交桥众多,停车场大部分位于地下并且地下停车场面积越来越大,且向下延伸层数越来越多,对基于 GPS/BDS 定位及数据传输形成影响,导致共享停车车辆定位信号经常中断,车辆定位不准,GPS/BDS 在车辆定位中往往出现偏移现象,是造成系统平台推荐车位不准确的重要原因之一,也给停车寻位、反向寻车带来困难。

最后,在共享停车行为发生的过程中,共享停车需求、共享车辆位置和共享车位数量都处于动态变化之中,要真正提高停车资源利用率,减少停车寻位时间,需要实现车位和停车需求的实时数据交互。实现这一目标,需要对车位数据变化进行精准预测,并在对需求车辆精准定位、行车距离精准测算的前提下,进行动态实时精准车位推荐。目前,共享停车大多进行静态预约停车,很少进行动态推荐预约,不利于满足随机出行产生的停车需求,而这部分需求在城市停车需求中占据很大比重,是造成停车寻位带来的交通堵塞等后果的主要原因。

由上,要满足共享停车的及时性需求,需要综合解决数据交互中存在的信息不畅问题、车辆定位偏移问题和车位动态变化预测与适时动态推荐预约问题。

6.2 模型构建

根据上一节的场景设置和问题分析,本节进行模型构建。

6.2.1 模型整体框架

针对供需衔接流程中的车辆定位、车位分配预测、车位匹配和车位预约四个环节存在的问题,研究提出在 DPSP 平台建立 5G 和 GPS/BDS 双模式工作方式,解决数据交互中可能出现的数据通信问题,设计基于 5G 通信技术的隐马尔可夫车辆定位方案,解决车辆定位偏移问题,建立停车位分配预测模型,提高车位分配预测的精准性。构建基于交替方向乘子法(ADMM)的停车位匹配模型,提升停车寻位匹配响应的及时性。利用灰色支持向量回归(GM-SVR)算法构建静态预约与实时动态匹配相结合的停车位匹配方案,提高停车资源利用率。

模型的设计思路是:按照停车寻位的一般流程,在停车需求提出后,首先进行车辆定位技术优化,通过引入5G技术,并与隐马尔可夫模型相结合,提升车辆定位的精准性。然后进行车位分配预测模型优化,通过对获得的实时车辆位置数据和历史停车位使用数据进行处理和分析,预测未来停车位需求及目标停车场满足的可能性。预测算法的输出将为接下来的停车位分配和预约提供基础数据。停车位匹配模型,是将预测出的车辆位置和停车位需求进行匹配。该模型的设计需要充分考虑车位和车辆的实时位置、车位的可用性、车辆的停车需求等。研究引入交替方向乘子法提高匹配效率,利用基于灰色系统理论的支持向量回归预测模型来预测未来的停车位需求,然后构建动静结合的预约模型以处理实际的预约请求,实现停车资源利用的最大化。数字共享停车实时匹配技术方案整体结构如图6-2所示。

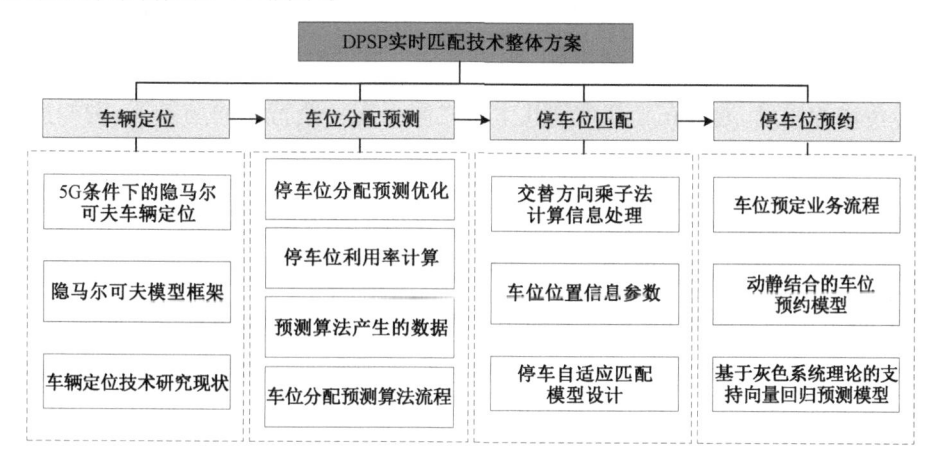

图6-2 DPSP实时匹配技术方案整体结构示意图

如图6-2所示,共享停车实时匹配技术方案包含了车辆定位方案、车位分配预测模型、停车位匹配模型、停车位预约模型四个部分。车辆定位方法提升车辆定位精确性,车位分配预测模型预测未来的停车位需求,停车位匹配模型将停车需求与预测车位进行匹配,最后由停车位预约模型处理预约请求以满足车辆的停车需求。

6.2.2 基于5G技术的隐马尔可夫车辆定位

当前的车辆定位技术一般采用GPS/BDS定位技术,经常出现定位偏移和漂移现象,偏差一般达到12%到20%之间。造成这一问题的原因,一是GPS/BDS定位仪对点定位有偏差,定位系统路径上有许多配对点,导致误差的积累较大。虽然在技术上引入了车辆的瞬时速度进行解决,但结果并不理想;二是定位器信号从卫星传输到地面时,受到大气电离层、道路建筑等因素影响,造成汽车定位器的天线计算有偏差,出现车辆定位系统漂移现象。在共享过程中,车辆定位不准确,就会导致推荐的停车场/停车位不精确,无法在最短时间、最短距离内找到停车位,影响共享体验感。

为提高DPSP车辆定位准确率,研究提出将5G通信技术与隐马尔可夫车辆定位模型相结合用于共享车辆定位,提升车辆定位的精准性。5G是创新型通信技术,与其他通信技术相比,具有其独特优势,应用范围越来越广[140-146]。5G网络的信号传输和处理,是通过测量设备与基站之间的信号传输时间差来确定设备的位置,不受天气和环境的影响,相对稳定。5G的精度取决于基站的密度和信号传输的质量,通常在十几米到几十米之间。在一些特定的场景下,例如室内定位和高速移动定位等,5G定位可能会比GPS/BDS技术更准确。因此,从性能特征上看,GPS/BDS技术和5G技术在实际应用上具有互补性。而随着5G技术的推广和智能手机的发展,城市交通管理中5G的应用越来越普遍。因此,在DPSP运营中引入基于5G的手机通信和卫星通信双模式工作方案既有必要,也具备了现实条件基础。在双模式工作条件下,能够更有效地解决车辆定位、信息及时反馈等问题。

隐马尔可夫模型是为了解决语音识别中前后文推理问题而提出的一种识别模型,近年来研究发现隐马尔可夫模型能够有效应用于行为识别领域。利用隐马尔可夫对地图进行匹配,利用地图中的道路信息对车辆进行精准定位,车辆定位偏移问题能够得到较好解决。隐马尔可夫模型由五个元素组成,如图6-3所示,在隐马尔可夫模型中,存在隐含状态、可观测输出、初始概率、转移概率和转换概率五个元素。隐含状态是模型中不可观测的状态集合,可观测输出是能够进行观测的状态集合,初始概率主要是用来确定初始条件下的状态出现概率,转移概率是表示当前状态向下一个状态转移的概率,转换概率指的是从当前隐含状态转换至可观测状态的概率。

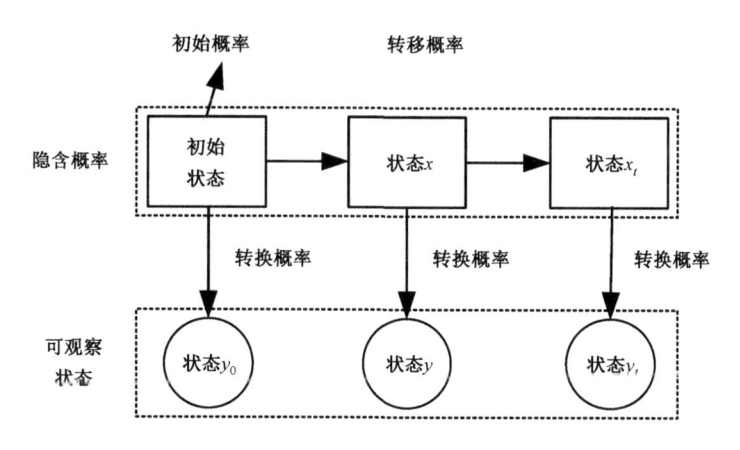

图6-3 隐马尔可夫模型框架

隐马尔可夫模型在车辆定位地图匹配中,对任意的车载定位信息,在路网中都会存在一个与之相接近的一个或多个候选路段,并且车辆行驶的目标路段就包含其中。将车辆定位点与到达目标之间的各个路段选择,定义为选点集合,该集合在隐马尔可夫链中被视为顶点,利用隐马尔可夫模型中的转移概率描述在两个相邻点之间的权重选择。利用经纬度来实现三维计算,可以得到定位模型公式(6-1)。

$$V(c'_1 \to c'_i) = \frac{d_{0 \to i}}{w_{(0,t) \to (i,s)}} \tag{6-1}$$

式(6-1)中,c 表示候选点,$d_{0 \to i}$ 表示两个相邻5G通信信号之间的空间距离,$w_{(0,t) \to (i,s)}$ 表示候选点之间的最短距离。

城市中的5G信号数据庞大,单一的隐马尔可夫模型在处理5G信号数据时需要用大量时间来训练模型。研究采用并行化思想将计算任务拆分,通过并行化计算结果集合成最终结果,对隐马尔可夫模型进行优化。具体流程见图6-4。

如图6-4所示,隐马尔可夫模型将 GPS/BDS/5G 定位数据作为其中的观测状态,计算出车辆行驶轨迹。该计算中,采用 MapReduce 进行并行化处理,将通信信号定位数据进行解析,从信号信息中获取当前车辆的定位时刻和空间信息,将获取后的信息进行状态转移概率和观测状态转移概率计算,从而得出精准的车辆位置进行地图匹配,应用于 DPSP 的实际运营中。

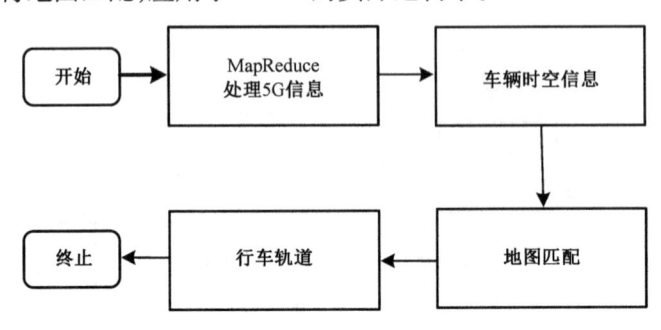

图 6-4　5G 条件下的隐马尔可夫车辆定位过程

6.2.3　停车利用率及车位分配预测

在车辆定位后进行车位资源分配预测。车位分配预测首先要确定合适的车位分配预测算法。

车位分配预测算法是指在有限的车位资源下,通过优化算法实现车位分配的最优化。因此需要考虑多种因素,如车位容量、路线规划、订单优先级、车位状态等,同时需要考虑实时性和可行性等问题。在实际应用中,车位分配预测算法通常需要结合实际需求和场景进行具体设计和实现,以实现最优化的车位分配方案。一般包括以下几个步骤。

(1) 数据采集:根据对车位的实际需求情况采集相关数据,如车辆信息、经纬度信息、订单信息、路线信息等。

(2) 数据处理:对采集到的车位数据进行预处理,如车位冗余数据清洗、日志异常分析、车位和车辆信息转换等,以便于后续算法处理。

(3) 算法选择和优化:根据实际需求选择合适的车位分配算法,并根据实际情况对算法进行优化,如调整算法参数、优化算法流程等,以保证算法的准确性,提高算法效率。

(4) 系统集成和应用:需要将算法集成到相关系统中,并提供用户接口和服务,以便于用户使用和管理。

车位分配预测算法产生的数据主要体现在以下几个方面:(1)车位编号:每个车位都有一个唯一编号,用于对不同车辆进行标识和区分。(2)车主编号:每个车主都有独一无二的编号,用以标识和区分不同的车主。(3)车辆编号:每个车辆有一个唯一的编号。(4)车辆类型:车辆可以分为不同的类型,例如小轿车、客车、货车等。(5)车位状态:车位可以处于空置、占用、预约等不同的状态,进而可以推断车辆和司机的状态等。(6)车位位置:车位位置一般以经纬度坐标来表示。这些数据可以使用表格来表示,每一行代表一辆车,每一列代表不同的属性,如表6-1所示。

表6-1 车位分配信息

车辆编号	车主编号	车辆类型	车辆状态	车辆位置	车位编号	车位主编号	车位位置	车位状态
C001	CZ001	小轿车	可用	39.9137,116.3913	W001	WZ001	39.9116,116.3812	闲置
C002	CZ002	客车	可用	39.9087,116.3975	W002	WZ002	39.9121,116.3823	占用
C003	CZ003	货车	维修中	39.9051,116.3908	W003	WZ003	39.9118,116.3816	闲置

在确定车位算法时,要在停车位分配预测中综合考虑停车效率问题,包括路径行程、停车位利用率等,其中停车位利用率是停车位分配预测中较为重要的资源优化环节。引入二进制变量,计算 t 时刻停车区域内的停车位利用率,表示为式(6-2)。

$$U_j(t) = \frac{z_j(t)}{q_i} \tag{6-2}$$

式(6-2)中,j 表示停车区域,q_i 表示该区域内的车位数量,$z_j(t)$ 表示已占用的停车位数量,计算某一时刻中所有停车区域的综合平均停车位利用率,见式(6-3)。

$$\overline{U_j(t)} = \frac{\sum z_j(t)}{\sum q_i} \tag{6-3}$$

式(6-3)中,$\sum q_i$ 表示该时刻所有区域内的车位总数,$\sum z_j(t)$ 表示某一时刻已占用的停车位总数。停车位利用率的计算有助于实现车位分配预测,首先分析相邻停车区域的车位利用率的时空相关性,其时间相关性计算方式见式(6-4)。

$$r(t,k)=\frac{\sum(U_j(t)-\overline{U_j(t)})(U_j(t+k)-\overline{U_j(t+k)})}{\sqrt{\sum(U_j(t)-\overline{U_j(t)})^2\sum(U_j(t+k)-\overline{U_j(t+k)})^2}} \quad (6-4)$$

式(6-4)中,$r(t,k)$表示在t时刻和$t+k$时刻之间的停车位利用率相关系数。其空间相关性见式(6-5)。

$$s(t,d)=\frac{\sum(U_j(t)-\overline{U_j(t)})}{\sqrt{\sum(U_j(t)-\overline{U_j(t)})^2\sum(U_{j2}(t)-\overline{U_{j2}(t)})^2}} \quad (6-5)$$

式(6-5)中,d表示区域之间的距离。

在车位分配预测中,将停车位利用率的时空相关性作为其中的约束条件之一来构建停车位分配预测模型。在停车位分配预测模型构建中,引入车位利用率差值,平衡停车效益问题,如式(6-6)所示。

$$\Delta U_j(t)=\frac{z_j(t)}{q_i}-\frac{z_{j-1}(t)}{q_{i-1}} \quad (6-6)$$

利用式(6-6)计算得到的车位利用率差值,定义模型目标函数,见式(6-7)。

$$\begin{cases} \min \sum_1^i \sum_1^j \delta m_{ij} x_{ij} + \sum_1^j (1-\delta)\Delta U_j(t) \\ \text{s.t.} \sum_1^j x_{xj}=1 \\ \sum_1^i x_{ij}=z_{ij}(t) \\ a \leq r(t,k) \leq 1, b \leq s(t,d) \leq 1 \\ 0 \leq z_j(t) \leq q_j \\ 0 \leq x_{ij} \leq 1 \end{cases} \quad (6-7)$$

式(6-7)中,δ表示权重因子,a、b表示常数。优化停车位分配预测流程,见图6-5。

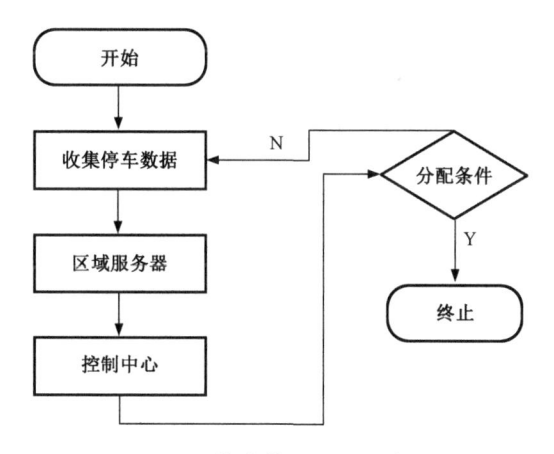

图 6-5 停车位分配预测流程

如图 6-5 所示,在停车位分配预测中,首先收集停车数据,将数据发送至区域服务器,再通过控制中心进行数据处理,对数据进行更新,分析停车位的实时信息,之后判断其是否满足停车条件,即是否能够进行停车位分配,当在计算中能够通过预测判断变量区域稳定,就将其作为预测输出,进行后续的车位分配。

6.2.4 基于 ADMM 的停车位匹配

停车位匹配是将预测模型中的输出作为基本条件,按照预测所得到的停车位信息进行需求车辆匹配。在停车位匹配中,需要充分考虑停车效益问题。当停车资源失衡后就会导致在停车位匹配中出现冲突,产生凸优化问题,如式(6-8)所示。

$$\begin{cases} \min f(x) \\ \text{s. t. } ax+b=0 \end{cases} \quad (6-8)$$

式(6-8)中,$f(x)$ 表示决策变量,$ax+b=0$ 表示约束条件。

研究引入可以解决以上问题的交替方向乘子法(Alternating Direction Method of Multipliers,ADMM)。ADMM 具有速度快、收敛性好等优点。ADMM 应用过程如下:首先,将原问题转化为等价的带有约束条件模型。例如,在车位管理中,可以将车位分配问题转化为一个带有约束条件的优化问题,其中约束条件包括车位数量和需求数量之间的关系。其次,通过引入拉格朗日乘子,将原问题转化为带有额外惩罚项的问题,使得该问题可以更容易地进行求解。最后,采用方向交替乘法,对等值的题目进行不断的迭代求解。在每一次的迭代中,都会使用一些固定的变量来解决其他变量的方法。再对拉格朗日乘子进行更新,对收敛进行检查,达到一定条件就停止迭代,反之则继续,以达到最优的车位分配方案,使得车位利用率最大化。

算法流程如下:

首先列出式(6-8)的增广拉格朗日函数,得到式(6-9)。

$$l_c(x,v) = f(x) + v^T(ax+b) + \frac{c}{x} \| ax+b \|_2^2 \tag{6-9}$$

式(6-9)中,v 表示对偶变量,c 表示大于 0 的常量。采用对偶上升法进行求解,如式(6-10)。

$$\begin{cases} x^{k+1} = \arg\min l_c(x,v^k) \\ v^{k+1} = v^k + c(ax^{k+1}+b) \end{cases} \tag{6-10}$$

利用式(6-10)将凸优化问题转化成对偶问题的求解。

利用 ADMM 解决停车位的匹配问题后,建立自适应匹配模型框架(见图 6-6)。

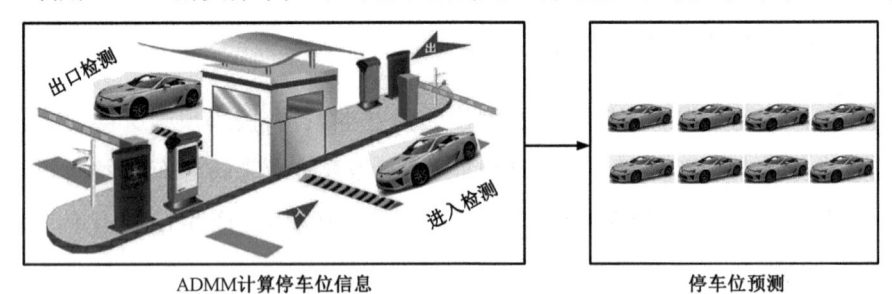

图 6-6 停车位自适应匹配模型

如图 6-6 所示,在停车位匹配中,首先对车位的驶入驶出进行检测,在双模式数据通信技术支持下,车位数据可以及时反馈,能够通过 ADMM 对停车位的变化特征进行计算判断,并在计算过程中进行自我校正。在此基础上,使用自动识别算法对车位进行管理。自动识别算法可以用于识别车位的位置和边界,实现自动化的停车位匹配过程。其具体过程如下。

(1)图像采集:利用相机或其他图像采集设备对停车场进行拍摄或录像,得到车位的图像或视频。

(2)图像预处理:将采集到的图像进行预处理,包括去噪、灰度化、二值化、边缘检测等操作,使停车位的位置和边界等能够得到更好的提取。

(3) 轮廓检测:利用图像处理算法,通过检测图像中的轮廓,找到车位的边界。可以使用 Canny 边缘检测算法或 Sobel 算法等进行边缘检测,然后使用霍夫变换或轮廓检测算法来提取车位的轮廓。

(4) 轮廓分割:根据车位的轮廓,将图像分割成若干个区域,每个区域对应一个车位。

(5) 车位位置识别:通过车位轮廓可以获得车位位置信息。可以使用形态学运算或连通区域分析算法等,对车位的轮廓进行处理,得到车位的位置信息。

(6) 车位边界识别:通过车位的轮廓,可以得到车位的边界信息。可以使用拟合算法,如最小二乘法或最小二乘圆拟合法等,对车位的轮廓进行拟合,得到车位的边界信息。

(7) 车位匹配:将识别出的车位位置和边界信息与车辆的位置和尺寸进行比对,实现车位匹配和校正。

在具体处理过程中,第一步是先确定车位位置信息。使用形态学运算或连通区域分析算法等,通过轮廓检测对车位的轮廓进行处理,得到车位的位置信息。如表 6-2 所示。

表 6-2 轮廓检测结果

车位编号	车位位置	车位轮廓坐标
CW001	A 区 1 号停车位	[(100,100),(200,100),(200,200),(100,200)]
CW002	A 区 2 号停车位	[(300,100),(400,100),(400,200),(300,200)]
CW003	A 区 3 号停车位	[(500,100),(600,100),(600,200),(500,200)]
CW004	B 区 1 号停车位	[(100,300),(200,300),(200,400),(100,400)]
CW005	B 区 2 号停车位	[(300,300),(400,300),(400,400),(300,400)]
CW006	B 区 3 号停车位	[(500,300),(600,300),(600,400),(500,400)]
CW007	C 区 1 号停车位	[(100,500),(200,500),(200,600),(100,600)]
CW008	C 区 2 号停车位	[(300,500),(400,500),(400,600),(300,600)]
CW009	C 区 3 号停车位	[(500,500),(600,500),(600,600),(500,600)]
CW0010	D 区 1 号停车位	[(100,700),(200,700),(200,800),(100,800)]
CW0011	D 区 2 号停车位	[(300,700),(400,700),(400,800),(300,800)]

第二步，通过位置确认车辆与车位的吻合情况。在交替方向乘子法计算中，能够不断更新计算流程，实时更新停车位中已占用车位状态信息，确定有无车辆停靠在停车位上。采用 ADMM 计算车辆驶出停车位信息，在车辆驶出停车位后，停车位中的数值信息就会恢复到最初始的状态，进行可观测，确定其为空闲状态。信息处理如表 6-3 所示。

表 6-3 交替方向乘子法计算信息处理结果

车位编号	车位位置	车位尺寸	车位类型	车位状态
CW001	A 区 1 号停车位	2.5 m×5 m	普通车位	空闲
CW002	A 区 2 号停车位	2.5 m×5 m	普通车位	占用
CW003	A 区 3 号停车位	2.5 m×5 m	残疾人车位	空闲
CW004	B 区 1 号停车位	2.5 m×5 m	普通车位	空闲
CW005	B 区 2 号停车位	2.5 m×5 m	普通车位	占用
CW006	B 区 3 号停车位	2.5 m×5 m	普通车位	空闲
CW007	C 区 1 号停车位	2.5 m×5 m	普通车位	占用
CW008	C 区 2 号停车位	2.5 m×5 m	普通车位	空闲
CW009	C 区 3 号停车位	2.5 m×5 m	残疾人车位	空闲

由此，在车位管理中可以采用 ADMM 对停车位的变化特征进行计算判断，采用自动识别算法用于识别车位的位置和边界，实现自动停车位匹配过程，其主要流程包括图像的采集、车辆图像的预处理、车位轮廓的探测和车位轮廓的分割、车位的位置认定、车位的边界认定、车位的配比等。

6.2.5 基于 GM-SVR 算法的停车位预约

在系统完成车辆精准定位、车位分配预测和车位匹配处理后，进行停车位系统推荐，通过停车位适时动态预约和静态预约相结合的方法，实现停车位的统筹管理，提升车位利用率和周转率。

停车位预约可以实现停车位的高效可控管理，是共享停车常用的解决方案之一。已有的停车位预约设计一般以静态管理为目标，是一种被动式预约模式，较少考虑行车过程中的主动推荐式的动态预约。静态预约较多应用于固定通勤停车。但是,现代城市交通停车需求中,很大一部分是随机出行产生的停车需求,如就医、去商场购物、临时办公约谈等,随机出行一般不会提前预订车位,而是在行车途中或者临近目的地时才会考虑停车问题,具有时间和空间相对较短、需求点相对集中的显著特征,是形成城市因停车巡弋造成交通堵塞等后果的主要原因。共享停车要解决这一问题,需要在停车位统筹的基础上,对停车需求进行科学分配、主动诱导,通过动态推荐预约模式,实现停车需求分流,提高停车寻位的适时性和准确性,最大化减少停车寻位游弋时间,降低停车成本,进而实现停车资源的最大化利用。

为此,需要在预约模型中分别针对不同的情况构建动态预约和静态预约算法。静态预约算法是指在固定环境下,根据事先确定的需求和资源情况,实现最优的资源调度和分配的算法。与动态预约算法相比,静态预约算法的资源和需求都是固定的,不需要实时更新资源和需求信息。动态预约算法是指在不断变化的环境下,根据实时的需求和资源情况,实现最优的资源调度和分配的算法。动态预约算法需要实时更新资源和需求信息,并根据这些信息进行决策,以满足用户需求并最大化资源利用率。动态预约算法的核心是资源调度和分配。在资源调度方面,算法需要根据不同的需求和资源情况,选择最优的资源进行调度,以满足用户需求。在资源分配方面,算法需要根据实时的需求和资源情况,将资源分配到最需要的地方,以最大化资源利用率。这些决策需要在短时间内作出,并且需要考虑到资源的限制和约束条件,以避免资源的浪费和不必要的损失。需要从以下几个方面考虑才能实现动态预约算法。首先,算法需要实时更新资源和需求信息,可以通过传感器和数据采集系统来实现。其次,算法需要具备良好的决策能力,以选择最优的资源进行调度和分配,可以通过机器学习和优化算法来实现。最后,算法需要具备高效的执行能力,以在短时间内完成决策和操作,可以通过并行计算和分布式计算来实现。

研究提出基于灰色系统理论优化的支持向量回归预测模型(Grey Models-Support Vector Regression,GM-SVR)来进行停车位预约数据处理。GM-SVR 模型的基本原理是车主停车位预约,需要根据现有空闲停车位来确定。在预约中,车辆和停车位之间形成协议,即供给方保留空闲车位,需求方确定停车时间。通过利用 GM 可以在少数据、少信息的不确定性背景下,建立原始数据序列,生成数据后建立微分方程,并基于数据的处理、现象的分析,建立初步预测模型,利用 SVR 对基于 GM 建立的历史数据进行进一步分析,寻找能够最好地划分数据的超平面,将输入数据映射到高维空间中,从而实现对未来数据的预测。GM-SVR 将两者结合,可以更好地实现数据预测。

GM-SVR 在 DPSP 系统中的应用流程是:首先,通过收集历史停车数据,建立预测模型。预测模型是停车场管理的重要决策支持工具,时间窗口约束和优化方法可以提高预测模型的准确性和实用性。在建立预约模型时,需要选择合适的时间窗口和优化方法,考虑历史停车数据的特点和预测任务的要求,避免数据量过大或小,时间窗口过大或过小,导致模型的复杂度过高或计算成本过大。其次,将历史停车数据分为训练集和测试集,并使用支持向量回归算法进行训练和优化,以得到最优的预测模型。再次,使用 GM-SVR 算法模型预测未来某一时段内停车场的车位使用情况或者车流量变化趋势。最后,利用 GM-SVR 模型在停车位预测信息处理后进行预约操作。

基于 GM-SVR 算法的停车位预约模型构建的第一步是首先构建停车位预约匹配模型,如图 6-7 所示。

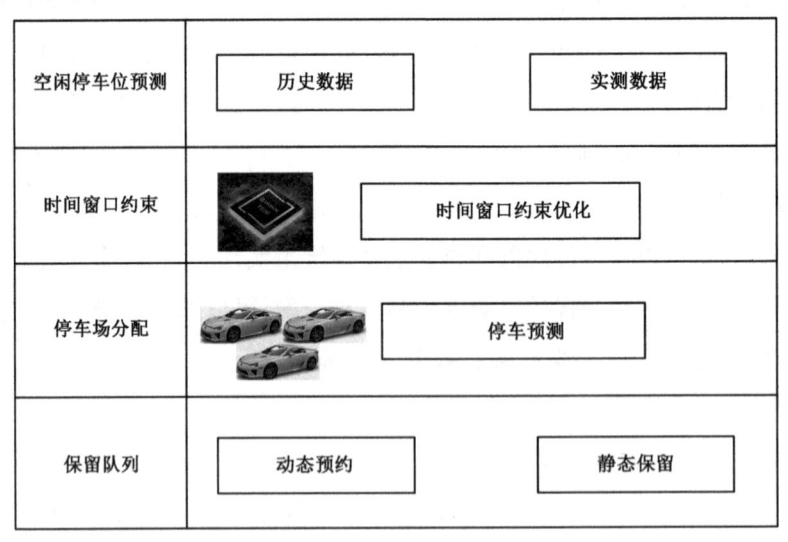

空闲停车位预测	历史数据	实测数据
时间窗口约束		时间窗口约束优化
停车场分配		停车预测
保留队列	动态预约	静态保留

图 6-7 停车预约匹配模型

在图 6-7 的预约模型中,总共包含了 4 个模块,分别是空闲车位预测模块、时间窗约束模块、共享停车分配模块和预约排队模块。空闲车位预约模块中采用的是车位预测模型来确定区域内的车辆停车率,以此来分析空闲车位出现的概率,在车位预测中,需要收集停车位的历史数据和实时数据,包括周边公共停车场、路边车位、私人停车场的停车位状况并进行预测。利用停车位预测模型能够解决时间窗约束中的时间不合理问题,即解决现有的数据局限性,一般情况下在停车预约中,用户仅仅知道停车开始的时间,对于停车结束的时间却不得而知,因此研究采用停车位预测模型来优化时间窗约束,在时间维度上优化匹配问题。时间窗口约束(Time Windows Control)是指预测历史停车数据时,将历史停车数据划分为不同时间段,对历史停车数据进行预测。这种方法可以使预测模型更加准确地反映停车场使用情况的变化趋势,提高预测精度。一方面,时间窗口的选择应该考虑到历史停车数据的特点和预测任务的要求。例如,如果历史停车数据呈现出明显的周期性变化,可以选择以周期为基础来划分时间窗口。如果预测任务要求尽可能准确地预测某个时间段内的停车位使用情况,可以选择较小的时间窗口,如以小时为单位。而如果预测任务要求预测某个时间段内的总停车位使用情况,可以选择较大的时间窗口,如以一天为单位。在选择时间窗口时,还需要考虑到数据量的大小和可用性,避免数据量过大或过小,影响预测模型的准确性和实用性。时间窗口的大小应该根据预测任务的要求和历史停车数据的特点来确定。如果历史停车数据的变化比较缓慢,可以选择较大的时间窗口。如果历史停车数据的变化比较快,可以选择较小的时间窗口。在选择时间窗口的大小时,还需要考虑到预测模型的复杂度和计算成本,避免时间窗口过大或过小,导致预测模型的复杂度过高或计算成本过大。

第二步,进行数据准备。将空闲车位数量分为训练集和测试集,并对数据集中的数据进行归一化处理,方法如式(6-11)所示。

$$l_k = \frac{l_k - l_{\min}}{l_{\max} - l_{\min}} \tag{6-11}$$

式(6-11)中,l_k 表示归一化元素,$l_{\min}$、$l_{\max}$ 表示数据集中的最小元素和最大元素。

第三步,随机指定参试个体,进行最优参数搜索,如式(6-12)所示。

$$\begin{cases} x_i = x_c + r(rand(\ *\ ) - 0.5) \\ y_i = y_c + r(rand(\ *\ ) - 0.5) \end{cases} \qquad (6\text{-}12)$$

在式(6-12)中，(x_c, y_c)表示数据集中心位置的坐标，r表示单独搜索的范围参数。通过计算得到最优参数，然后对SVR模型进行训练，通过测试数据集预测空闲车位数量和共享车位预约操作，不断迭代，降低模型计算过程中的均方误差，并带入预测模型作为相关参数，从而获得最优惩罚因子。

为了实现停车资源的最大化利用，考虑停车需求的个体特性，研究将动态预约和静态预约相结合，构建动静结合的预约模型，模型结构见图6-8。

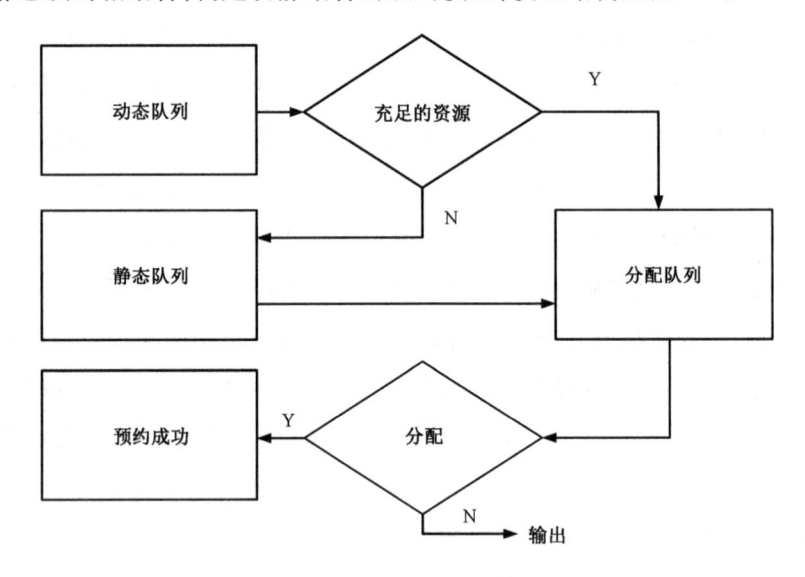

图 6-8 停车位预订模型

如图6-8所示，在动态预约和静态预约结合中，首先从动态等待队列中为用户搜索停车位资源，当停车资源满足时提示用户预约成功。如果动态等待队列中的车位资源不足，从静态等待队列中寻求静态资源，通过数据查找确定车位是否可以分配，如果可以分配且资源充足，提示用户预约成功。

在动态和静态结合的预约中，空闲车位出现时会出现多个用户同时要求预约的现象，为避免冲突，系统将会通过其预约通信信息来选择就近司机，车辆和车位之间的距离求解方法见式(6-13)。

$$D_{ij}(K) = \sum_{0}^{n} \| \partial n_i - L_j \| \qquad (6\text{-}13)$$

公式(6-13)中，∂ 表示司机当前位置路径选择权重，n 表示司机需要行驶的距离，L_j 表示目标停车位的空间位置。

静态预约中的车位总数计算方法如式(6-14)所示。

$$\bar{P}_{ij} = \varphi_i P_{2j} + (1-\varphi_i) P_{4j} \tag{6-14}$$

公式(6-14)中，φ_i 表示普通车位类型，P_{2j} 表示普通车位类型剩余车位数，$1-\varphi_i$ 表示除普通类型之外的车型，P_{4j} 表示剩余车型车位数。

将动态预约视为不同时间区隔的静态预约，再利用静态预约来避免用户时间和空间上的冲突，计算适合静态司机的停车位，见式(6-15)。

$$\Phi_i(K) = \{j : M_{ij}(K) \leq M_i, D_{ij} \leq D_i, con(K) < \bar{P}_{ij}(K)\} \tag{6-15}$$

式中，M_{ij} 表示预约费用，D_{ij} 表示用户车辆和车位之间的距离，$con(K)$ 表示发生预约冲突的组数。

从用户预订的完成开始计费。预订费则设定在停车费用的50%，这样既能平衡用户的缴费能力，又能平衡停车收益。可以按时段来确定不同的收费标准。泊车人可以根据空置车位预测数量和自己的需求来决定是否预留车位。预订业务流程见图6-9。

当用户在系统预约模块中点击某个停车场时，即可进入有图示、标位等在内的详细的停车位预约页面，找寻最佳车位。如果用户选择了推荐车位，系统自动通知停车场预留车位，完成车位预约。如果用户没有选择预约车位，则在用户行驶一段时间后，系统再次提醒用户预约车位，并根据当时情况变化推荐合适的停车场和停车位，请用户予以选择。系统可以根据用户到达目的地的距离和时间，计算出提醒次数，直到用户选择停车预约。

最佳停车位的推荐，核心是解决基于距离的最短路径问题，即求停车距离+行驶距离的最小值。可以使用最短路径算法计算最短路径的车位和引导路径，以便在停车需求方预订车位后对其进行停车诱导，减少寻位时间。

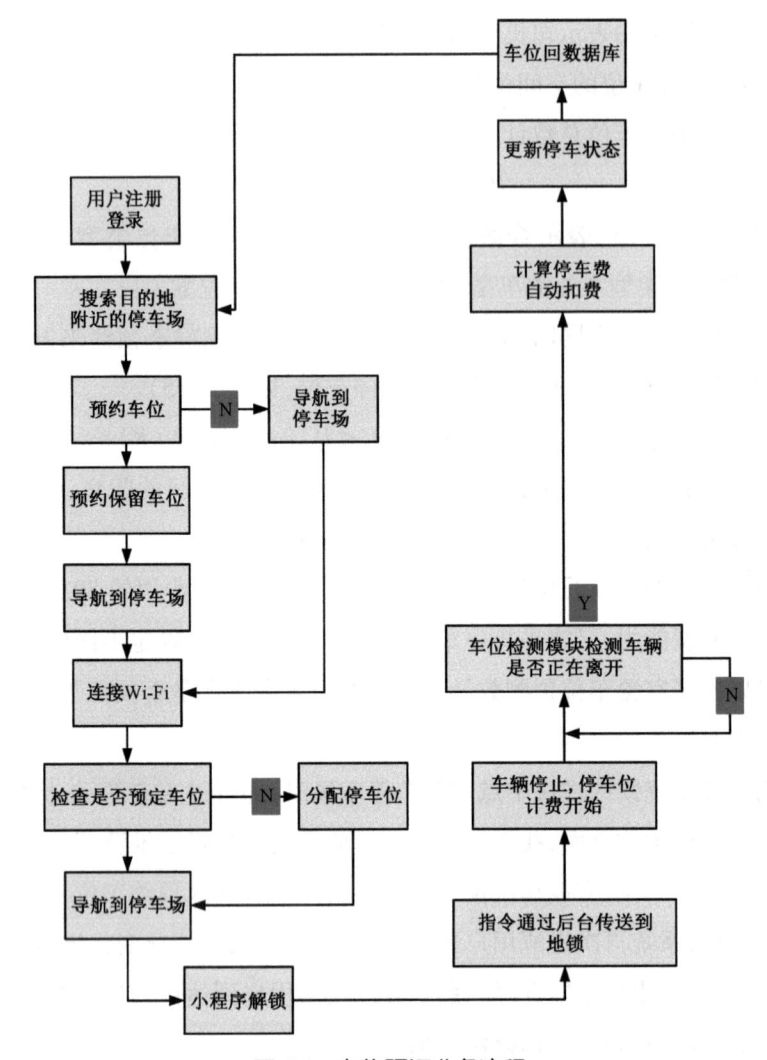

图 6-9 车位预订业务流程

假设停车场的入口是 E，出口是 S。若某空闲车位为 $P_i(i=1,2,\cdots,n)$，则入口过程对应的最短路径为 $path(E,P)$，出口过程对应的最短路径为 $path(P_i,S)$。车位对应的整个最短路径长度表示为公式(6-16)。

$$path(E,P_i)+path(P_i,S) \qquad (6-16)$$

最佳停车位对应的最短路径长度为公式(6-17)。

$$\min\{path(E,P_1)+path(P_1,S),path(E,P_2)+path(P_2,S),\cdots,$$
$$path(E,P_n)+path(P_n,S)\} \qquad (6-17)$$

算法的核心是找到了 $path(E,P_i)+path(P_i,S)$ 的最小值的点和路径。

将确定的最短路径与百度地图相匹配,引导用户在最短时间内到达预订的停车位,完成整个动态实时匹配过程。

6.2.6 模型符号含义列表

上述模型构建涉及的主要符号及意义说明见表6-4。

表6-4 主要符号及意义

符号	意义
j	表示停车区域
q_i	确定区域内的车位数量
$z_j(t)$	已占用的停车位数量
$\sum q_i$	一定时刻所有区域内的车位总数
$\sum z_j(t)$	某一时刻已占用的停车位总数
$r(t,k)$	在 t 时刻和 $t+k$ 时刻之间的停车位利用率相关系数
δ	权重因子
$a、b$	常数
$l_{min}、l_{max}$	数据集中的最小元素和最大元素
∂	司机当前位置路径选择权重
d	司机需要行驶的距离
L_j	目标停车位的空间位置

6.3 数值算例

6.3.1 度量指标

共享停车适时匹配技术研究的根本目的是减少停车需求方的停车寻位时间,降低停车成本,提高用户满意度。因此将停车成本、停车资源综合利用率、用户满意度作为目标实现程度的衡量指标。

1. 停车成本

停车成本指停车用户从出发点到最终目的地的总费用。定义 $C_{a,b}$ 是指停车用户从出发点 a 到停车场 b 一个完整的停车行为发生的总成本，$t_{d(a,b)}$ 表示从出发点到停车场的用时，$t_{w(a,b)}$ 表示停车后到最终目的地的用时，p_b 表示停车场 b 所收的停车费。停车成本的计算方法见式(6-18)。

$$C_{a,b} = v(t_{d(a,b)} + t_{w(a,b)}) + p_b \tag{6-18}$$

式中，v 表示的是单位时间价值，其计算公式如式(6-19)所示。

$$v = p * s * (t_{d(a,b)} + t_{w(a,b)}) \tag{6-19}$$

式中，p 表示的是该地区单位时间人均生产总值，s 表示的是该车辆的乘客总数。

2. 停车资源综合利用率

停车资源综合利用率包括城市内所有停车位的占用率、周转率以及停车需求满足率。资源利用率的目标是通过一个合适的资源分配策略，使资源之间以策略控制的方式工作，实现负载均衡。停车资源综合利用率的计算方法是通过查找服务请求的历史信息，取出一定量的已知类型的服务请求作为分类的样本空间。其属性信息包括资源需求和服务质量需求中定义的所有属性值，并采用数据归一化处理。停车资源综合利用率计算公式见式(6-20)。

$$R_U^V = \frac{\sum_{j=1}^{m} \sum_{i=1}^{v} Q_{1j} * T_{ij}}{Q * \sum_{k=1}^{u} D_k} * 100\% \tag{6-20}$$

式中，u 为可共享停车资源，v 为已经利用的停车资源，m 表示停车需求量，T_{ij} 为第 j 个车位的第 i 次周转，Q 表示城市停车资源总量，D_k 为可共享停车场，Q_{1j} 表示停车需求满足量，其计算公式如式(6-21)所示。

$$Q_{1j} = \frac{r_q}{t_q} * 100\% \tag{6-21}$$

式中，r_q 表示的是实际满足的停车需求车辆数，t_q 表示的是总停车需求车辆数。T_{ij} 的计算公式如式(6-22)所示。

$$T_{ij} = \left[\frac{T}{T\_turnover} \right] \tag{6-22}$$

式中，T 表示的是计量总时间，$T\_turnover$ 表示的是该区域车位的平均周转周期。

3. 用户满意度

用户满意度是判定本研究提出的适时动态匹配模型的重要评判依据。DPSP的用户满意度包括停车资源提供方（含停车场管理方和车位提供方）的满意度和停车需求方的满意度。停车资源提供方的满意度以停车位利用率最大化为核心指标。当停车资源利用率最大化时，车位提供方和停车场管理方的效益实现了最大化。停车需求方的满意度主要有停车偏好满意度和停车及时性满意度两个重要指标。停车偏好满意度的度量值包括停车后步行距离、停车费用、停车场设施情况等[147-150]。及时性满意度是指从发出停车需求到找到停车位的等待时间情况。用 $P(s)$ 表示停车偏好满意度，R_n 表示 n 个预订成功的停车需求者的偏好值，Z 为可选择的最大偏好数，实现偏好数越高代表停车需求者满意度越高。偏好满意度见式（6-23）。

$$P(s) = \frac{Z - R_n}{Z}, 1 < R_n < Z \tag{6-23}$$

然后验证停车及时性满意度，用 $P(t)$ 表示停车及时满意度，T 表示一般平均停车时间，$G_{\max}$ 表示采用适时动态匹配模型优化前停车最长等待时间，$Y_{\max}$ 表示采用适时动态匹配模型优化后停车最长等待时间，停车及时性满意度见式（6-24）。

$$P(t) = \frac{G_{\max} - Y_{\max}}{T}, Y_{\max} < G_{\max} \tag{6-24}$$

数值越大，表示采用优化措施后等待时间越短，及时性满意度越高。

设 α 为偏好满意度系数；β 为停车及时性满意度系数。综合偏好需求满意度和及时性满意度 π_m 为停车用户停车需求满意度线性组合，见式（6-25）。

$$\begin{cases} \pi_m = \alpha \cdot P(s) + \beta \cdot P(t) = \alpha \cdot \dfrac{Z - R_n}{Z} + \beta \cdot \dfrac{G_{\max} - Y_{\max}}{T} \\ 1 < R_n < Z, Y_{\max} < G_{\max} \end{cases} \tag{6-25}$$

由上，可以得到 DPSP 停车需求满意度，见式（6-26）。

$$\max \pi = \frac{\sum_{m=1}^{M}\pi_m - \mu(M\sum_{k=1}^{K}pik)}{U} \tag{6-26}$$

式中，M 为停车用户需求总数，π_m 为第 m 个用户的满意度；μ 为使用优化模型后仍不满意的惩罚因子。

6.3.2 参数确定

为实现算例，本节设定各关键参数如表 6-5。

表 6-5 各个关键参数定义

变量名称	符号	取值范围
城市共享停车需求量	m	2 000~5 000
可共享停车位	μ	2 000~5 000
可共享停车场	D_K	5
城市停车资源总量	Q	动态分布
权重因子	δ	$0.142 \times 10^{-1} \sim 0.143 \times 10^{-3}$
一般平均停车时间	T	随机从均匀分布中产生
优化前停车最长等待时间	$G_{\max}$	随机从均匀分布中产生
优化前后停车最长等待时间	$Y_{\max}$	随机从均匀分布中产生

其余参数如 $P(s)$、α、β、π_m 等均随机产生，并随着城市共享停车供需数值变化而逐步累积，最后取 10 次随机试验的平均值作为最终结果。

6.3.3 结果与分析

1. 停车位分配模型的算法检验

通过仿真实验来验证停车位分配模型的性能。在仿真中模拟交通环境为一个半径为 500 m 的毗邻区域，设置 5 个停车区域，将具有停车需求的车辆数目设置为 2 200 辆。实验仿真软件采用 MATLAB 2018b，在仿真模拟中利用权重因子来分析在车位分配中停车成本和停车效益的变化，见图 6-10。

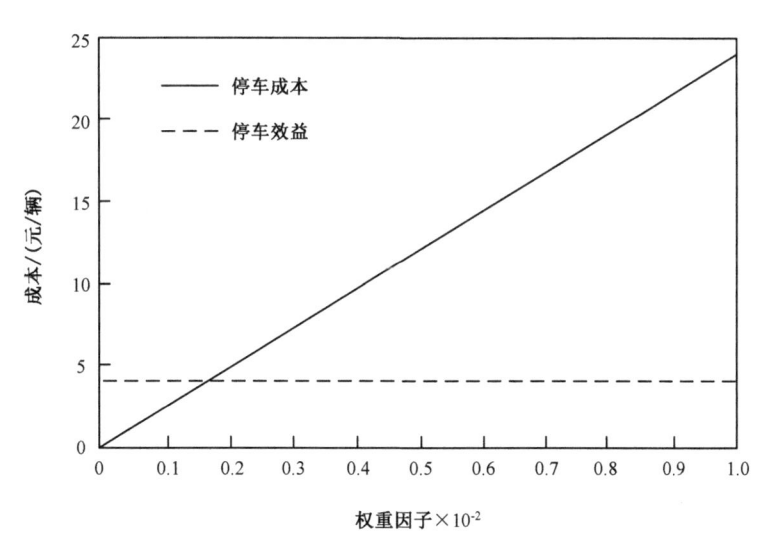

图 6-10 停车成本和效益的变化

如图 6-10 所示,在仿真模拟中,权重因子能够解释算法的收敛特性,在停车成本和停车效益变化模拟中显示,停车成本随着权重因子增加,呈现出不断增大的趋势,但是停车效益受权重因子的影响较小。停车成本和停车效益两项指标在权重因子达到 0.143×10^{-2} 时出现相交状况。在权重因子小于 0.143×10^{-2} 时,停车成本小于停车效益,在权重因子大于 0.143×10^{-2} 时,停车成本大于停车效益,由此可以看出,为了使停车成本和停车效益达到平衡,应选择权重因子大小为 0.143×10^{-2} 进行后续仿真模拟。

比较不同权重因子下的算法计算速度(见表 6-6),选取增广拉格朗日法(Augmented Lagrangian Method,ALM)和质点弹簧模型(Mass Spring Model,MSM)进行对比分析。在最佳综合效益确定的情况下考察其迭代次数和实现目标时间的差异,比较算法的优越性。

表 6-6 3 种算法计算速度比较

项目		ADMM	MSM	ALM
0.142×10^{-1}	迭代次数	8	13	20
	时间	0.51 s	0.56 s	0.61 s
	综合停车效益	5.77	5.77	5.77

续表6-6

项目		ADMM	MSM	ALM
0.143×10^{-2}	迭代次数	18	25	39
	时间	0.55 s	0.61 s	0.66 s
	综合停车效益	4.31	4.31	4.31
0.143×10^{-3}	迭代次数	6	12	21
	时间	0.54 s	0.59 s	0.63 s
	综合停车效益	5.28	5.28	5.28

从表6-6可以看出,随着权重因子不断增加,各种算法的收敛次数和收敛时间都有明显的增加趋势。当权重因子为 0.143×10^{-2} 时,车位分配模型在综合停车效益计算中所体现出来的效益为平衡状态。在不同的权重因子下,交替方向乘子法所体现出来的迭代次数均小于ALM和MSM算法,交替方向乘子法所体现出来的综合收敛性更好。在权重因子为 0.143×10^{-2} 时,车位分配模型达到平衡状态。由此,在最佳综合效益相同的情况下,ADMM算法的迭代次数与迭代时间最小,因此ADMM性能最优。进一步分析不同停车位分配算法的收敛性,3种算法对比结果见图6-11。

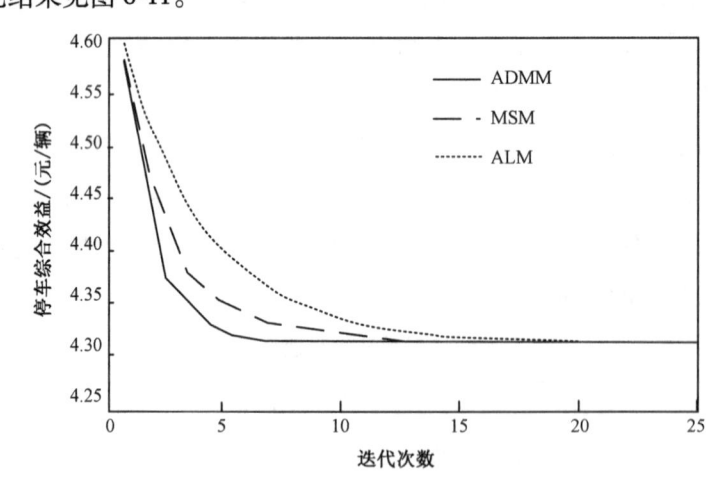

图6-11 综合停车效益算法对比结果

如图6-11所示,在迭代次数不断增长的情况下,各算法的综合停车效益呈递减趋势。从曲线变化趋势中可以发现,ALM算法的综合停车效益在迭代次数增长下,其降低速度明显低于其他两种算法。ALM 算法在迭代次数达到 20 次时开始逐渐趋于稳定,最终将综合停车效益稳定在 4.31。MSM 的综合停车效益下降速度快于 ALM 模型,当迭代次数为 13 次时,MSM 模型优化下的算法停车效益才达到平稳状态。而本研究所采用的交替方向乘子法所得到的综合停车效益下降速度最快,在迭代次数达到 8 次时,交替方向乘子法下的综合停车效益降低至 4.31,并持续保持稳定。

以上结果表明,研究中所采用的交替方向乘子法在共享停车分配中,降低到平衡停车效益所需要花费的迭代次数最少,说明交替方向乘子法的运算速度更快,收敛性更好。

2. 停车位适时匹配模型的算法检验

采用 MATLAB 2018b,将权重因子设置为 0.143×10^{-2};停车到达和离开时间,停车位数量采用随机生成的方式在模拟仿真中随机变化。首先分析 GM-SVR 算法优化后的性能提升效果,比较 GM-SVR 和 GM、SVR 之间的性能,对比三种模型在预测中的收敛性,对目标函数值进行求解,分析其收敛性,结果见图 6-12。

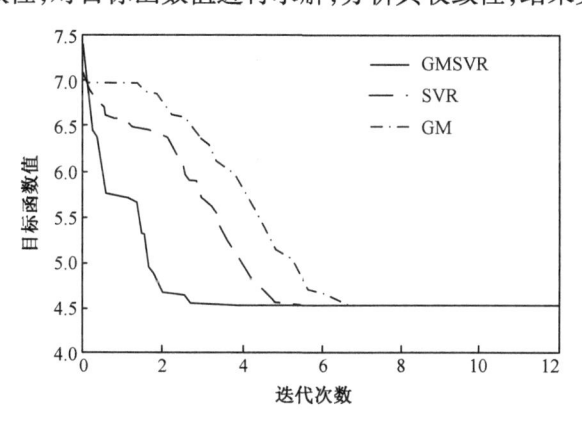

图 6-12 目标函数值计算结果

从图 6-12 可以看出停车预测模型的目标函数值计算过程中,单独使用 GM 算法进行计算时,在迭代次数 0~2 次时,算法计算结果不发生变化,当迭代次数不断增加,GM 算法计算中的目标函数值不断降低,最终在迭代次数达到 8 次时趋于稳定,将目标函数值降低到 4.5。SVR 算法在目标函数值计算中所表现出来的计算速度更快,在迭代次数达到 6 次时,SVR 算法计算的目标函数值达到最小值 4.5。结合 GM 和 SVR 算法的 GM-SVR 算法在目标函数值的计算中,当迭代次数达到 2 次时,目标函数值已经降低至 5.0 以下,而当迭代次数达到 4 次时则降至 4.5。以上结果表明,不同算法在对目标函数值计算过程中,GM-SVR 算法能够更快速得到目标函数值,算法收敛性能较好,在预测中表现出更高效率。

将 BP 神经网络和小波神经网络作为比较对象进行测试分析,所有预测模型均采用动、静态相结合的预约方式,设置初始化模型后,得到 3 个预测模型之间的测试对比(见图 6-13)。

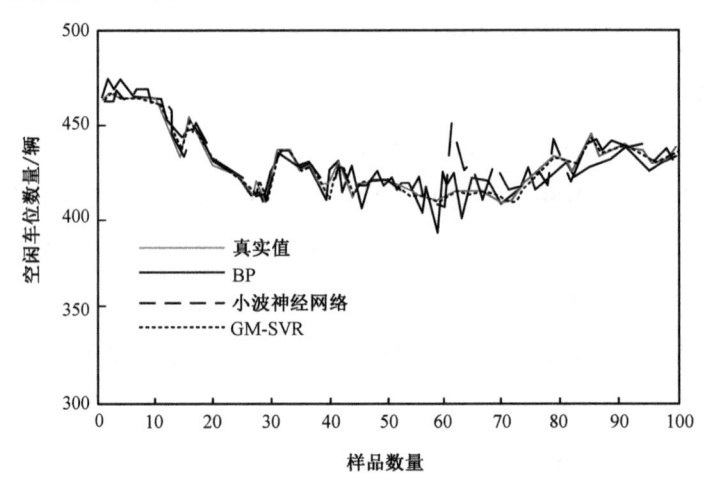

图 6-13 模型预测精度比较

从图 6-13 可以看出,不同样本数量下的空闲车位数量有所不同。在不同预测模型的预测中,预测效果较差的是 BP 神经网络,当测试样本数量达到 40 次之后,BP 神经网络所预测出来的空闲车位数量波动明显,和实际空闲车位数量呈现出较为明显的差异。小波神经网络在空闲车位数量预测中,当迭代次数达到 50 次之后,小波神经网络的空闲车位预测数量和实际数量之间的差异逐渐明显,但是,从预测模型的预测结果看明显小于 BP 神经网络。研究中所提出的 GM-SVR 停车位预约模型在预测仿真中,在样本数量从 0 上升至 100 之间所表现出来的预测效果较好,和实际空闲车位数量之间的差异不明显,表现出和 BP 神经网络、小波神经网络的准确度差异。

3. 停车位适时匹配应用效果

最后通过实证分析来验证研究提出的优化算法在停车位适时分配中的具体

作用,以某市商业圈及其周边地区存在的停车供需问题导致的交通拥堵为切入口,进行仿真分析。首先搭建仿真模拟系统,以该商业圈区域的停车区域为背景和仿真参数,所有数据均来自实地调查结果和当地通信公司所提供的管理数据。

该商业圈及其附近500 m内共有5个停车场,2 312个可共享停车位,对外共享时间为08:00—20:00。以2 h为一个共享时间段,将共享时间划分为6个时间段,以1 h为增量。共享停车产生的数据包括以下几个方面。①地点和时间:包括进出场时间和停车时长在内的停车场位置和停车时长。②费用:停车场的费用,包括租金、停车费、停车保险费用、停车维护费等。③支付方式:停车缴费方式,包括现金、信用卡、手机缴费等。④车辆信息:停车的车辆信息,包括车牌号码、车型、颜色等。⑤停车场管理信息:停车场的管理信息,包括停车场的管理者、停车场的容量等。如表6-7所示。

表6-7 停车数据信息

地点	时间	费用/元	支付方式	车辆信息	停车场管理信息			
					类型	容量	租金	管理者
A区	2022-03-26 08:00—10:30	20	移动支付	车牌号:京A12345,小型车,红色	室内	631	8元/h	丁××
B区	2022-03-26 10:30—12:30	16	信用卡	车牌号:京B12345,中型车,白色	室内	542	8元/h	张××
C区	2022-03-26 10:00—15:00	30	移动支付	车牌号:京C12345,大型车,黑色	地上	319	6元/h	王××
D区	2022-03-26 08:00—11:00	24	移动支付	车牌号:京D12345,小型车,银色	室内	558	8元/h	张××
E区	2022-03-26 08:00—13:00	40	信用卡	车牌号:京E12345,中型车,蓝色	室内	252	8元/h	李××

首先分析停车成本的变化。MSM算法、ALM算法和ADMM算法3种算法支持下的车位适时匹配所产生的停车成本比较结果见图6-14。

从图6-14可以看出,在不同算法优化下所产生的成本变化差异显著。利用MSM算法对停车位进行适时匹配,随着停车需求的逐渐增加,其产生的停车成本也逐渐上升,最终在停车需求3 500时达到11.2元/位的最大值。在ALM算法下,停车位适时匹配所需要花费的停车成本在停车需求量达到 2 500 时开始逐渐趋于稳定,在停车需求量达到 4 000 时成本达到最大值 11.8 元/位。在 ADMM 算法支持下的停车位适时匹配,在车位需求量不断增长的过程中所表现出来的停车成本始终低于其他两种算法,并在车位需求量达到 3 000 时,停车成本开始趋于最大值 10.2 元/位。综上,在 ADMM 算法下的停车位适时匹配,随着车位需求量的增加,其产生的车位成本也在不断上升,但是相较于其他两种算法而言,其成本最大值明显较小,在相同停车位需求下的成本也是 ADMM 算法最小。

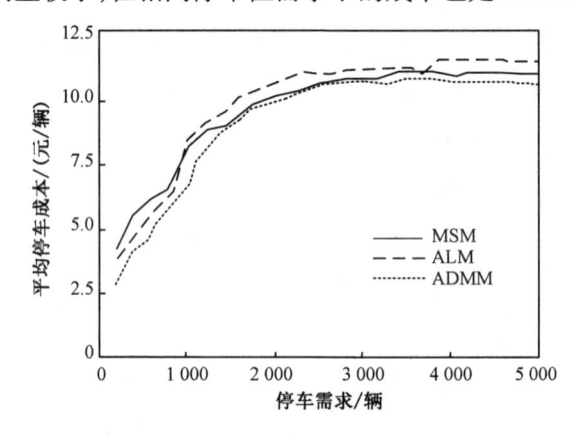

图 6-14　停车成本比较结果

其次评价研究设计的停车适时匹配方法的综合资源利用率。数据输入结果如图 6-15 所示。

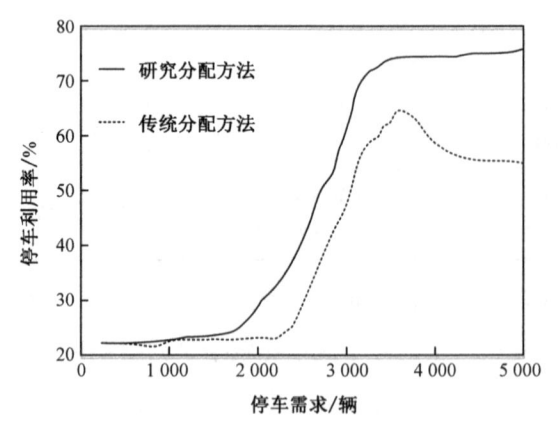

图 6-15　资源综合利用算法比较

从图 6-15 可以看出,随着停车需求量的不断增长,研究所提出的适时匹配方法和传统的停车位匹配方法相比,更能够达到逐渐提升利用率的效果。在传统的停车位分配下,当车位需求量达到3 000时,资源利用率逐渐上涨至65.2%,但是当车位需求量达到4 000时,其资源利用率降低至56.1%。研究提出的车位适时匹配方法在停车位需求量不断增长的前提下,其资源利用率也在不断提升,在停车需求量达到3 000时,资源利用率达到了70.9%,最终在停车需求量达到5 000时将资源利用率提升到了76.3%。比较两组匹配方法下的利用率可以发现,本研究提出的车位适时匹配所达到的资源利用率显著高于传统方法。

最后从客户满意度的方面分析,根据共享资源满意度和停车需求满意度,评价用户的满意度。从不同车位需求量入手,得到用户的满意度评价结果见图6-16。

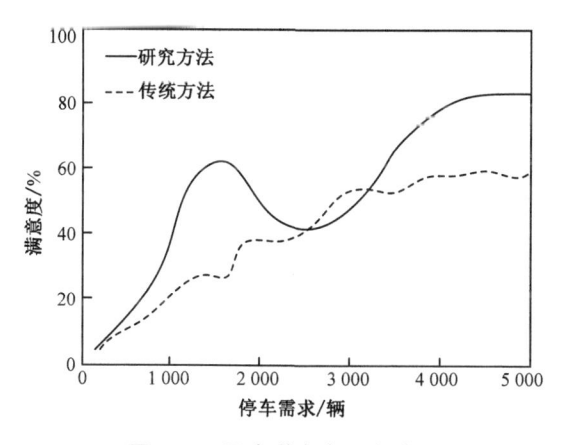

图6-16 用户满意度调查结果

从图6-16可以看出,用户的满意度会随着车位需求量的增长而增长,在传统的车位分配方式下,当车位需求量达到4 000时,用户的满意度也逐渐趋于最大值,最高的用户满意度达到了59.4%。动态实时匹配技术支持下的用户满意度也随着停车位需求量的增加而增加,最终在停车需求量达到3 500时逐渐趋于最大值,最大用户满意度达到了82.7%。以上结果表明,在满足用户的车位需求上,本研究提出的停车位动态实时匹配方案能够获得更多用户认可。

6.4 本章小结

本章在前述章节研究的基础上对DPSP数据交互与应用问题进行研究,重点关注由数据交互问题导致的信息反馈滞后,造成的共享停车寻位及时度和精准度不足问题。研究提出基于 5G 和 GPS/BDS 双模式通信工作方法的车位实时匹配方案。首先提出在 DPSP 的实际运营中,采用 5G 和 GPS/BDS 双模式工作方法,以解决由于单通信技术中存在的数据通信中断或定位精度不够带来的车辆定位不精确和信息反馈不及时问题。接着按照共享停车的实际运营流程,分别从车辆定位技术优化、停车位分配预测、停车位精准匹配以及停车位预约几个方面开展具体研究。设计基于 5G 技术的隐马尔可夫车辆定位方案,解决车辆定位偏移和漂移问题。构建停车利用率及车位分配预测模型,提高了车位分配预测的精准性。基于 ADMM 算法建立停车位匹配模型,解决停车位的精准匹配问题。构建 GM-SVR 停车位预约模型,以实现共享停车静态预约和动态预约的有机结合,提高停车资源利用率。最后对研究的算法模型进行了验证。停车位分配模型的算法检验结果显示,与 ALM 和 MSM 相比,研究提出的 ADMM 算法的迭代次数与迭代时间最少。停车位适时匹配模型算法检验结果显示,与 GM、SVR 算法相比,GM-SVR 算法能够更快速得到目标函数值,算法收敛性能更好,在预测中表现出更高效率。对研究的停车位实时匹配应用效果进行检验显示,和传统的停车匹配方法资源利用率随需求量上升而下降不同,研究所提出的实时匹配方法在停车需求量上升的同时,资源利用率同步提升。用户满意度检验结果显示,研究提出的动态实时匹配技术,用户满意度达到了 82.7%,高于传统方案的59.4%。以上结果表明,本研究提出的停车位动态实时匹配算法模型,在计算过程中所表现出来的收敛性更强、效率更高,能够有效提升停车资源利用率和用户满意度。

第7章 考虑能耗效应的共享停车用电系统优化设计

共享停车的根本目标是降低停车成本,提高停车资源利用率,进而优化城市交通环境。电动汽车作为重要的城市交通工具,是共享停车的重要组成部分。随着电动汽车推广应用速度的不断加快[151],电动汽车的用电问题对于共享停车管理运营的影响日益显著。本章在前几章研究的基础上,利用 DPSP 智能化的条件基础,结合风、光、电、储等能源领域前沿科研成果,研究建立基于 DPSP 的智能电动汽车停车场(Intelligent Electric Vehicle Parking Lot,IPL)和能源互补系统,对共享停车用电系统进行优化设计,以有效控制能源消耗,降低共享停车综合运营成本。

7.1 问题描述

本节主要对共享停车用电系统存在的问题进行分析,对 IPL 系统运营场景进行刻画。

1. 问题分析

基于能源替代的时代要求,电动汽车保有量快速增长,根据电力系统研究所(EPRI)的估计,到 2050 年年底,大约 62% 的交通工具将被电动汽车所取代[152]。电动汽车的快速发展,将给 DPSP 运营带来新的挑战。第一,与油气汽车相比,电动汽车共享管理增加了电力应用环节,使数据种类更加繁多,管理模式更加复杂。第二,目前的电动汽车充电基本上是采取电网到车辆、车辆到电网的模式,将大量电动汽车集成到电力系统中,将会大幅度增加用电负荷,对电力系统运行带来影响[153],特别是在用电高峰时期,如何实现共享电动汽车充电与其他用电系统均衡将是共享停车管理必须面对的问题。第三,基于电动汽车电池使用的技术要求,电池需要定期放电,如何进行电动汽车的放电管理不仅是共享停车管理需要解决的问题,而且对于整体的能耗管理都具有重要意义。第四,在目前的电力统一定价体系下,在共享停车管理中如何对电动汽车充电进行科学定价,以保障在电力损耗无法避免的情况下,既能保证电力经营效益,又能提升共享停车用户意愿,也是 DPSP 实际运营管理需要考虑的问题。同时,虽然我国当前电力系统实行国有化运营,电力统一定价,但是随着电动汽车的快速发展,差别化定价将不可避免,会对共享停车运营带来新的挑战。一些学者已经关注到此问题,并开展了相关研究[154-156],但是系统的考虑电动汽车电力集成、调度优化、充放电管理和电力定价等不确定参数的研究还不够。考虑到电动汽车的用量增长及性能仍然存在高不确定性,加强共享停车用电系统优化变得更为重要。

2. 场景构建

考虑能耗效应的共享停车用电系统优化首先需要基于 DPSP 构建一个 IPL,该 IPL 由智能化管理系统和能源互补系统两部分组成,智能化管理系统负责对电动汽车的智能调度、数据采集,能源互补系统负责电力供应,除了与上游电网衔接外,由风力涡轮机、微型涡轮机、燃料电池、储氢系统、负载和需求预测计划系统(DRP)组成虚拟发电单元,能够与上游电网进行能量交换。IPL 对电动汽车(EV)进行统一的智能化调度管理,并将 EV 用电模式由电网到车辆、车辆到电网转化为从停车场到车辆、车辆到停车场的新模式,将 IPL 作为 EV 的充电点和放电点,通过对 IPL 的优化规划,可以消除 IPL 对于电力系统运营特别是配电层面的负面影响。当共享车辆提出车位预约需求后,DPSP 系统平台在进行车位匹配时,基于适时数据采集并结合历史数据判断出车辆类型,将电动汽车分配到合适的 IPL。一旦 EV 进入 IPL,IPL 通过传感系统可以迅速获得 EV 的放电/充电极限、电池使用寿命、到达时的初始状态、离开时的预期荷电状态等信息,预测 IPL 整体用电负荷,与上游电网通信,并对 IPL 能源互补系统运行作出安排。当电力系统负荷较大时,能源互补系统启动运行,以降低电力系统负荷并降低 DPSP 用电成本。当电力系统负荷较小时,则购进电力,并利用储氢系统进行能量储存。因此,可以将 IPL 看作是一种可以用来拉平电力负荷曲线的能源,系统中辅助服务的来源等。图 7-1 刻画了基于 DPSP 的 IPL 用电系统运行场景。

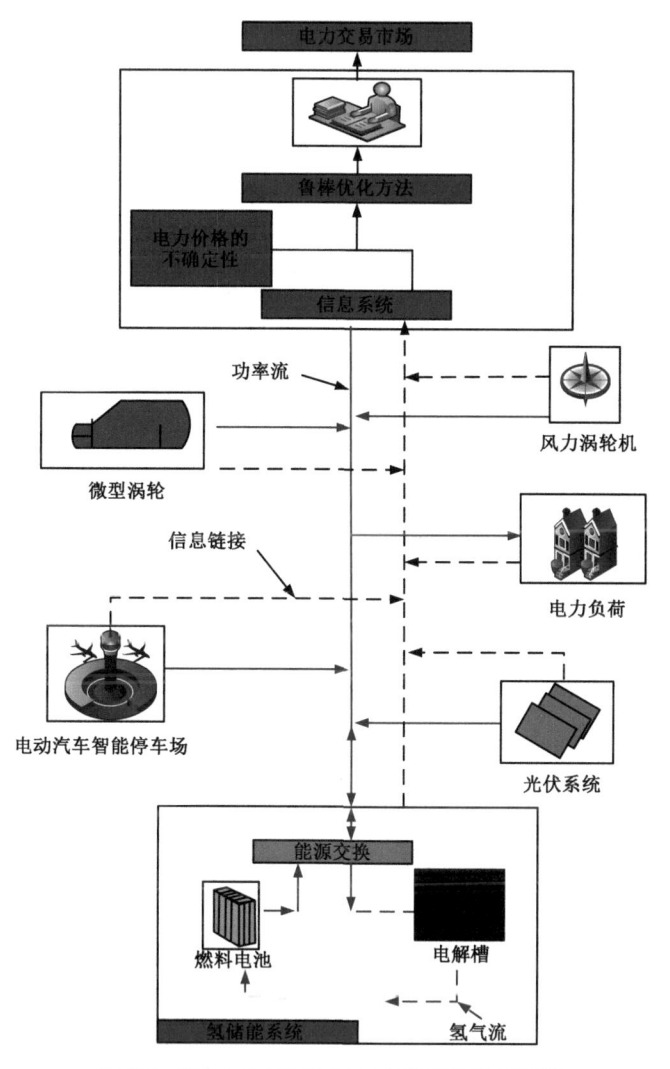

图 7-1　基于 DPSP 的 IPL 用电系统运行场景

7.2　模型构建

本节首先对本章建模涉及的主要符号进行定义,确定 DPSP 用电系统目标函数,然后设计由充放电管理系统、自备发电系统和电力交换系统构成的系统配置模型,最后从系统需求管理和运营稳定性两个方面进行系统风险控制,实现 DPSP 用电系统优化设计。

7.2.1 符号定义

本章模型构建涉及的主要符号及意义说明见表7-1。

表7-1 主要符号及意义

符号	意义
P_{UG}^{t}	从上游电网购买的电力
π_{UG}^{t}	上游电网中的电源价格
$C_{LDG}^{j,t}$	微型涡轮装置的运行成本
$SC_{LDG}^{j,t}$	微型涡轮装置的启动成本
$P_{Ch,EV}^{i,t}$	EV的充电电源
$P_{Dch,EV}^{i,t}$	EV的放电功率
$\pi_{Ch,EV}^{i}$	IPL中电动汽车充电功率的价格
$\pi_{Dch,EV}^{i}$	IPL中EV的放电功率的价格
Δt	计算IPL中停放的EV的采样时间
$P_{Ch,max}^{i}$	EV的最大充电功率限制
$P_{Dch,max}^{i}$	EV的最大放电功率限制
$SOC_{max}^{i}/SOC_{min}^{i}$	EV的最大/最小SOC
$SOC^{i,t}$	时间t时EV的SOC
$SOC_{Arrival}^{i}$	EV的初始SOC
$SOC_{Departure}^{i}$	EV在出发时间的SOC
P_{UG}^{max}	上游电网和IPL之间的最大交换能量
$load_{0}^{t}$	时间t时系统的基本负载需求
DRP^{max}	DRP中需求者的最大参与量(用百分比表示)
DRP^{t}	DRP实现可能性的变量
$V_{F}^{k}/V_{c}^{k}/V_{R}^{k}$	风力涡轮机的断开/切入/额定速度
P_{R}^{k}	风力涡轮机的额定功率
η^{p}	光伏阵列的转换系数
s^{p}	光伏区域面积
G^{t}	光伏电池板上的太阳辐射

续表7-1

符号	意义
T_a	光伏周围的温度
a^j、b^j	微型涡轮机组的运行成本系数
$P_{max}^{EL}/P_{min}^{EL}$	电解槽的最大/最小功耗限制
U_t^{EL}	电解槽工作状态的二进制变量
$N_{H2,t}^{EL}$	由电解槽产生的氢摩尔
η^{EL}	电解槽的效率
LHV_{H2}	氢气的较低加热值
P_t^{H2}	氢罐压力
$N_{H2,t}^{FC}$	燃料电池的氢摩尔消耗量
η^{FC}	燃料电池的功率
P_t^{FC}	燃料电池产生的功率
U_t^{FC}	燃料电池的二进制变量操作状态

其余次要符号及意义的说明见文内相关部分。

7.2.2 目标函数

DPSP用电系统优化的根本目标是在拉平电力系统负荷的同时,获取最优电力竞价,降低系统运营成本,保障系统的良性运行。因此,用电优化设计首先要确定IPL用电系统运行成本的目标函数。

IPL用电系统成本由三部分组成,分别是从上游电网购电的成本、自备发电系统成本以及IPL的能量交换成本。自备发电系统包括风力发电系统和光伏发电系统两部分。IPL的能量交换成本包括EV的充电和放电,电动汽车的充电被视为负值,而电动汽车的放电则假定为正值。IPL中的EV充电将为IPL的运营商带来利润,因此,将其视为负参数。

定义:P_{UG}^t是从上游电网购买的电力;π_{UG}^t是上游电网中的电源价格;$C_{LDG}^{j,t}$是自备发电系统装置的运行成本;$SC_{LDG}^{j,t}$是自备发电系统装置的启动成本;$P_{Ch,EV}^{i,t}$是EV的充电电源;$P_{Dch,EV}^{i,t}$是EV的放电功率;$\pi_{Ch,EV}^{i}$是IPL中电动汽车充电功率的价格;$\pi^i_{Dch,EV}$ 是 IPL 中 EV 的放电功率的价格;Δt 是计算 IPL 中停放的 EV 的采样时间。可以得到如式 7-1 的用电系统运营成本目标函数。

$$OBJ = \sum_{t=1}^{T} \left[\left(P_{UG}^t \times \pi_{UG}^t + \sum_{j=1}^{G} (C_{LDG}^{j,t} + SC_{LDG}^{j,t}) \right) + \sum_{i=1}^{N} (-P_{Ch,EV}^{i,t} \times \pi_{Ch,EV}^i + P_{Dch,EV}^{i,t} \times \pi_{Dch,EV}^i) \right) \times \Delta t \right] \quad (7\text{-}1)$$

7.2.3 系统配置模型

综合目标函数,构建用电系统配置模型,用电系统配置模型包括充放电管理系统模型和自备发电装置模型。

1. 充放电管理系统模型

充放电管理系统是 IPL 用电系统的核心。IPL 运行与一般共享停车场最大的区别是需要采集 EV 的电力负荷情况,对 EV 进行充放电管理,并通过 DPSP 中央控制器与上游电网通信,使 IPL 在上游电网运行条件下能够得到最优调度。因此,首先构建 IPL 充放电管理系统模型。

定义:$P^i_{Ch,\max}$ 是 EV 的最大充电功率限制;$P^i_{Dch,\max}$ 是 EV 的最大放电功率限制;$W^{i,t}_{Ch}/W^{i,t}_{Dch}$ 是二进制变量,分别分配 1 和 0 来确定 EV 的充电和放电模式;$M^{i,t}$ 是一个二进制参数,用于确定 EV 是否停在 IPL 中;$SOC^i_{\max}/SOC^i_{\min}$ 是 EV 的最大/最小荷电状态(State of Charge,SOC);$SOC^{i,t}$ 是时间 t 时 EV 的 SOC;$SOC^{i,t}_{Arrival}$ 是 EV 的初始 SOC;$SOC^{i,t}_{Departure}$ 是 EV 在驶离时的 SOC;$P^{\max}_{UG}$ 是上游电网和 IPL 之间的最大交换能量。对用电管理系统进行建模,建模步骤如下。

首先对 EV 的充放电功率进行设置,如式(7-2)、(7-3)所示。

$$P^{i,t}_{Dch,EV} \leq P^i_{Dch,\max} \times W^{i,t}_{Dch} \times M^{i,t} \quad (7\text{-}2)$$

$$P^{i,t}_{Ch,EV} \leq P^i_{Ch,\max} \times W^{i,t}_{Ch} \times M^{i,t} \quad (7\text{-}3)$$

为了防止电动汽车同时充放电,设置限定条件(7-4)。

$$W^{i,t}_{Ch} + W^{i,t}_{Dch} \leq M^{i,t} \quad (7\text{-}4)$$

放电和充电状态之间的最大切换限度受式(7-5)的限制。

$$\sum_{t=t^i_a}^{t^i_d} W^{i,t}_{Ch} + W^{i,t}_{Dch} \leq N_{\max} \quad (7\text{-}5)$$

在每个时间 t,每个 EV 的 SOC 由式(7-6)确定。使用约束条件(7-7)[157],将电动汽车的荷电状态限制在其最大和最小限值之间。

$$SOC^{i,t} = SOC^{i,t-1} + P_{Ch,EV}^{i,t} \times \eta_{G2V} - P_{Dch,EV}^{i,t} / \eta_{V2G} \tag{7-6}$$

$$SOC_{\min}^{i} \leqslant SOC^{i,t} \leqslant SOC_{\max}^{i} \tag{7-7}$$

考虑到电动汽车不同的充电时间,建立最大充放电功率模型,如公式(7-8)。

$$-\Delta SOC_{\max}^{i} \leqslant SOC^{i,t} - SOC^{i,t-1} \leqslant \Delta SOC_{\max}^{i} \tag{7-8}$$

设定限定条件公式(7-9),以满足电动汽车车主在驶离时要求的充电水平,

$$SOC_{Departure}^{i,t} \geqslant SOC_{\max}^{i} \tag{7-9}$$

为确保电动汽车每次的 SOC 大于或等于其初始 SOC,设定限定条件(7-10)。

$$SOC^{i,t} \geqslant SOC_{Arrival}^{i,t} \tag{7-10}$$

最后,通过使用约束公式(7-11),对上游电网和 IPL 之间的能量交换进行限定。

$$|P_{UG}^{t}| \leqslant P_{UG}^{\max} \tag{7-11}$$

2. 自备发电装置模型

IPL 的自备发电装置,是为了平衡负荷和供电,使负荷曲线平坦化,降低总运行成本,并为最优电力竞价获取提供条件。该配置由风力发电系统(WT)、光伏发电系统(PV)、微型涡轮机(MT)和储氢系统(HSS)四部分组成。WT、PV 和 MT 负责发电,对 IPL 用电进行调节和补充。HSS 负责电力转换,在电力供应充足时,将电力转换为氢能进行储存,在电力供应紧张时,将氢能转换为电力进行补充,拉平电力负荷。

首先进行 WT 和 PV 的模型构建。

风力发电的功率输出与风速和温度有关。设定:V^t 是估计的风速;$V_F^k/V_c^k/V_R^k$ 是 WT 的断开/切入/额定速度;P_R^k 是 WT 的额定功率。WT 模型如式(7-12)所示。

$$P_W^{k,t} = \begin{cases} 0 & V^t < V_c^k \text{ 或 } V^t \geqslant V_F^k \\ \dfrac{V^t - V_c^k}{V_R^k - V_c^k} \times P_R^k & V_c^k \leqslant V^t < V_R^k \\ P_R^k & V_R^k \leqslant V^t < V_F^k \end{cases} \tag{7-12}$$

太阳辐射是影响光伏系统功率输出的最重要因素[158]。设定:η^p 是 PV 阵列的转换系数;s^p 是 PV 区域面积;G^t 是光伏电池板上的太阳辐射;T_a 是 PV 周围的

温度。PV 发电如式(7-13)所示。

$$P_{PV}^{p,t} = \eta^p \times s^p \times G^t(1-0.005(T_a \times 25)) \tag{7-13}$$

然后,构建微型涡轮机发电模型。微型涡轮机(MT)模型采用结构方程(EQS)模型。式(7-14)~(7-16)是 EQS 模型,式(7-15)以及式(7-16)分别表示 MTS 的模型运行和启动成本。

$$C_{LDG}^{j,t} = a^j \times U^{j,t} + b^j \times P_{LDG}^{j,t} \tag{7-14}$$

$$SC_{LDG}^{j,t} \geqslant (U^{j,t} - U^{j,t-1}) \times UDC^j \tag{7-15}$$

$$SC_{LDG}^{j,t} \geqslant 0 \tag{7-16}$$

式中,a^j 和 b^j 是微型涡轮机组的运行成本系数;$U^{j,t}$ 是二元变量,当微型涡轮开启时等于 1,否则为 0;UDC^j 是 DG 的启动成本。

此外,用公式(7-17)~(7-24)对微型涡轮机的操作进行限定约束。通过应用公式(7-17)和(7-18),将 MTS 的功率输出分别限制在其最小和最大水平。MTS 的上升和下降速率用方程(7-19)~(7-20)来模拟。另外,对 MTS 的最小起停时间进行约束,得到方程(7-21)~(7-22)。最后,线性化最小上升和最小下降时间约束,得到方程(7-23)和(7-24)。

$$P_{LDG}^{j,t} \geqslant P_{LDG,\min}^{j} \times U^{j,t} \tag{7-17}$$

$$P_{LDG}^{j,t} \leqslant P_{LDG,\max}^{j} \times U^{j,t} \tag{7-18}$$

$$P_{LDG}^{j,t} - P_{LDG}^{j,t-1} \leqslant RU^j \times U^{j,t} \tag{7-19}$$

$$P_{LDG}^{j,t-1} - P_{LDG}^{j,t} \leqslant RD^j \times U^{j,t-1} \tag{7-20}$$

$$U^{j,t} - U^{j,t-1} \leqslant U^{j,t+Up_{j,f}} \tag{7-21}$$

$$U^{j,t-1} - U^{j,t} \leqslant 1 - U^{j,t+Dn_{j,f}} \tag{7-22}$$

$$Up_{j,f} = \begin{cases} f & f \leqslant MUT_j \\ 0 & f > MUT_j \end{cases} \tag{7-23}$$

$$Dn_{j,f} = \begin{cases} f & f \leqslant MDT_j \\ 0 & f > MDT_j \end{cases} \tag{7-24}$$

式中,$P_{LDG,\min}^{j}/P_{LDG,\max}^{j}$ 是微型涡轮机的最小/最大功率限制;RD^j 和 RU^j 分别是微型涡轮机的缓降和缓升速率。

最后,对储氢系统(HSS)进行建模。

HSS 由燃料电池(FC)、电解槽(EL)和储氢罐(HTS)共同构成。该系统可以在电价处于低位时储存能量[159],把电能利用电力产生氢分子储存在高温超导中。在电价处于高位时,储氢罐中存储的氢气转化为电力。

设定:$P_{max}^{EL}/P_{min}^{EL}$ 是 EL 的最大/最小功耗限制;U_t^{EL} 是 EL 工作状态的二进制变量;$N_{H2,t}^{EL}$ 是由 EL 产生的氢摩尔;η^{EL} 是 EL 的效率;LHV_{H2} 是氢气的较低加热值;设立公式(7-19)~(7-31),建立 HSS 模型。

式(7-25)和(7-26)在最大和最小间隔内限制 EL 的功耗。

$$P_t^{EL} \leq P_{max}^{EL} \times U_t^{EL} \tag{7-25}$$

$$P_t^{EL} \geq P_{min}^{EL} \times U_t^{EL} \tag{7-26}$$

EL 的最大产氢量受式(7-27)限制。

$$N_{H2,t}^{EL} \leq N_{H2,max}^{EL} \times U_t^{EL} \tag{7-27}$$

此外,设立公式(7-28)用于模拟 EL 的氢气生成[160]。

$$N_{H2,t}^{EL} = \frac{\eta^{EL} P_t^{EL}}{LHV_{H2}} \tag{7-28}$$

与氢罐相关的约束条件包括氢罐的初始值、最大值和最小限值,均采用 EQS 建模,分别为式(7-29)~(7-31)。

$$P_{t0}^{H2} = P_{initial}^{H2} \tag{7-29}$$

$$P_t^{H2} \leq P_{max}^{H2} \tag{7-30}$$

$$P_t^{H2} \geq P_{min}^{H2} \tag{7-31}$$

式中,P_{t0}^{H2} 是期初氢罐压力;$P_{initial}^{H2}$ 是氢罐的初始压力;$P_{max}^{H2}/P_{min}^{H2}$ 是氢罐的最大/最小压力;P_t^{H2} 是氢罐压力。

燃料电池用于发电的最大氢气消耗量受式(7-32)的限制。式(7-33)用于计算 FC 的氢消耗量,式(7-34)~(7-35)用于限制 $N_{H2,t}^{FC}$ 的发电[161]。

$$N_{H2,t}^{FC} \leq N_{H2,max}^{DC} \times U_t^{FC} \tag{7-32}$$

$$N_{H2,t}^{FC} = \frac{P_t^{FC}}{\eta^{FC} LHV_{H2}} \tag{7-33}$$

$$P_t^{FC} \leq P_{max}^{FC} \times U_t^{FC} \tag{7-34}$$

$$P_t^{FC} \geqslant P_{\min}^{FC} \times U_t^{FC} \tag{7-35}$$

式中，$N_{H2,t}^{FC}$ 是 FC 的氢摩尔消耗量；$N_{H2,\max}^{FC}$ 是 FC 的氢摩尔最大消耗极限；η^{FC} 是 FC 的功率；$P_{\max}^{FC}/P_{\min}^{FC}$ 是 FC 的最大/最小输出限制；P_t^{FC} 是 FC 产生的功率；U_t^{FC} 是 FC 的二进制变量操作状态。

应用公式(7-36)防止 EL 和 FC 同时运行。

$$U_t^{EL} + U_t^{FC} \leqslant 1 \tag{7-36}$$

HSS 的动态模型由式(7-37)建模。

$$P_t^{H2} = P_{t-1}^{H2} + \frac{\Re T_{H2}}{V_{H2}}(N_{H2,t}^{EL} - N_{H2,t}^{FC}) \tag{7-37}$$

式中，$\Re T_{H2}$ 是气体常数；V_{H2} 是储氢罐的总体积。

7.2.4 系统控制应用模型

系统控制模型由需求预测计划响应模型和风险控制模型构成。

1. 需求预测计划响应模型

首先构建需求预测计划响应模型，从需求端优化用电系统应用效能。

DRP 可以实现成本、库存、产能、作业等的良好控制，从而降低系统运行成本，提高运行效益。一些研究者针对不同类型的需求，开发了不同的响应程序，并广泛应用于电力系统[162]。

本书考虑了 DRP 的使用时间率(TOU)，以降低系统总运营成本。公式(7-38)~(7-41)是拟议的 DRP，可以将电力需求从昂贵期转移到低价期，减少高峰期的损失，降低负荷，最重要的是降低系统的运营成本[163]，而不降低系统的总负荷量。实施 DRP 后系统的负载需求由式(7-38)提供。方程(7-39)~(7-40)，用于限制负荷从一个周期转移到另一个周期。在本书中，DRP 只能将 20% 的基本负荷从一个周期转移到另一个周期。最后，公式(7-41)用于确保负荷从高峰价格期转移到非高峰价格期[164]。

$$load^t = load_0^t + DRP^t \tag{7-38}$$

$$DRP^t \leqslant +DRP^{\max} \times load_0^t \tag{7-39}$$

$$DRP^t \geqslant -DRP^{\max} \times load_0^t \tag{7-40}$$

$$\sum_{i=1}^{T} DRP^t = 0 \tag{7-41}$$

式中,$load_0^t$ 是时间 t 时系统的基本负载需求;DRP^{max} 是 DRP 中消费者的最大参与量(用百分比表示);DRP^t 是 DRP 实现可能性的变量,当负载增加时取正值,否则为负值。

2. 风险控制模型

为了研究不同的不确定参数对所研究系统运行的影响,人们发展了模糊建模、随机规划、信息缺口决策理论、鲁棒优化等方法[165]。鲁棒优化方法(ROA)是一种强有力的风险管理工具,旨在使系统免受不确定参数的不利影响。

本书利用 ROA 来构建 DPSP 用电系统风险控制模型,以提高系统运行的稳定性。利用该模型,系统操作员可以判定系统运行的最佳和最坏情况,并根据情况采取乐观策略还是悲观策略。具有约束条件式(7-2)~(7-41)的用电系统的目标函数是混合整数规划(MIP)公式,可以表示为标准形式,如式(7-42)所示。

$$\text{Minimize} \sum_{i=1}^{T} e_t x_t \tag{7-42}$$

进而有

$$\sum_{i=1}^{T} a_{mt} x_t \leq b_m, m = 1, \cdots, M \tag{7-43}$$

$$x_t \geq 0, t = 1, \cdots, T \tag{7-44}$$

$$x_t \in \{0,1\} \quad for some t = 1, \cdots, T \tag{7-45}$$

在式(7-42)中,考虑到 IPL 中的 EV 及其充放电均具有不确定性,将未知但有限度边界的参数假设为目标函数的系数。据此,所建立的混合整数规划(MIP)模型可以转化为与式(7-42)~(7-46)相关的 RMIP 优化问题。在上述方程中,为了表示与标准系数 e_t 的偏差,引入了新的参数 d_t。此外,利用整数参数 Γ_0 控制目标函数的鲁棒性。通过假设 Γ_0 等于 $|J_0|$,可以考虑目标函数中的价格偏差。另一方面,通过设置 Γ_0 为零,可以忽略目标函数中的电价偏差。最后,从方程的角度对 RMIP 进行优化。式(7-42)~(7-45)基于线性化方法和二元定理重新制定,如下:

$$\underset{x_t, q_{ot}, y_t, \forall t; z_0}{\text{Minimize}} \sum_{t=1}^{T} e_t x_t + z_0 \Gamma_0 + \sum_{t=1}^{T} q_{ot} \tag{7-46}$$

$$z_0+q_{ot}\geq d_t y_t, t\in J_0 \tag{7-47}$$

$$q_{ot}\geq 0, t=1,\cdots,T \tag{7-48}$$

$$y_t\geq 0, t=1,\cdots,T \tag{7-49}$$

$$z_0\geq 0 \tag{7-50}$$

$$x_t\leq y_t, t=1,\cdots,T \tag{7-51}$$

在上述公式中,利用辅助变量 y_t 得到相应的线性模型。为了考虑已知参数 e_t 的上下界,变量 q_{ot} 和 z_0 被用作方程(7-42)~(7-45)的对偶变量,并基于ROA的IPL优化调度。

IPL规划的RMIP问题考虑如下:

$$OBJ=\sum_{t=1}^{T}\left[\left(P_{UG}^t\times\pi_{UG}^t+\sum_{j=1}^{G}(C_{LDG}^{j,t}+SC_{LDG}^{j,t})+\right.\right.$$
$$\left.\left.\sum_{i=1}^{N}(-P_{Ch,EV}^{i,t}\times\pi_{Ch,EV}^i+P_{Dch,EV}^{i,t}\times\pi_{Dch,EV}^i)\right)\times\Delta t\right]+z_0\varGamma_0+\sum_{t=1}^{T}q_t \tag{7-52}$$

$$z_0+q_t\geq d_t\times y_t \quad t=1,\cdots,T \tag{7-53}$$

$$q_t\geq 0 \quad t=1,\cdots,T \tag{7-54}$$

$$q_t\geq 0 \quad t=1,\cdots,T \tag{7-55}$$

$$y_t\geq 0 \quad t=1,\cdots,T \tag{7-56}$$

$$z_0\geq 0 \tag{7-57}$$

$$P_{grid}^t\leq y \quad t=1,\cdots,T \tag{7-58}$$

约束(7-2)~(7-41)

$$\tilde{P}_{UG}^t<P_{UG}^t;\tilde{\pi}_{UG}^t>\pi_{UG}^t \tag{7-59}$$

为了获得IPL的最佳每小时竞价曲线,将约束式(7-54)添加到先前的约束式(7-9)中。所提出的算法的流程图如图7-2所示。第一步,必须制定市场价格 $\lambda_t=\lambda_t^{\min}(t=1,\cdots,T)$。gamma 值设置为 $\varGamma_0+T$,允许对市场价格偏差进行建模。第二步,建立 $d_t^k=G^k(\lambda_t^{\max}-\lambda_t^{\min});t=(1,\cdots,T)$。需要注意的是 k,它是一个 G^k 迭代计数器,在[0,1]区间内取上升值。第三步,在每次迭代 k 时,通过求解方程(7-46)~(7-54)得到来自上游电网的每小时调度功率。每一次迭代都会重新计算步骤二和三。执行此过程以计算所有 G^k 系数。在最后一步,即第四步中,利

用遗传算法 $\lambda_t^k = \lambda_t^{min} + d_t^k (t=1,\cdots,T)$ 构造 IPL 的最优竞价曲线。

步骤0:初始化
$k=1$
$G^k=0$
$\lambda_t, \lambda_t^{min}$
$\Gamma_n = 24$

步骤1:计算
-价格偏离:$d_t^k = G^k[\lambda_t^{max} - \lambda_t^{min}]$
-间隔考虑:$d_t^k = G^k[\lambda_t^{max} - \lambda_t^{min}]$

步骤2:求解 RMTP 问题
-得到:$P_{UG}^t; P_{Ch,EV}^{i,t}; P_{Dch,EV}^{i,t}; \cdots$
-设置:$\lambda_t^k = \lambda_t^{min} + d_t^k$

步骤3:更新 $G^{k+1} = G^k + \delta$

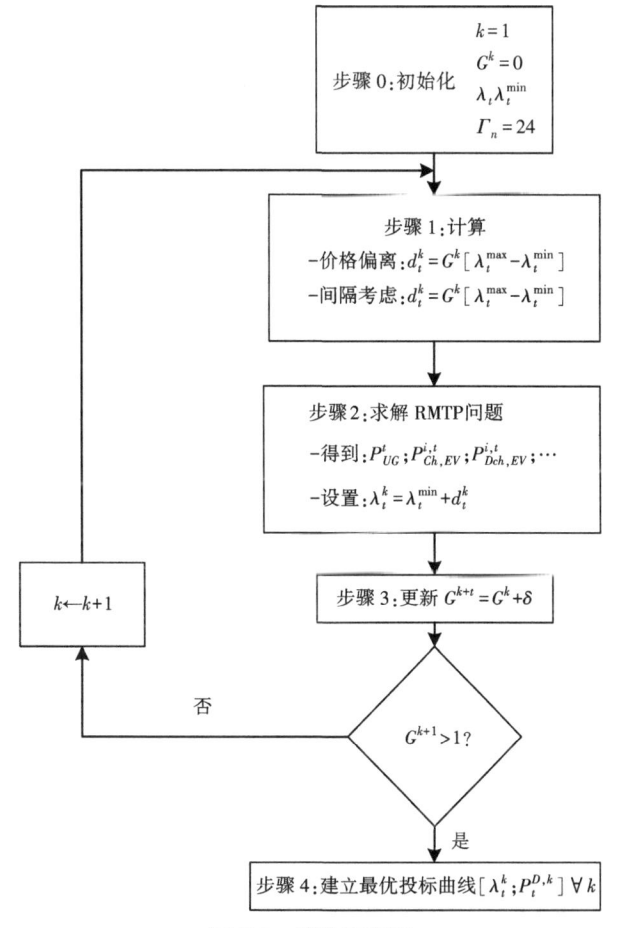

$k \leftarrow k+1$

否

$G^{k+1} > 1?$

是

步骤4:建立最优投标曲线 $[\lambda_t^k; P_t^{D,k}] \forall k$

图 7-2　算法流程图

7.3　数值算例

7.3.1　参数确定

DPSP 用电系统优化研究的目的是通过构建 IPL 将电动汽车充放电由电力系统转移到共享停车场,降低电力系统运营负荷,降低能耗,保障共享电动汽车的能源供应,进而从电力市场获得最优电力竞价曲线,降低停车成本,提升 DPSP 运营效益。研究将问题建模为 RMIP,并用 GAMS 软件求解。MTS 设为3组,研究的总模拟时间为 26.886 s,包括42个方程组和23个变量组,每个迭代包含600

个离散变量。

7.3.2 基本算例

根据模型及设定的基本参数,可直接得到基本算例的结果。以下分别从系统运营成本、电力负荷曲线、MTS发电、HSS计划、电动汽车充放电及最优电力竞价等角度展示结果。

1. 系统运营成本

系统的运行成本如图7-3所示。该问题分11次迭代求解,其中第一次迭代所得结果与乐观策略有关(考虑不确定参数的最佳可能情况),第六次迭代的结果与确定策略有关,在最后的操作中给出对上游电网电价不确定性的最坏可能情况进行建模的悲观策略结果。在乐观策略中,不使用DRP和使用DRP的情况下,优化后的系统运行成本分别为1 017美元和995.1美元,表明由于DRP的实施,系统运行成本降低了2.15%。在确定的情况下,考虑了无任何不确定性的估计电价,无DRP和有DRP情况下的总运行成本分别为1 238美元和1 209美元。在这一策略中,DRP降低了总运营成本约2.34%。最后,通过考虑上游电网电价不确定性的最坏情况(模型为高电价),在悲观策略中,无DRP和有DRP情况下的总运营成本分别为1 360美元和1 333美元,系统运行成本降低了1.98%。结果见表7-2。

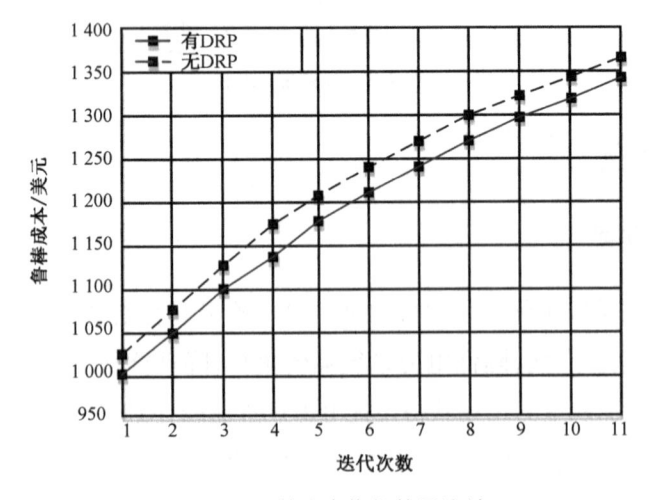

图7-3 运营成本优化效果比较

表 7-2 不同策略下运营成本结果汇总

	乐观策略	确定性策略	悲观策略
无 DRP/美元	1 017	1 238	1 360
有 DRP/美元	995.1	1 209	1 333
变化/%	-2.15	-2.34	-1.98

2. 电力负荷曲线

图 7-4 描绘了考虑有/无 DRP 情况的所有策略的系统的负载曲线,如前所述,DRP 实施的分时电价将负荷从高价期转移到低价期,以降低系统的运营成本。根据图 7-4,在确定的情况下,最大负荷从第 5~9 h 转移到第 10~15 h,从第 22~24 h 转移到第 20~22 h。此外,在乐观策略中,DRP 将最大负荷从第 20~24 h 转移到第 10~14 h。由于悲观策略的上游电网电价高于其他两种策略,与确定

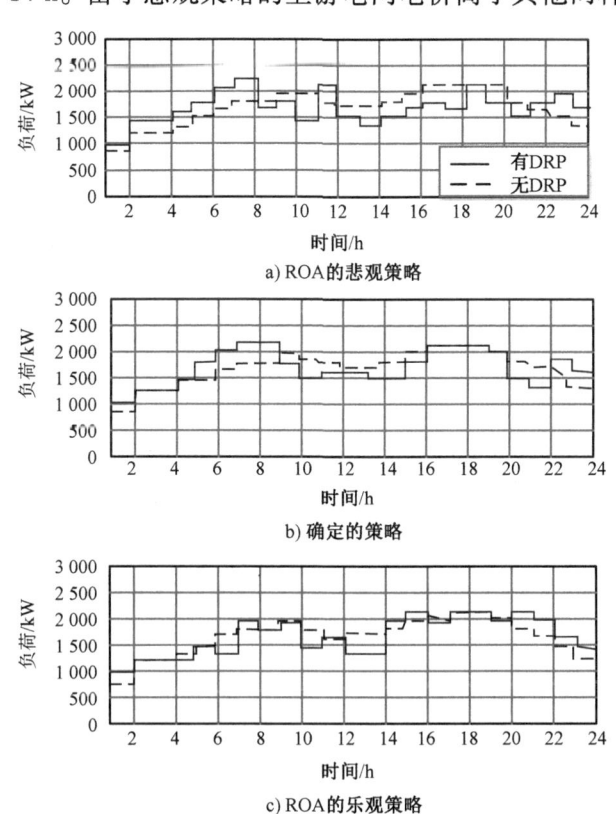

a) ROA 的悲观策略

b) 确定的策略

c) ROA 的乐观策略

图 7-4 所有策略下系统的负载曲线

性或乐观策略相比,DRP 引起的负荷曲线变化较大。显然,在所有的策略中,尤其是在悲观策略中,通过实施 DRP,使负荷曲线趋于平坦,降低了系统运行成本。在确定性策略中,DRP 的最大负荷变化记录在第 7 h,其中负荷从 1 795 kW 增加到 2 154 kW,表明基本负荷增加了 20%。此外,在乐观策略中,DRP 在第 13 h 将系统负荷从 1 729 kW 降至 1 383 kW,相当于基本负荷减少了约 20%。此外,在第 11 h,系统负荷从 1 773 kW 增加到 2 127 kW,系统基本负荷曲线增加了 19.9%。在所有策略中,在负荷量等于 2 160 kW 的第 18 h,负荷曲线没有改变。

3. MTS 发电

MTS1～3 的计划发电量分别如图 7-5 至 7-7 所示。图 7-5 说明 MT1 的发电功率。在悲观策略中实施 DRP 之后,MT1 的发电功率增加。由于悲观策略的市场价格高于其他策略,停车场运营商可以更多地依赖其内部能源,而不是从上游电网购买电力。在实施 DRP 后,确定性策略下 MT1 的计划发电量略有变化,而在有 DRP 和无 DRP 的情况下,乐观策略的结果是相同的。在悲观策略中,第 6～21 h MT1 发电量等于 700 kW。此外,MT1 在第 6～17 和 20 h 内,以确定性策略向用电系统输送前述电量。在乐观策略中,MT1 在第 6～14、16 和 19 h 内产生了相同的功率。

MT2 的功率输出如图 7-6 所示。通过实施 DRP 方案,MT2 在悲观和确定性情况下的发电量得到提高,而在乐观策略下,MT2 在无 DRP 和有 DRP 情况下的发电量没有变化。在确定性策略中,在实施 DRP 后,MT2 的发电量显著增加,以满足新负荷曲线的要求。回到图 7-4,它描绘了负荷曲线,确定性策略中的负荷需求在第 4～8 h 之间增加。因此,应增加 MTS 的发电量以满足负荷。考虑 MTS 的升速和降速率,在确定性策略中,实施 DRP 计划后,由于 MT1 计划在第 6 h 后以其最大容量发电,相当大一部分负荷增加由 MT2 提供。在悲观策略中,考虑到上游电网的高电价,MTS 以其最大容量进行调度。因此,在悲观策略中,MT2 的发电量没有明显变化。

根据图 7-6,MT2 已在悲观策略的第 9～17 和 19 h,确定性策略的第 10～13 h 和乐观策略的第 12～13 h 内以其最大可用容量 400 kW 发电。考虑到所有策略中有无 DRP 情况下系统的最大负荷,即 2 160 kW,说明在上述时间内,MT2 的发电量等于系统峰值负荷的 18.5%。

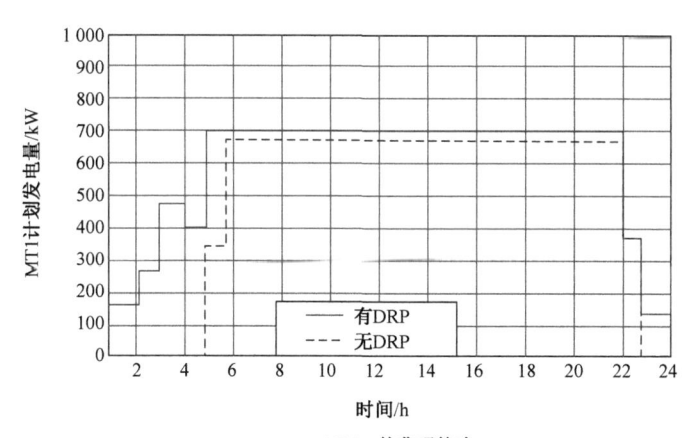

a) ROA的悲观策略

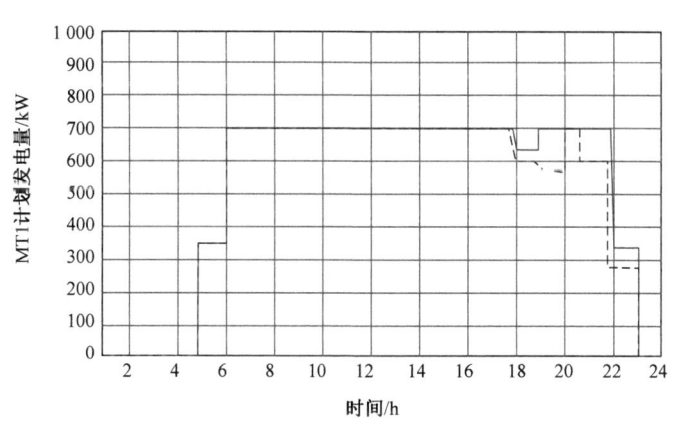

b) 确定的策略

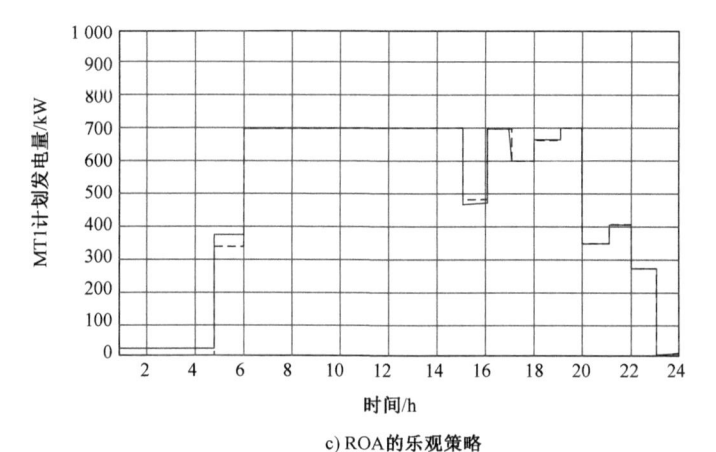

c) ROA的乐观策略

图 7-5　微型涡轮发电 1

a) ROA的悲观策略

b) 确定的策略

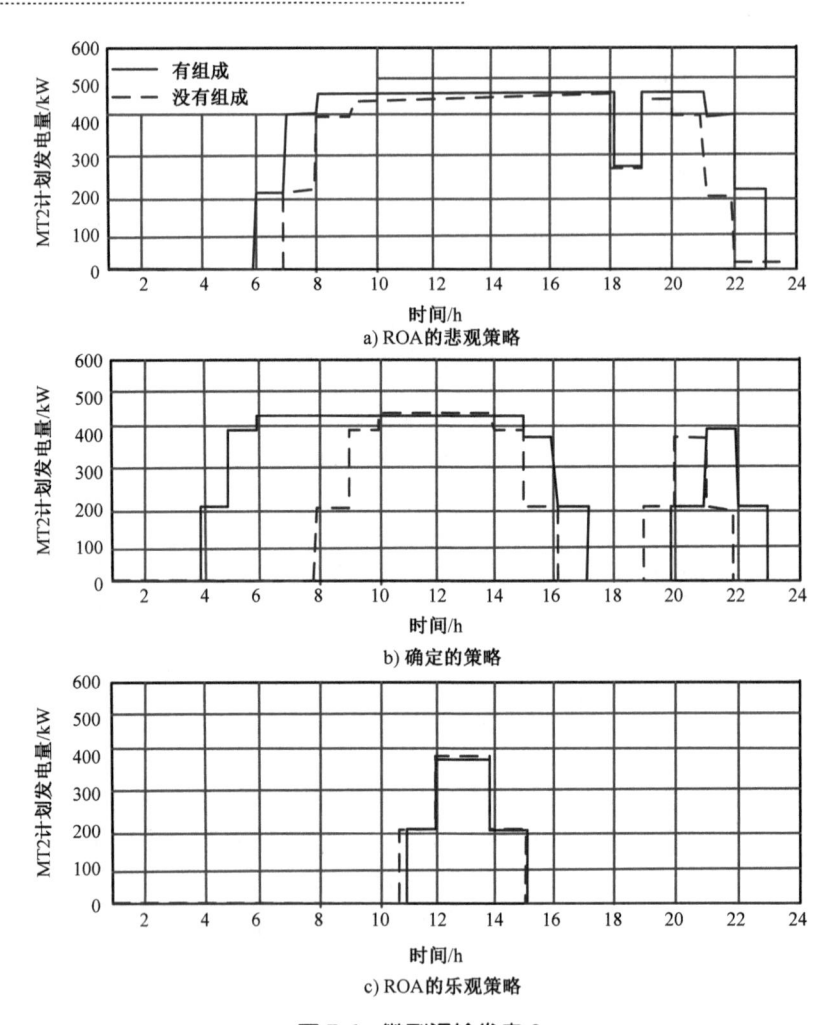

c) ROA的乐观策略

图 7-6 微型涡轮发电 2

MT3 的预订功率输出如图 7-7 所示。考虑到确定性策略下 MT3 的运行成本和 MT2 的发电量显著增加，在确定性策略下实施 DRP 程序后，MT3 的输出功率为零。在乐观策略中，由于上游电网电价公平，MT3 不安排发电。MT3 在悲观策略的无 DRP 情况下，在第 8~17、19 和 20 h 内，以及悲观策略的有 DRP 情况下，在第 8~12 h 内，其最大可用容量为 300 kW。在确定性的情况下，只有在没有 DRP 的情况下，MT3 在第 10~14 h 内提供其最大可用功率。

a) ROA的悲观策略

b) 确定的策略

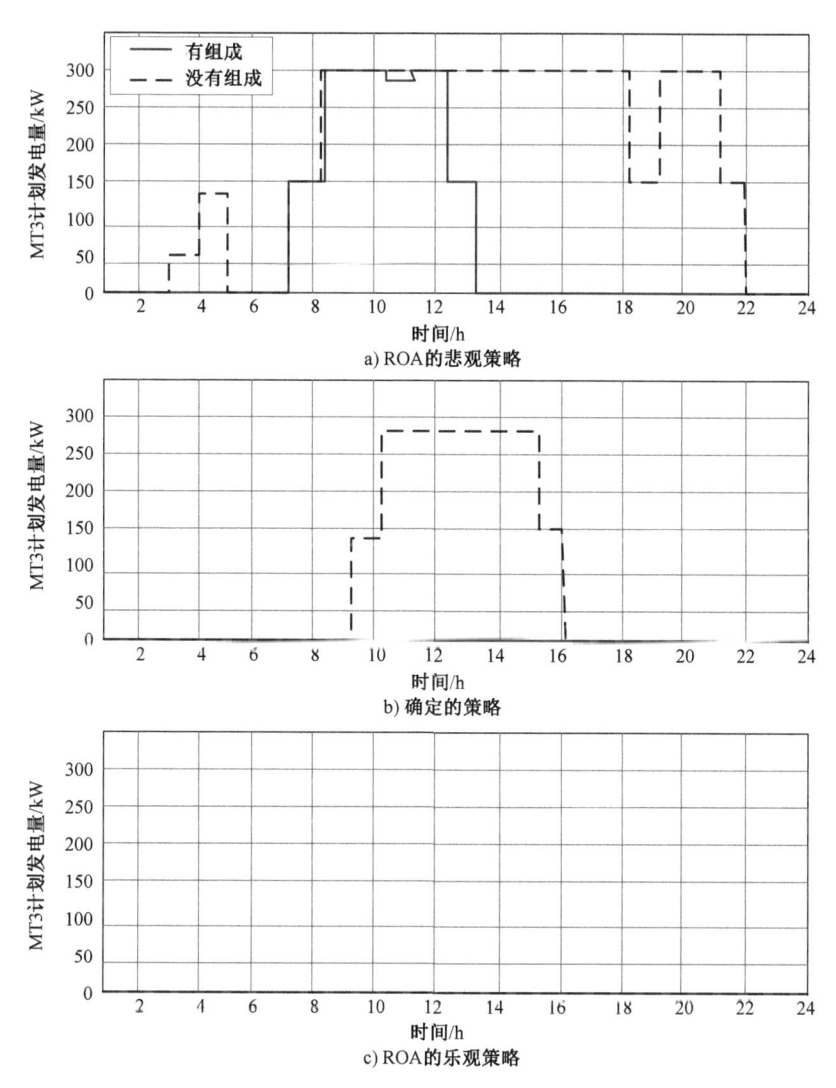

c) ROA的乐观策略

图 7-7　微型涡轮发电 3

4. HSS 计划

作为供给负载的能源，HSS 的充电/放电功率在所有策略中的变化在图 7-8 中示出。所有策略中的 HSS 在非高峰时段充电，在高峰时段放电。例如，在悲观策略中，在实施 DRP 后，HSS 在第 1~2 h 充电，而 HSS 在第 18 h 大部分放电，这与本例的峰值时间一致。其他策略和案例亦如此。在悲观策略中，在无 DRP 的情况下，HSS 的最高放电功率在第 20 h 记录为 170.9 kW，而 HSS 的最高充电功率在第1 h记录为155.8 kW。在确定性策略中,在没有DRP的情况下,记录的最大充电和放电功率在第1 h和第15 h,分别为155.8 kW和281.5 kW。乐观策略下,在无DRP的情况下,HSS的最大充放电功率在第1 h和第12 h,分别为155.8 kW和266.6 kW。

图7-9描绘了HSS中存储的压力水平。由于HSS在不同的操作策略和案例中没有显著差异,说明在这种情况下所取得的效果相同。显然,在实施DRP的确定性策略的情况下,记录的最大存储压力水平在第1 h到14 h之间等于13.8 Bar。

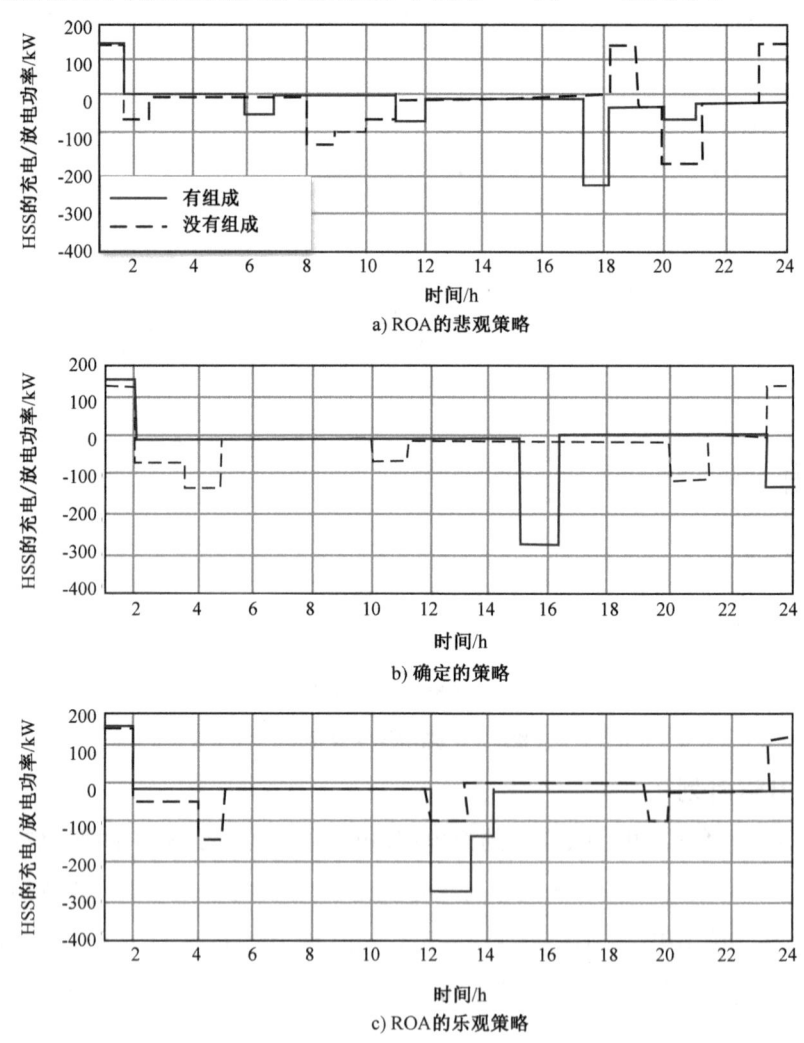

图7-8 蓄氢系统的充放电功率

a) ROA的悲观策略

b) 确定的策略

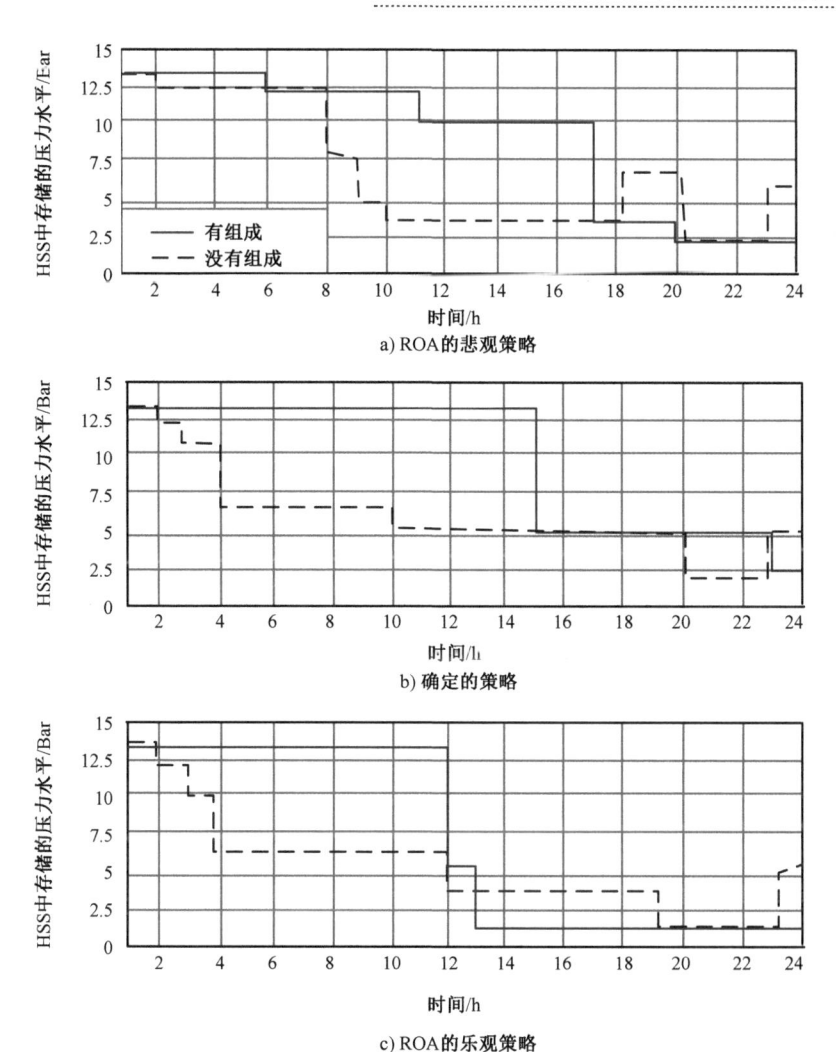

c) ROA的乐观策略

图 7-9 氢气储存系统的储存压力水平

5. 电动汽车充放电管理

图 7-10 描绘 IPL 的荷电状态（SOC）。考虑 IPL 的运营限制，包括电动汽车进入和离开的时间，停放和离开时的 SOC 初始水平、预期 SOC 水平，在悲观策略、确定性策略和乐观策略三种策略和案例中，IPL 的 SOC 在第 2~16 h 之间不断增加，在第 22 h 达到其容量的 100%，并保持固定到最后。

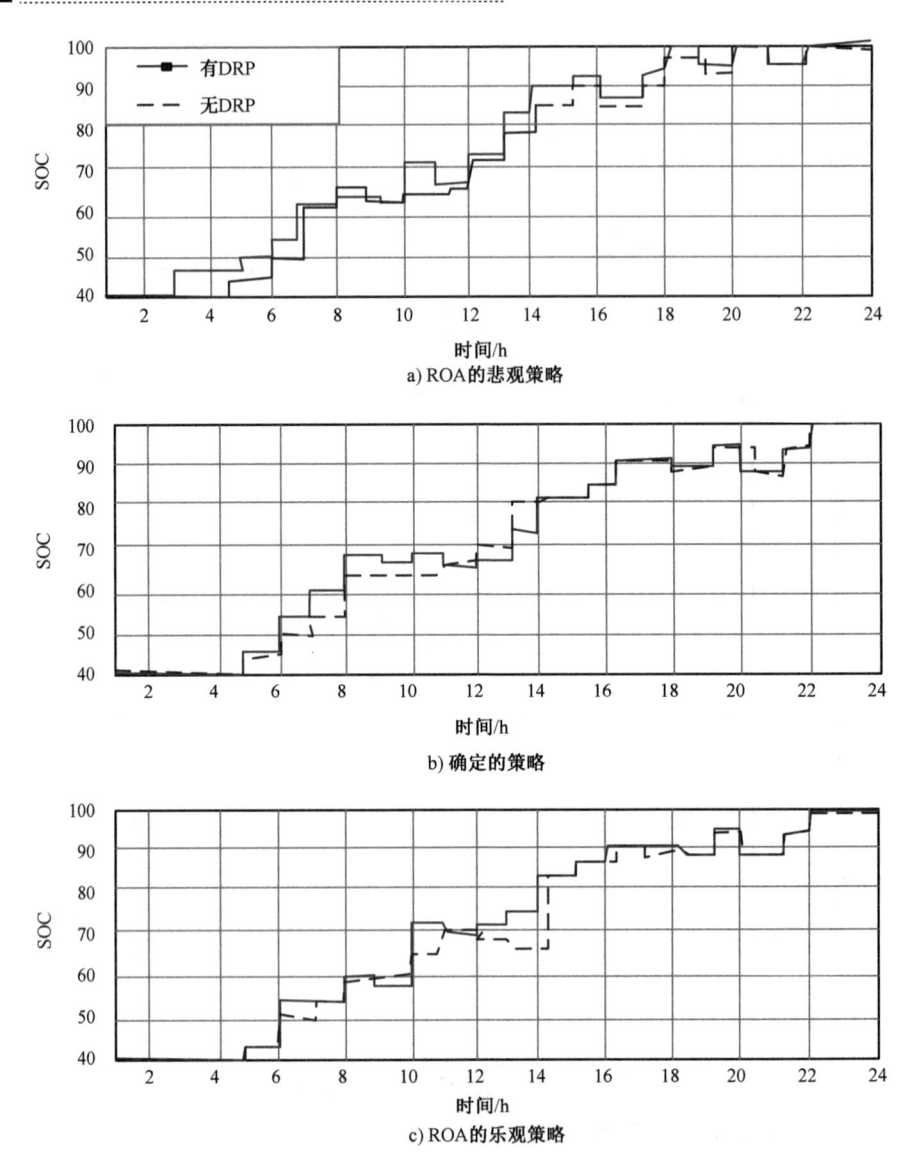

图 7-10 IPL 的平均 SOC

图 7-11 中展示了 IPL 的放电/充电变化，用于观察 IPL 的 SOC。根据图 7-11，在非高峰时段和某些情况下，IPL 为停放的电动汽车充电，考虑到电动汽车的运行要求，也可以由系统操作员为电动汽车放电。

根据得到的结果，在确定性策略中，IPL 的最大放电功率记录在第 20 h，约为 160 kW。在乐观策略的无 DRP 情况下，IPL 在第 14 h 达到最大充电功率约为

625 kW。

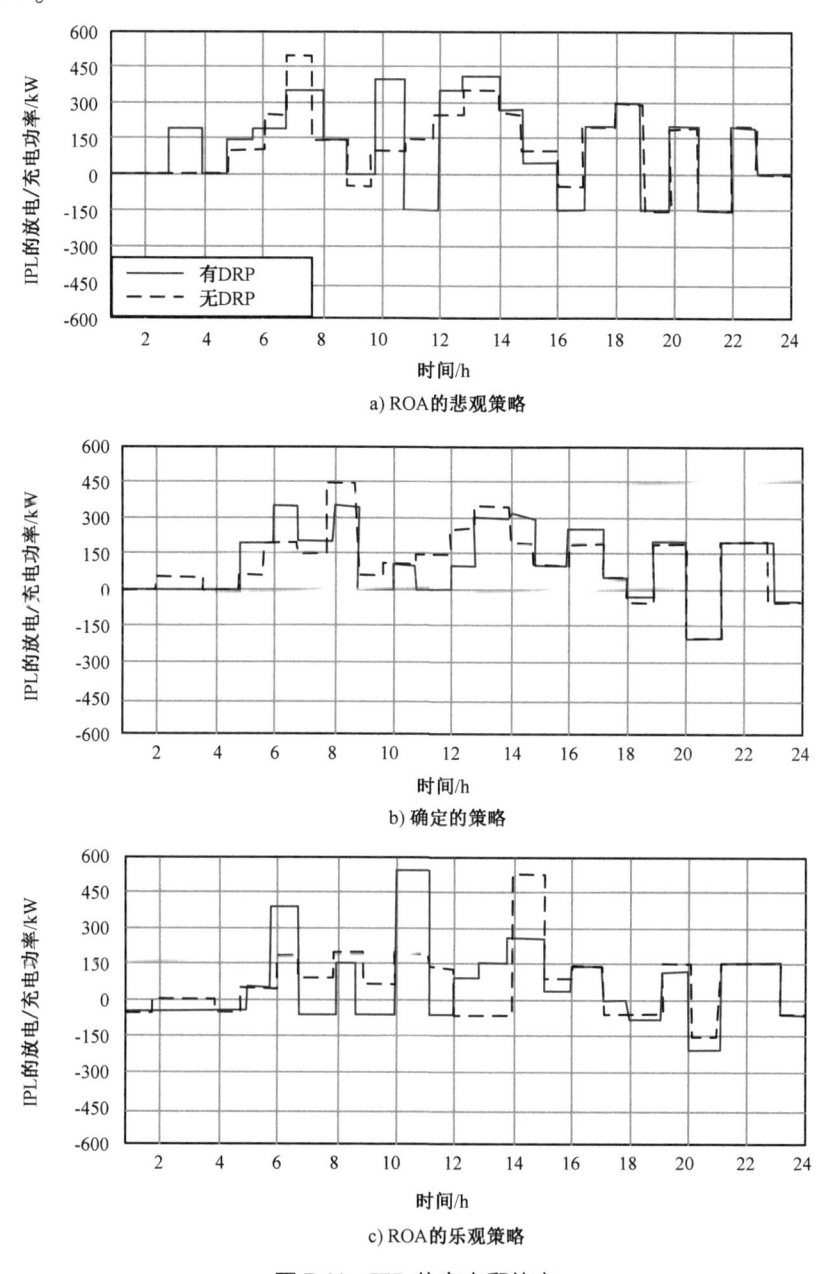

a) ROA的悲观策略

b) 确定的策略

c) ROA的乐观策略

图 7-11　IPL 的充电和放电

6. 最优电力竞价

从电力市场获得最优电力竞价曲线,降低停车成本,是用电系统优化的目标之一。考虑到市场电价的不确定性,提高了提供竞价曲线的重要性,竞价曲线有助于系统运营商获得所需的电力,以满足其电力负荷的最佳价格。本书构造了在无 DRP 和有 DRP 两种不同情况下可提供给上游电网的小时竞价曲线。图 7-12 显示了有无 DRP 情况下第 3 h 的最佳竞价曲线。此时,由于市场上的电价公平,系统运营商渴望以任何价格从市场上获得 1 000 kW 的电能,在没有 DRP 和有 DRP 的情况下,预计价格在 0.013 到 0.021 美元/kWh 之间。

第 15 h 的最佳竞价曲线如图 7-13 所示。很明显,无 DRP 情况下的总电力获取高于有 DRP 情况下的电力获取,减少了本小时的负荷量,在没有 DRP 的情况下,当市场电价在 0.081 到 0.093 美元/kWh 之间时,第 15 h 的电力获取等于零,这意味着系统运营商发现这些价格很高,从上游电网获取电力不经济。另一方面,通过降低市场价格,系统运营商的电力获取意愿增加,当市场价格达到 0.055 美元/kWh 时,最高电力获取约为 100 kW。通过在第 15 h 实施 DRP,当价格高于 0.074 美元/kWh 时,系统操作员不参与电力市场。当电价低于或等于 0.067 5 美元/kWh 时,电力获取行为最高。

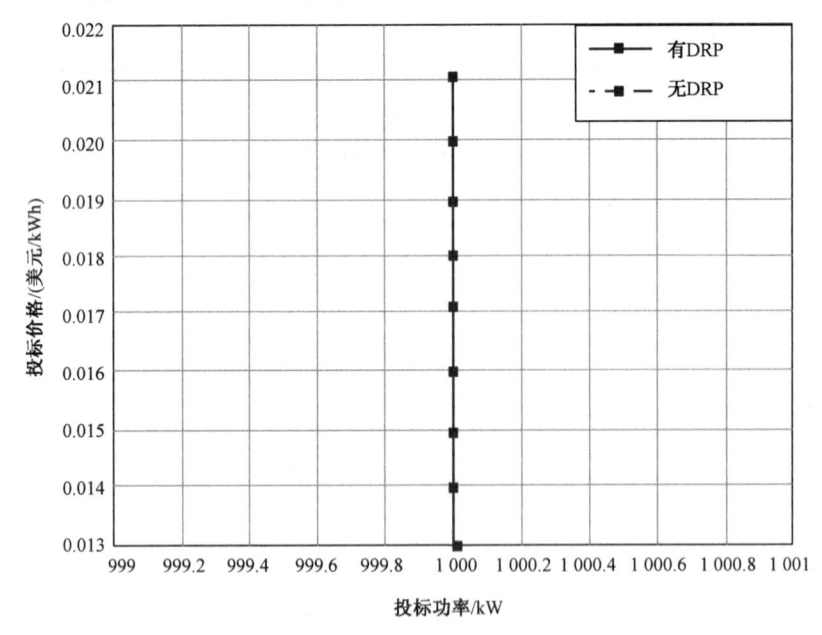

图 7-12 第 3 h 的最佳投标曲线

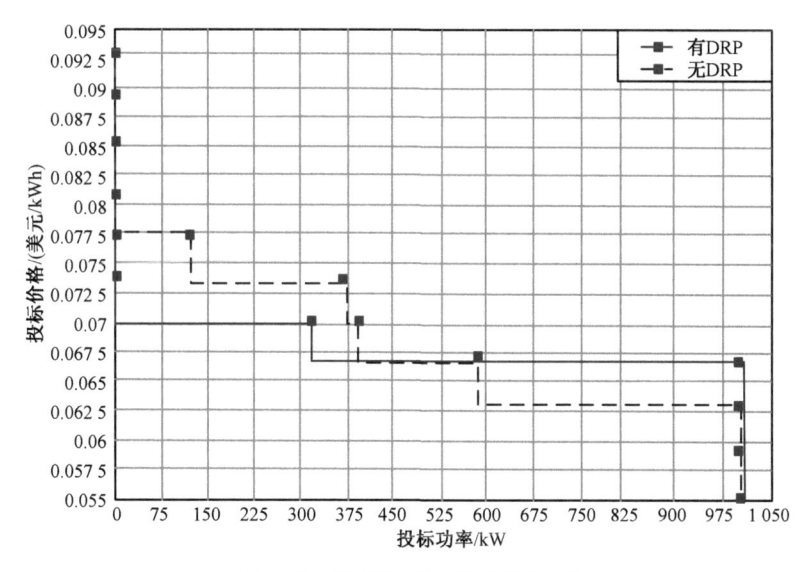

图 7-13 第 15 h 的最佳投标曲线

图 7-14 描绘了第 21 h 的最优竞价曲线。当市场价格高于 0.085 和 0.077 5 美元/kWh 时,无 DRP 和有 DRP 情况下的电力获取分别等于零。通过降低市场价格,在电价低于 0.062 5 和 0.065 美元/kWh 的两种情况下,电力获取都会增加,在无 DRP 和有 DRP 的情况下,电力获取都会达到其最高值,即 1 000 kW。需要注意的是,根据考虑的从上游电网转移电力的限制条件,每小时只能从电力市场购买 1 000 kW 的电力。

研究结果表明通过应用 DRP,系统运行成本最多可降低 2.15%,最少可降低 1.98%。构建的模型每小时能够获得一次从上游电网购电的最优竞价曲线,可以帮助系统运营商以合理的价格从上游电网购电。

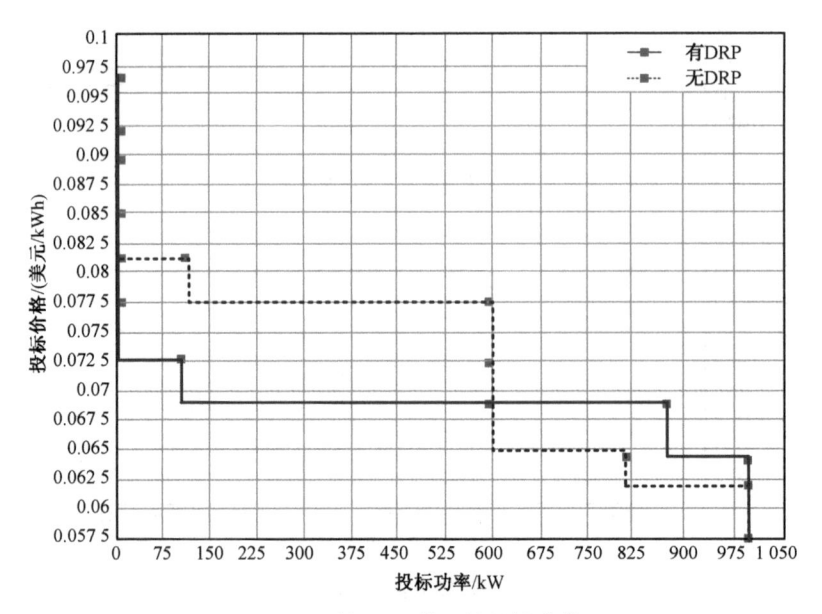

图 7-14 第 21 h 的最佳投标曲线

7.4 本章小结

本章在前述章节研究的基础上进一步拓展研究范围,以前述章节研究成果为基础,开展基于 DPSP 的用电系统优化研究,解决电动汽车集成对电力系统的负面影响,降低共享电动汽车停车成本和能源消耗。研究基于 DPSP 智能管理系统提出 IPL 概念,构建电动汽车智能停车场系统运行场景,建立了由自备发电装置系统、IPL 运营管理控制系统、电力交换系统组成的 DPSP 用电系统优化模型。提出将 DRP 的 TOU 作为虚拟发电单元,降低 IPL 电力负荷和系统运行成本。分析电价不确定情况下乐观策略、确定性策略和悲观策略三种不同策略的系统所有可能的运行情况,使用 ROA 为 IPL 提供最佳小时竞价曲线。根据目标函数,设计 MTS、WT、PV、HSS、IPL 运行规则并应用于数值算例,对系统运营成本、电力负荷曲线、MTS 发电、HSS 计划、电动汽车充放电及最优电力竞价结果进行分析比较,得到了 DPSP 的最优电力竞价曲线,可以帮助 DPSP 系统运营商以合理的价格从上游电网购电。本研究可以为 DPSP 在电力市场参与过程中选择最优竞价方案提供方法思路。

第三部分
城市共享停车管理体系研究

第8章 城市共享停车多边协同机制研究

共享停车管理服务水平是共享停车吸引力形成的外部驱动因素,是影响共享停车吸引力的重要因素之一。

共享停车参与体的多元化,导致对共享停车管理服务的认识、管理服务过程中的责任分工、管理服务后的利益分配存在显著差异。特别是平台运营方、泊位提供方与停车场管理方基于不同利益与责任视角对于安全管理权责和处理方式存在巨大差异与冲突,泊位需求方与泊位收益方之间、泊位收益方不同主体之间也存在着利益博弈关系。共享停车参与体之间利益诉求差异与冲突对共享停车运营造成深刻影响,直接影响着管理服务的结果水平。这些差异与冲突产生的根源,是多元主体下分工权责的不同,导致利益诉求的不同。解决这一问题,需要在整体目标统一的前提条件下,找到不同参与体之间的最佳利益结合点,构建统一的组织协调机制,满足各方的利益诉求,从而激发各参与体的积极性,提升共享停车的吸引力和凝聚力,促进市场均衡和资源的有效配置。

本章引入分工组织理论,针对当前共享停车管理服务中存在的不同问题,对共享停车安全管理、价格制定、权益分配机制进行研究,构建共享停车多边协同机制。

8.1 分工组织理论

社会的本质问题,是分工组织问题。任何社会问题的解决,都可以通过运用科学的分工组织方法,明确参与体的职责、权益,从而调动参与体的积极性,促进问题的解决。

分工组织理论是指人类根据自身倾向与技能按照一定形式安排参与社会活动的理论,是综合了行政学、社会学、人类学、经济学等多种学科的交叉科学。分工与组织是人类社会构成的本质,是生产力发展的基础。分工与组织是相互对应的关系。有什么样的社会分工,就需要与之相适应的组织模式,以确保社会分工的科学合理化、结果高效化。人类社会形成以来,先后经历了农业、工业、服务业三次大的社会分工,与此相对应的是形成了科层制、市场制、平台制三种组织模式。不同的组织模式有着不同的特点与优势,在不同的社会阶段发挥着主导优势,促进社会的深刻变化。当前社会,科层制、市场制、平台制三种组织模式并存,在不同领域、不同层次发挥不同作用,共同促进人类社会、经济的快速发展。

影响共享停车管理服务的主要问题,既有主观的认识层面的问题,也有客观的实施层面的机制策略问题,需要综合运用不同的组织策略制定具体的组织协调机制,有效解决共享停车运营管理过程中出现的实际问题。

(1) 科层制

科层制是以最大限度地获取效益为目标,以职位职能进行权力分层和分工,以规则为管理主体的管理方式和组织体系。科层制强调功能和效率,强调命令和服从,强调社会生活的理性化。科层制的组织模式,是加强组织体系内部沟通与控制,确保组织稳定发展,推动组织与环境平衡,确保组织整体目标得以高效实现的保证。科层制的核心,是基于价值信仰的权威中心。社会成员基于客观现实或历史传统塑造,形成深刻认同的信仰体系,自愿服从权威命令,从而取得行动的一致性,实现组织的高效运转。基于社会认同的权威中心命令,对组织体系构成要素的价值理想、意识形态追求和现实行动构成绝对的"统治"。共享停车参与体基于共享停车的目标合作,形成具有自身特色的组织体系。这种基于数字平台的合作,本身具有平台制的特征,相互之间是一种平等合作关系,各自的利益诉求实现是基于平台的算法规则,当利益诉求发生冲突时,各方只能在算法规则下进行博弈。当任何一方的利益诉求无法在算法规则下得到满足时,就会影响组织体系内的相互合作,对共享停车目标实现造成损害。特别是不同参与体出于自身利益的管理限制,很容易造成合作割裂。这种情况下,需要借助科层制的组织模式,促进参与体之间的沟通,通过权威中心的职能命令使特定人群得以控制与服从,确保共享停车目标的实现。

(2) 市场制

市场制是以市场价值为核心,以资源配置有效性为目标,以供求关系为原则,以契约为管理主体的管理方式和组织体系。市场制组织模式强调竞争,强调价值的主体地位,并强调供求关系对价值体现的影响。在市场制的组织体系下,价值需求成为组织体系内部各成员之间协同合作实现目标的根本依据。各成员间依据自身价值进行交换,实现利益诉求的满足。市场制组织模式在形式上表现出自身价值满足和自身意愿实现的自由,有利于激发参与体之间的参与积极性和创新意识。

共享停车各参与体之间的合作,同样建立在各自的可交换价值的基础上,需要遵从市场制组织规则,围绕各自价值,确定交换价格,实现各自利益诉求的满足。

(3) 平台制

平台制是与数字化分工的产生与发展相对应的新型组织模式。平台制基于平等协作、价值共创、利益共享理念,强调基于数字共享平台的"他分工"和自治主体的"自分工"的高度融合,强调兼具效率与公平。平台制组织模式具有开放性、无边界、横向化、扁平化、去中心化、去中介化等特点,更能满足多样化和个性化需求,减少资源错配,降低交易成本,产生互补与协同效应。

数字共享停车是基于数字平台的新型产业体系,各参与体之间通过共享平台,实现了信息的完全对称,这一方面有利于增强参与共享停车分工的适配性与选择广度,通过各自的价值贡献实现相互赋能,另一方面,需要在信息透明、对称的情况下,进行权益分配博弈,满足自身利益诉求。

8.2 基于科层制组织模式的共享停车安全管理机制

提升共享停车吸引力,首要是解决共享停车的安全管理问题和共享停车收益增益问题。

共享停车安全管理是共享停车参与体各方共同关注的核心问题,在共享停车发展中起着关键作用的小区物业公司在共享停车参与诉求调查中更是将安全管理问题列为第一位,并将其能否解决作为是否参与共享停车的决定因素。共享停车需求方和泊位提供方在调查中也表示了对安全问题的关注。共享停车安全管理问题成为影响共享停车吸引力提升的重要因素。

共享停车安全管理系统包括数据安全管理系统、资产安全管理系统和社会安全管理系统。从共享停车安全管理内容上看，共享停车安全管理属于社会公共管理范畴，需要"公权力"的介入，形成权威中心效应，才能有效解决意识层和行动层的问题，如泊位提供方、泊位需求方、泊位管理方在调查中都明确表示希望管理部门承担起数据安全职责，确保个人信息安全，更好地解决安全权责问题。

共享停车收益增益问题，是共享停车泊位提供方、停车场管理方、平台运营方关注的重要问题。对于泊位提供方来说，泊位共享出租收益所得，相对于泊位使用权获得所付出的经济成本，相对较小，因此希望获得一定的社会增益作为补偿。而泊位管理方也认为其承担的责任与收益不成正比，希望获得一定的社会增益作为补偿。社会增益补偿同样属于社会公共管理范畴，需要"公权力"的介入，才能形成权威中心效应。

本节从共享参与体安全管理和社会增益需求出发，依据科层制权威中心塑造社会价值信仰、促进行动一致性、提升社会组织运转效率的理论原则，探讨构建以权威中心为标准的安全管理体系和社会效益补偿机制建设策略。

基于组织目标效能优先的共享停车安全管理体系构建策略，就是要从共享停车属性特征出发，依据科层制组织理论，充分发挥社会公共管理机构的权威中心效应，建立安全管理的组织机制，明确共享停车参与体各方在共享停车安全管理中的权责，从而消除参与体各方对参与共享停车安全的担心，提升共享停车参与的积极性。

8.2.1 数据安全管理

随着数字技术的快速发展，数据安全也越来越引起社会的高度重视。2021年6月10日第十三届全国人民代表大会常务委员会第二十九次会议正式通过《中华人民共和国数据安全法》，提出要"通过采取必要措施，确保数据处于有效保护和合法利用的状态，以及具备保障持续安全状态的能力"，并要求"主管部门承担本行业、本领域数据安全监管职责"。

将共享停车数据安全管理纳入公共交通安全管理体系，由权威部门切实承担起安全管理职责,是当前社会环境下城市交通管理与数据安全管理的客观需要。

从社会需求上看,在共享停车数据调查中,对于数据安全的关注仅次于自便利和停车收费分配,位列第三。调查显示超过90%的泊位供需方及停车场管理商担心个人数据安全会在参与共享停车过程中造成泄露,从而导致其他安全问题的产生,希望由权威公共管理部门统一负责对信息的采集与管理。

从社会管理上看,共享停车数据安全,不仅关系到个人信息安全,同时关系到地理信息安全,进而关系到社会安全、国防安全等其他安全问题。从信息采集的响应度和数据安全的影响度来看,应将共享停车数据采集、管理纳入公共管理范畴,加强数据安全管理,以确保共享停车管理目标的实现。

因此,加强共享停车数据安全管理,应以现有法规为依据,在政府主管部门的统筹下,明确权威主管部门的建设管理责任,并在此基础上构建统一管理、分级、分类、分层的数据安全管理体系,"建立角色分工、职责分离、数据分割、运维分管、安全分治且任一单方无法泄密的安全技术机制"[141],确保数据采集、传输、存储、加工、管理、应用的高效化、可靠性、安全性,确保关键敏感信息不被泄露、国家和个人利益不受损失。通过权威中心的信仰价值效应有效消除参与体各方对数据泄露的担心,提高共享停车数据采集效率。

在具体策略上,可以从完善规范制度体系入手,强化过程管理、组织管理,确保安全管理的可靠性、有效性。

(1)建立共享停车数据安全规范制度体系。按照总体安全策略、具体管理制度、各类操作规程的三层结构,建立涵括基础安全规范、安全管理制度和安全技术规范三个层面的完备的数据或信息安全管理制度和标准规范。

(2)建立完善的数据安全管理流程。在数据采集阶段,要建立明确的数据采集规范,加强数据采集策略制定,完善数据采集风险评估及合规性论证,同时加强采集设备访问控制管理。在数据传输阶段,对数据进行分类分级,加强数据传输接口管控,实行加密传输。在数据存储阶段,建立完善的存储介质标准和存储系统的安全防护标准,确保数据在安全域内部存储和传输。数据处理阶段,建立统一适合的脱敏规则、方法规范,使用安全合适的脱敏技术。在数据共享应用阶段,建立分级、分类、分层的完善的数据交换和共享的审核流程,建立数据共享操作日志记录制度,针对平台运营商、停车场管理商等不同类别的用户、不同类别的数据以及不同类别的途径,制定不同的数据应用管理权限,采取不同的安全管控措施,加强风险识别和管控。

(3)建立完善的分级管理制度,加强数据管理人员行为安全管理。建立完善的操作人员管理规程,建立分级、分类权限管理制度,加强用户身份信息的鉴别与安全日志管理;建立溯源管理制度,强化使用数字水印身份溯源等技术,提高溯源管理技术应用能力。

8.2.2 安全管理联动机制

共享停车可能带来的社会安全问题,以及停车安全与权责划分,是泊位提供单位或小区停车管理单位高度关注的问题,也是影响泊位释放的重要因素。从根本上解决因共享停车可能带来的安全问题,需要建立由权威部门统筹、以现代技术手段为支撑、按照职位职能分工组织的社会安全联动机制。

(1)将共享停车安全纳入城市管理"智慧大脑",构建一网统管的齐抓共管机制。加强共享停车安全管理与城市安全管理协同机制建设,建立监测预警与应急处置协同机制,明确行业主管部门和权责单位的职责,规范安全管理协同处置流程,实现预警及时联合处置。加强数据技术协同,建立基于共享停车数据库的共享停车安全运行监测中心,并与城市安全管理数据中心协同,实现数据同步共享,构建城市安全运行态势的立体化感知网络,为安全事件处置提供重要的技术支撑。

(2)加强现代数字技术在安全管理中的应用,充分利用大数据技术、人脸识别技术、车牌识别技术,车辆定位技术,加强对进出小区等泊位提供单位车辆和人员的识别与预警,提升安全预判管理能力,降低安全事件发生的可能性,减少相关单位人员的安全顾虑。

(3)加强停车场交通事故溯源系统建设和责任划分机制建设,实现对停车场的全面监控及数据采集,做到数据全生命周期的可视、可管和可追溯。积极推动停车后服务拓展,研究探索停车安全管理保险,构建一体化停车场交通事故溯源、责任认定及维修、理赔体系,减轻停车场管理商的责任负担,提升停车场管理商共享停车参与的积极性。

8.3 共享停车社会效益补偿机制

考虑对共享停车参与体进行社会效益补偿,是提升共享停车吸引力的重要途径。从共享停车吸引力模型和评价指标可以看出,共享停车收益增益越大,泊位提供方和泊位管理方参与的积极性越高。共享停车收益增益一方面要不断拓展共享停车服务范围,提升共享停车经济收益;另一方面,要充分发挥社会公共管理的导向效应,通过加大社会效益补偿,提升共享停车收益增益。

从共享停车发展实践上看,共享停车不仅仅是一种产业模式,更是一种社会存在模式,不仅创造着经济效益,而且创造着社会效益,具有经济属性、生态属性和社会属性的多重属性。共享停车的经济属性,是指共享停车利用停车泊位的时空闲置再利用所产生的包括降低出行成本、缓解城市基础设施投资压力、增加共享停车参与体经济收益等繁荣经济、增加收入的经济价值。生态属性是指共享停车通过提高停车入驻效率,缩短停车寻位时间,从而降低城市交通污染的生态价值。共享停车的社会属性,是指共享停车通过错时共享实现缓解城市交通拥堵、降低城市交通事故发生率、降低因为停车发生的社会安全事件等方便人民生活、提高人民生活质量的社会公益性服务价值。

从共享停车的三重属性上看,共享停车应该得到三重回报。然而,当前的共享停车实践仅考虑了其经济属性,而较少考虑其社会属性和生态属性。促进共享停车发展,提升共享停车吸引力,需要充分考虑共享停车的经济价值和社会价值,从有利于激发共享停车参与积极性角度出发,由政府相关主管部门协调统筹,通过科学量化不同共享停车参与体的社会效益贡献价值,对其进行经济、社会的双重补偿。

考虑共享停车社会效益补偿机制,需要在明确社会效益补偿基本原则的基础上,建立科学的共享停车社会效益评价体系。

(1) 共享停车效益补偿的基本原则。一是坚持经济补偿和社会荣誉补偿相结合的综合性补偿原则。经济补偿可以考虑建立共享停车奖励引导基金,根据共享停车参与体共享积分直接进行经济奖励。通过财政税收优惠等手段,对平台运营商、停车场管理商进行合理补偿。社会荣誉补偿,可以考虑由政府主管部门设立相应行政荣誉,对优秀参与体进行公开表彰。对于个人参与共享停车,可以考虑将共享停车积分与交通违法行为管理相结合,统一纳入交通安全管理体系。二是要坚持多元化、多层次补偿原则。积极推动共享停车收费标准市场化,通过收费标准浮动对共享停车参与方进行补助。积极推进停车泊位资源利用率与碳排放交易相结合,实施共享停车绿碳补偿。三是坚持公平与效率原则。建立完善的科学可量化的补偿标准,借助现代科技手段,实现补偿实施的全过程无人化,确保补偿的公平实施。确立定期补偿及结果公告制度,扩大补偿结果的社会影响。四是坚持民主化原则,扩大评价的社会参与度。借助共享停车平台的适时反馈系统,建立基于参与者体验的停车管理服务、泊位提供服务、停车入驻信用评价体系,并将其作为效益补偿的重要依据。

(2) 共享停车效益评价体系建构原则。共享停车社会效益补偿的基础核心是构建科学可量化的社会效益评价机制。评价机制的构建,要确保全面性、实用性、科学性、系统层次性、差异性和近远期相结合。要把定量与定性相结合,以定量分析为主,使定量计算具有客观性和科学性,各评价指标之间要做到关系明确、权重合理,确保最终评价的客观真实有效。

(3) 共享停车效益评价方法选择。社会效益评价一般采用层次分析法和模糊综合评判法。层次分析法采用专家打分的方法建立模糊数学评价模型,进行综合评价,虽然简便但容易受到人员的知识结构、判断水平及个人偏好等许多主观因素的影响,难以精确反映评价目标的实际效益,适用于对社会效益进行粗略定量化评价目标。鉴于共享停车的结构复杂性,及其评价结果应用的现实引导性需求,可综合运用神经网络评价法、层次分析法和模糊综合评判法,降低评价结果的主观性,确保评价结果的客观性、精确性和实用性。

(4) 共享停车效益评价指标选择。共享停车社会效益评价指标的确定要充分考虑其宏观性、区域性、间接性、隐蔽性、长期性的特点,兼顾其经济效益、社会效益、生态效益贡献,确保指标的完全覆盖与赋值的科学化。在指标设计方法上,遵循 mece 原则,从上而下进行分类、分层定性、定量与赋值,确保指标设计的系统化。一级指标设计上重点涵括:公平效率平衡效益、交通环境优化保障效益、国民生产总值增长效益、结构优化效益、诱增效益5个一级指标。二级指标对一级指标反映、细化,重点涵括直接经济收益、间接经济收益、停车需求满足度、动态交通效率提高度、静态交通效率提高度、交通安全影响度、停车资源利用情况、停车泊位周转情况、环境污染度、社会满意度、文卫科教与旅游贡献度、商业经济繁荣贡献度等12个二级指标(见表8-1)。按照指标分类采用模糊层次综合评价法对共享停车效益进行系统评价,确定共享停车的社会效益补偿标准,推动共享停车发展。

表 8-1 共享停车效益评价指标

经济效益	国民生产总值增长效益	直接经济收益	泊位出租收益
			服务设施投资形成的实物量
		间接经济收益	出行时间节约效益
			车辆运行成本节约效益
			减少事故与货损效益
			停车场建设投资节约效益
			区域经济增长贡献度
社会效益	公平效率平衡效益	停车需求满足度	停车便利度
			停车成本节约度
		动态交通效率提高度	交通拥堵指数
			出行频次
		静态交通效率提高度	停车寻位时间
			停车等待时间
			驻车入位时间
		交通安全影响度	交通事故发生频次
			停车引发的社会治安事件
	结构优化效益	停车资源利用情况	泊位空间利用
			泊位时间利用
		停车泊位周转情况	居住区泊位周转率
			商业区泊位周转率
			办公区泊位周转率

续表 8-1

			公众满意度
社会效益	诱增效益	社会满意度	管理部门满意度
			参与商满意度
		文卫科教与旅游贡献度	促进文化教育发展度
			为医疗服务提供便利
			对旅游业发展的促进作用
		商业经济繁荣贡献度	主要商场顾客指标
			主要商场销售指标
生态效益	交通环境优化保障效益	环境污染度	环境污染物种类
			环境污染范围
			环境污染程度

(5) 共享停车效益补偿机制的建立与实施。共享停车效益评价机制的研究与建立为共享停车社会效益、生态效益补偿确定了方法工具。共享停车效益补偿目标的实现则需要建立与之相适应的政策体系、组织体系和财政支撑体系。首先,要在政府层面出台相应的政策制度,确保补偿机制的制度化、长期化、影响力,真正起到政策引导效果。其次,要明确效益补偿实施的责任机构,对补偿结果进行定期督导,确保补偿精确到位。再次,要建立分阶段、多元化、多渠道补偿体系,将社会荣誉补偿与经济补偿有机结合。初始阶段,要加大财政直接补贴力度,可以采用政府直接补贴和税收优惠奖励。在共享停车社会吸引力不断提升之后,探索建立各项基金和融资补偿机制。最后,当共享停车成为一种社会自觉行动之后,通过建立市场收费调节机制,建立社会化补偿体系。

8.4 基于市场制的共享停车定价策略研究

市场制的核心是通过供需关系实现资源的有效配置。供需关系既取决于交易物的价值,又受交易价格影响,表现出价格激发或抑制需求特征。共享停车定价策略是共享停车可持续运营的重要经济因素,既关系到泊位需求者参与共享的决策选择,表现出停车需求的价格弹性特征,也关系到需求方与供给方和服务方的利益冲突,总体属于市场体系下的供需博弈关系,需要遵循市场规律,运用市场制组织策略确定共享停车定价策略。

本节基于停车收费调查数据,考虑共享停车需求者行为选择特性,对定价策略及其影响进行分析。考虑到电动汽车的特殊性及其发展趋势,对电动汽车共享管理及电价定价策略进行研究。

8.4.1 基于博弈论的共享停车定价策略

优化城市共享停车的停车价格是提升共享停车吸引力、解决交通拥堵的重要举措[166]。相关研究证实,在市场机制条件下,采用博弈论所制定的利益均衡的停车位定价机制[167-168],能够在很大程度上满足多方共同利益,并保证社会效益的最大化[169]。本节基于博弈论的基本原理,分析政府管理方、停车场管理方、平台运营方、泊位提供方、停车需求方五方博弈下的城市共享停车位定价机制。

1. 基于博弈论的城市共享车位定价模型

博弈论指的是经济活动中的参与者相互影响,并在此基础上形成最佳策略达到均衡结果。博弈一般由三个主要的基本要素组成:参与者、策略集以及收益函数,其中参与者指的是在博弈中组织行为使自己得到最大化效益的决策主体,策略集指的是参与者所采取的行为集合,收益函数指的是博弈主体的所有利益在活动结束后对自身获取的效用计量函数。

在车位定价中,政府管理方、停车场管理方、平台运营方、泊位提供方、停车需求方逐渐形成完善的博弈行为,因此在车位定价中,将以上五者定义为五方参与人。在车位定价中,存在的博弈行为包含了面向政府管理方的博弈行为、面向停车场管理方的博弈行为、面向平台运营方的博弈行为、面向泊位提供方的博弈行为以及面向停车需求方的博弈行为五者形成的博弈关系,如图8-1所示。

图8-1中显示出政府管理方、停车场管理方、平台运营方、泊位提供方、停车需求方的博弈关系。政府管理方与停车需求方之间会通过利益诉求相互博弈,以此来确定合理的停车位价格,同时政府管理方与泊位提供方之间会在信息提供中进行博弈,这种博弈会致使政府管理方获取更多的城市停车位现状信息。停车需求方与停车管理方之间的博弈是在停车需求中产生的,两者之间通过对城市现有车位以及车位需求者所需求的车位数量进行车位定价博弈。停车管理

方与平台运营方之间的博弈是在车位分配中进行的,一般来讲城市的车位数量是有限的,在车位分配中,需要重点考虑城市中的车位空闲量。在平台运营方与泊位提供方之间的博弈,是从车位管理入手,平台运营方的主要工作是分析现有的车位需求和车位空闲量,泊位提供方主要是根据现有的车位空闲量来向政府管理方和平台运营方提供车位信息,并在车位管理的基础上实现泊位提供方与平台运营方的博弈。研究中为了构建基于博弈论的城市车位定价模型,首先以政府管理方为对象,提出其约束条件,第一点为参与约束,在参与约束条件下,车位需求者在政府管理方的期望下采取决策行为,得到最大化利益;第二点为激励相容约束,在激励相容约束条件下,政府管理方为通过激励手段来要求车位需求者所获取的利益大于其所求利益。此外,在停车需求方、停车场管理方、平台运营方之间的博弈中,同样需要提出约束条件,即停车需求方需要在停车场管理方的允许下参与停车行为,停车场管理方需要在平台运营方的车位信息基础上参与空闲车位分配。

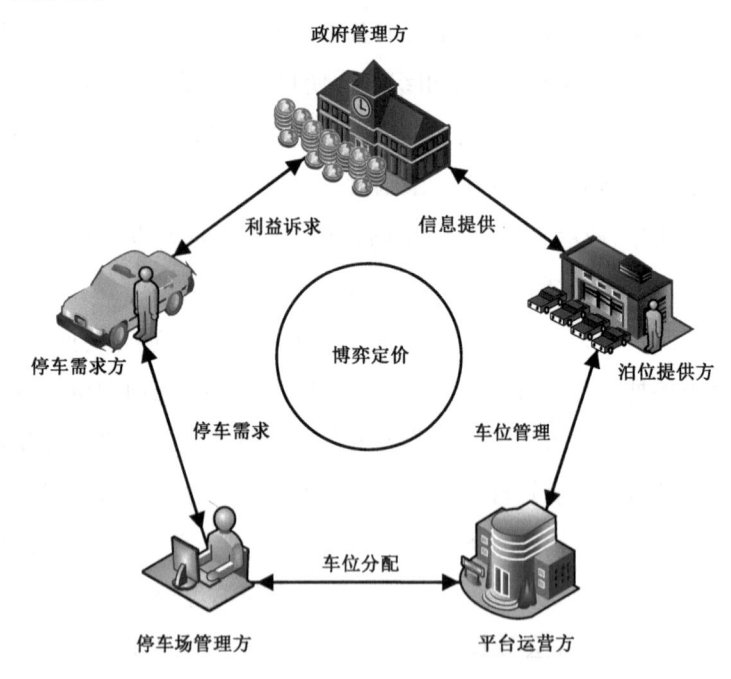

图 8-1 车位定价中的多方博弈关系

同时,为了构建完整的城市车位定价模型,对模型进行相关假设,首先是认为五方参与者在博弈过程中均是风险规避者,所有参与者均不会在博弈过程中为了追求更大利益而选择效率高、成功率低的行为策略;其次是五方参与者对车位停车效益、社会效益等可观测的直接效益具有相同的认知。设定城市停车车位需求量为 Q,将车位需求量与车位定价之间的函数关系如式(8-1)所示。

$$Q = Q_0 - \lambda\sqrt{p} \tag{8-1}$$

式(8-1)中,Q_0 表示潜在的车位需求量;p 表示小汽车车位单价,单位元;λ 表示车位定价单价和车位需求量之间的相关程度。当车位使用者的个人效益产生后,通过计算车位使用者的总剩余来表示利益剩余,如式(8-2)所示。

$$S = Q \times s = (Q_0 - \lambda\sqrt{p}) \times (\alpha - pt - \beta t) \tag{8-2}$$

式(8-2)中,S 表示车位使用者的总剩余,单位元;s 表示单个车位使用者的剩余,单位元;α 表示停车总效益;β 表示停车时间价值;t 表示停车时长。在车位定价模型中,对车位经营成本的考虑较为重要,构建其成本函数,如式(8-3)所示。

$$C' = aG + I \tag{8-3}$$

式(8-3)中,C' 表示车位经营成本;a 表示区域车位数量;G 表示车位单位管理成本,单位元;I 表示车位经营中产生的外部成本。在博弈论理论下,利用研究所提出的相关约束条件,在考虑五方参与者的个人利益前提下,构建城市车位定价模型,如式(8-4)所示。

$$J = 2 \times \left[\left(\frac{\lambda(\beta t + Q_0)}{2 \times \frac{Q_0}{\lambda}} - \frac{\lambda t \times \frac{Q_0}{\lambda}}{2} \right) \times \frac{Q_0}{\lambda} \right] / \lambda t \tag{8-4}$$

利用式(8-4)来进行城市车位定价,其中包含了车位需求量以及车位使用者的时间价值,并且在模型中对车位经营产生的成本以及个人效益均进行了相关处理,利用博弈论基础下的车位定价模型来对车位调节进行优化处理。

需要指出的是,车位定价模型的最优化必须同时满足车位需求者和停车场管理方、泊位提供方、平台运营方的利益,才能对所有参与体产生吸引力。

2. 模型应用效果分析

研究中基于多方博弈构建了车位定价机制,为了分析定价机制在不同的环境中所表现出来的车位定价合理性,研究选择某城市进行模型验证,绘制在不同情形下的车位定价合理性评价图,如图 8-2 所示。

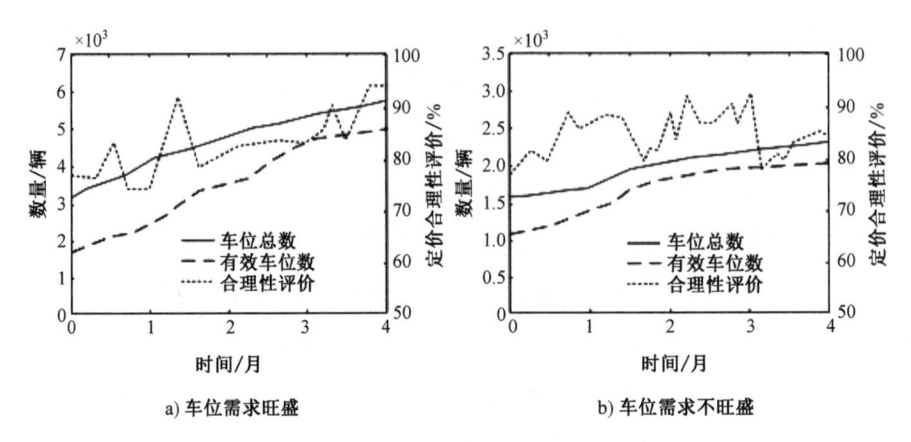

a) 车位需求旺盛

b) 车位需求不旺盛

图 8-2　城市车位定价合理性评价结果

从图 8-2a)中可以看出,在某个区域车位需求旺盛、供需紧张时,必须通过周边车位调节策略扩充停车位,以满足停车位需求,由于周边车位价格的差异化,可能会对停车选择形成影响,使车位调节失效,而基于多方博弈后的车位定价机制约束,使得车位定价始终保持在一个较为合理的区间,保障了车位调节的有效性,车位定价合理性评价不断提升,并在第 4 个月时的评价达到了 94.7%。图 8-2b)是车位相对闲置下的城市车位定价合理性分析,从曲线变化中可以得知,随着需求降低,城市车位周转率变化不明显,价格变化也不明显,车位定价合理性评价始终在 80%~90%之间,表明其具有较高的定价合理性。从图 8-2 中可以整体看出,利用多方博弈构建城市共享车位的定价机制,为停车位管理方带来较大的利益,能够在很大程度上实现城市车位调配,提升空闲车位中的有效车位使用,并且其定价机制在评价中所表现出来的合理性也说明研究构建的定价机制具有科学性和可行性。

3. 模型综合社会效益分析

研究中构建了基于多方博弈的车位定价机制,目的是确定在多方博弈下城市共享车位价格。车位的定价需要满足博弈方的共同利益,研究以此为基础提出车位定价机制,采用应用模拟来确定其定价机制下的共享车位合理定价,如图 8-3 所示。

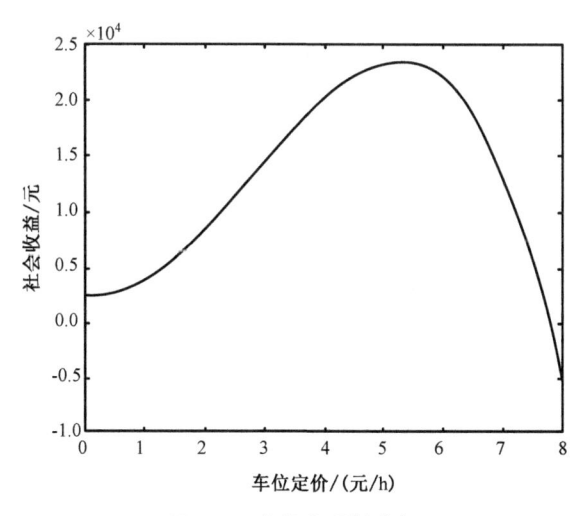

图 8-3 定价合理性分析

从图 8-3 中可以看出，车位定价中需要满足五方博弈的利益，因此为了确定定价机制的合理价格，研究中采用车位定价选择曲线来计算最终的共享车位价格。通过模型计算得知，在城市车位定价中，以社会收益为评价标准，可以得知当车位定价在 5 元/h 达到的社会收益最大。研究在车位定价机制的模拟中显示最佳的车位价格为 5 元/h，因此以车位定价为 5 元/h 作为实验基础进行效益分析，对比 3 元/h、4 元/h、6 元/h、7 元/h 之间的效益差异，如图 8-4 所示。

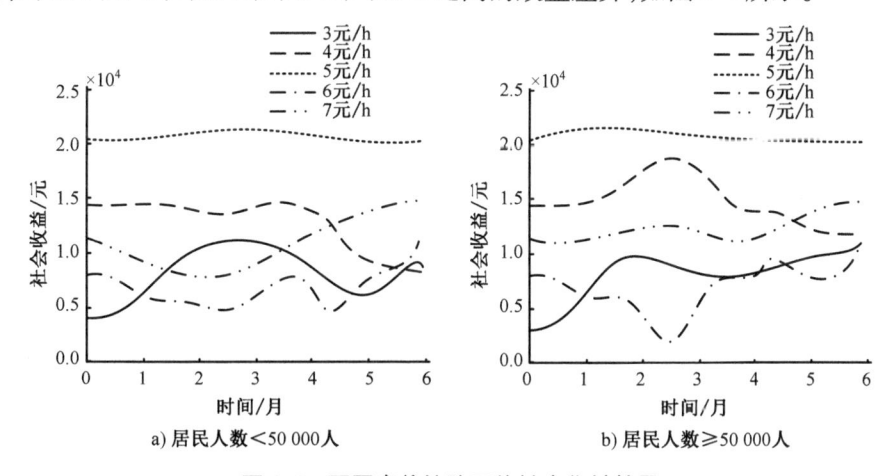

图 8-4 不同定价策略下的社会收益差异

从图 8-4 中可以看出，以车位时间为基础，将该市作为研究对象，评价在不同区域内不同定价所产生的社会效益差异。图 8-4a) 是居民人数低于 50 000 人时的区域内效益变化,从曲线变化中可以发现,当车位定价在 5 元/h 时,所产生的社会效益长期处于 2×10^4 元以上,而在 3 元/h、4 元/h、6 元/h、7 元/h 的定价前提下,该区域的社会收益波动较大并且 3 元/h 以及 6 元/h 定价下的社会收益,最低处降低至了 0.4×10^4 元以下。图 8-4b)是居民人数高于 50 000 人时的区域内社会收益变化,可以发现在 5 元/h 的车位定价下,社会收益仍然长期处于 2×10^4 元以上,其余定价策略下的社会收益最高仅能够达到 1.9×10^4 元,最低处低至 0.2×10^4 元。

综上所述,采用博弈论理论进行车位定价能够得到最佳的车位定价策略,所带来的社会收益也能够达到最大值。

最后分析在基于博弈论的定价机制下城市停车位吸引力所带来的社会效益变化,社会效益的评价采用"综合收益:城市停车位吸引力",如图 8-5 所示。

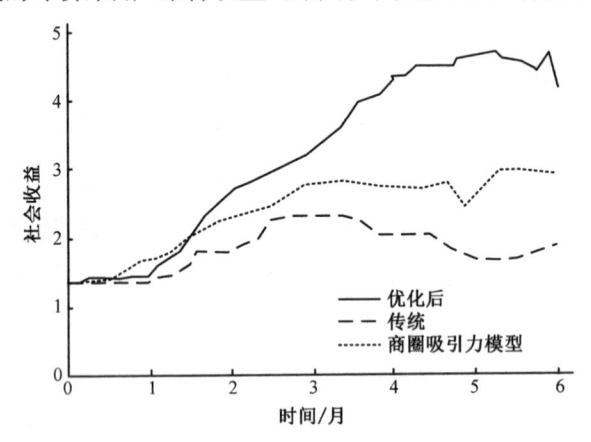

图 8-5 基于博弈论定价机制下的停车位吸引力变化中的社会效益

从图 8-5 中可以看出,随着模拟时间的不断增长,社会效益整体表现出不断增长的趋势。分析曲线在长期变化中的社会效益变化,可以发现在初期阶段,社会效益变化不明显,在早中期阶段,城市社会效益出现显著的增长,从初期阶段的 1.31 迅速上涨至 4.62,此后出现小幅度的下降,降低至 4.14 开始趋于稳定。社会效益曲线的变化表明,利用车位定价机制提升城市停车位吸引力能够提升社会中的综合收益,并且能够在一定程度上降低城市在停车位管理中的成本,使社会效益能够取得较为明显的提升。

8.4.2 共享停车动态定价方法

动态定价是指根据市场供需状况动态调整产品或服务价格,以更好地实现供需平衡及供需双方效益最大化的定价策略。

共享停车行为选择,在一定程度上表现出比较选择和价格弹性特征。比较选择特征是指共享停车参与体在理性状态下,进行决策选择时往往会对选择条件进行结果假设,在综合对比权衡的基础上作出最优选择。价格弹性特征是指供求关系对价格变动的敏感度。调查研究表明,共享停车参与体对停车价格敏感度较高,在信息完全对称的情况下,泊位需求者在进行泊位选择时,首先会将价格条件作为基本参照与距离条件、停车场设施条件、停车出行目的进行量化比较,然后作出决策选择。而泊位需求者、平台运营者和停车场管理者也会将停车收益作为共享参与选择的重要依据。

共享停车的管理目标是实现停车资源的时空最优化均衡配置,亦即提高闲置泊位资源的利用率,抑制超负荷泊位资源的需求意愿。可以利用比较选择和价格弹性特征,采取动态定价策略,通过价格的动态调整来吸引或者抑制共享停车需求,影响停车需求者对不同类型停车泊位的选择,动态调整共享停车资源的利用率和周转率,实现区域内停车资源配置的最优化。

1. 决策依据、数据获取与价格基准

共享停车价格动态调整的决策依据是停车泊位占有率,即在最优目标约束下,根据不同类型的停车场泊位占有情况确定价格的调整幅度。现有研究认为,停车泊位占有率达到85%能够实现社会福利的最大化,不仅有利于泊位资源的最优化利用,而且能够更好地促进经济社会发展,85%被认为是泊位占有率的理想值。因此,可以将85%的泊位占有理想值作为共享停车价格调整决策的参考值,结合区域内停车实际状况,确定价格调整起点的泊位占有率取值范围,超出这一范围,启动价格上浮机制,低于这一范围,启动价格下调机制。

由上,泊位资源占有率数据是动态定价策略实施的前提基础。现实中,泊位资源占有率处于不断变化之中,为价格决策实施提出挑战。基于泊位占有率适时变化的共享停车动态定价策略的实施,需要提升流程整合能力,建立有效的数据仓库,并建立功能强大的数据分析系统,对泊位需求与泊位资源匹配进行适时分析,将分析结果适时反馈给价格决策中心,为价格动态调整提供适时数据支撑。

共享停车动态定价实施需要确定调整的基准价格。共享停车作为一种新型的社会停车模式,其价格标准确定应该有利于产业发展、有利于交通环境优化、有利于提升泊位占有率和周转率,因此,其标准价格应该根据地段位置、停车场硬件条件以及周边停车价格,合理确定,原则上不高于已有的由政府审计部门确定的周边停车价格。

作为定价机制的一种,共享停车动态定价研究内容和范围很丰富,基于研究目标限制,本书仅对共享停车动态定价方法进行分析。

2. 调整阈值、调整幅度与调整周期

共享停车动态定价调整阈值包括泊位占有率取值范围及与之相应的价格变动取值范围。泊位占有率取值范围是指按照百分比将泊位占有率进行区域划分,每个区域设定取值的上限与下限。参考85%的泊位占有率理想值,可以将泊位占有率划分为超出理想值、理想值、接近理想值和远离理想值几个取值范围。泊位资源占有率差异系数越大,理想值取值范围就要越窄,非理想值划分区域就要越细。理想值取值范围越窄、非理想值取值区域划分越细,价格调整灵敏度越高,能够更好地满足驾驶人员需求。如旧金山的"SF Park"项目将理想值取值范围界定为60%~80%,国内的一些研究常常将非理想值区域细分到4~5个区域。

价格变动取值范围是指根据泊位占有率区域细分情况设定的相应价格值。与泊位占有率理想值相对应的是动态定价的基准价格,其他价格围绕基准价格进行上下波动。价格调整幅度与泊位资源占有率差异系数相关,差异系数越大,价格调整幅度应该越大。但是,价格调整应该遵循两个原则:一是价格调整的上限要确保科学性、合理性,不能对共享停车的公益性造成损害。二是价格调整的下限要有利于调动停车需求和泊位提供意愿,确保社会福利最大化和共享停车运营利润最大化。

调整周期是指价格调整的时间间隔。共享运营停车需要充分考虑到诸如通勤停车的长时间停车和商场购物类的短时停车的不同情况,确定不同的价格调整周期。通勤类的长时间停车价格调整要考虑稳定性和价格调整影响。短时停车要充分考虑价格弹性的灵敏度、区域内驾驶出行时长与历史寻位时长。在停车信息数据适时化的情况下,可以考虑达到停车占有率阈值上限或下限进行及时调整,以确保调整结果影响的及时性。

3. 动态定价的透明度与泊位选择多样性

不同于一般商品或服务的动态定价目标是实现利润增收或库存调整,共享停车动态定价的首要目标是实现停车资源均衡化,是通过价格手段提升泊位周转率,调节车位需求。因此,价格调整必须透明化,让泊位需求者或者收益分配方了解价格调整的原因,在心理上自愿接受价格调整,以免影响其参与积极性。同时,针对泊位需求方,平台运营设计上要避免泊位资源推荐的唯一性,同时推荐泊位资源不低于三种,使需求方能够有更多选择,更有利于泊位资源调节。

8.5 基于平台制的共享停车收益分配策略研究

收益分配是共享停车运营的关键环节。合理的收益分配机制有利于调动泊位提供方和服务方的积极性,促进存量泊位进一步释放,提高服务质量,进而吸引更多的泊位需求方参与。相反,分配机制的不合理,对于参与方任何一方的积极性造成影响,将不利于共享停车的推广和延续。因此,加强共享停车收益分配机制研究,对于促进共享停车的健康发展具有重要意义。

在已有的共享停车收益分配策略研究中,基本是从市场机制视角出发,按照市场制的组织理论进行分配机制研究,一般都将分配研究的前提条件假设为信息非对称下的泊位提供方和平台运营方的利益博弈,求解最佳结合点。

基于数字平台的城市共享停车利益分配主体不同于已有研究,而是涉及泊位提供方、停车场管理方、平台运营方三方;同时,现有利益分配机制也无法承袭已有分配方法,基于数字平台的城市共享停车具有信息透明、数据可追溯等特点,任何一方都无法通过信息非对称而获得相对超出利益,只能在信息对称的基础上,按照相对贡献值进行有限空间下的利益博弈,求取最优结合点。

本节基于数字平台共享停车的以上特征,研究信息对称条件下的各相关方利益分配机制策略。基于研究目的需求,本研究仅对利益分配策略进行理论研究,而不进行相关算例分析和实证研究。

1. 共享停车收益构成

在已有的共享停车研究中对共享停车收益分配机制的研究相对较少,且在较少的收益分配研究中,往往将停车收益等同于停车费,定义为泊位出租获得的收入,而鲜有从产业链角度来对共享停车收益及收益分配进行整体研究。对于共享停车收益定义的狭隘性,将停车收益等同于停车费,会导致收益分配方在停车费的存量中进行博弈,也会引发通过增加停车费来提高存量的"杀鸡取卵"行为,既不利于制定合理的收益分配策略,也不利于共享停车产业发展。

作为一种新型业态,随着社会需求的不断增长、共享停车的快速发展,共享停车的产业链条在不断延伸、扩展。而随着基于数字平台的共享停车模式的出现,共享停车的产业链、生态链、价值链、创新链、服务链、资本链、供应链正日益完善。因此,需要从整体视角来分析共享停车的收益构成,以确保收益分配的科学性、合理性。

随着共享停车价值链的延伸,共享停车的收益边界不断拓展,目前,共享停车收益主要由以下几部分构成。

一是泊位出租的直接收益。这一部分收益的产生,是泊位提供方、平台运营方、停车场管理方三方协同合作的结果,其中,作为泊位所有者的泊位提供方因为提供了直接的生产资料(泊位)及其前期在泊位获取上的投入,因此,发挥着重要的交易价值来源作用。平台运营方和停车场管理方,作为交易平台的提供者,发挥着促成交易的中介服务作用。

二是基于共享停车平台的业务推广收益,包括广告收入、汽车周边商家平台推广收入等。这部分收益,取决于平台的影响力以及平台运营方的运营能力。

三是基于平台的汽车周边产品销售收入。当平台用户发展到一定程度时,可以充分利用平台数据,根据用户习惯偏好,针对平台用户直接销售汽车周边相关产品,提高平台收益。这部分收益取决于平台用户量与运营能力。

四是停车场汽车服务收益,包括汽车保险、汽车维修等。这部分收益取决于平台影响力和停车场管理能力。

从以上收益构成可以看出,停车泊位供需参与量是共享停车收益产生的基础,而共享停车运营能力、停车场管理能力则对收益边界的扩展、收益总量的提升起着重要的促进作用。三者在平台收益产生的过程中,在不同阶段发挥的价值作用并不等同。总体上看,泊位提供方发挥了基础作用,平台运营方发挥了创新拓展作用,平台运营方和停车场管理方共同发挥了服务作用。

2. 共享停车收益分配的基本原则

从以上分析可以看出,共享停车收益构成具有多元化特征,在收益实现的过程中泊位提供方、停车场管理方、平台运营方分别发挥了不同的作用,通过相互赋能、相互合作实现共享停车的目标效能。

共享停车的这种收益构成特征,对于平台运营机制创新提出了一定挑战。基于数字平台的产业组织模式最大的特征是去中介化,实现供需的直接对接,从而提高生产组织运营效率。基于平台制的共享停车高效率运营,需要平台方和泊位提供方的直接合作。然而,在当前城市管理机制下,停车场管理方是无法避开的环节。虽然一部分城市的市政公共停车场,正在通过智慧化升级,通过无人值守、无感支付技术手段的综合应用,来替代人工,逐步取消停车场管理方。然而,泊位释放潜能最大的单位停车场、居住区停车场的管理,因为安全和日常生活维护,仍然离不开以小区物业管理为代表的停车场管理方。因此,停车收益分配模式的设计,在遵循平台制的组织模式下,一方面要考虑市政公共停车场的两方合作模式,另一方面也要考虑以居住区为代表的三方合作模式。

同时,平台制的另一大特点是尽可能实现信息的完全对称,并在此基础上实现供需双方各自利益的最大化,保证交易合作的公平与效率。在平台制机制下,价值作用对于价格的影响越来越大,信息作用对于价格的影响不断弱化,市场制机制下的利用信息不对称而实现对供需双方或任何一方的垄断利润的获得在平台制机制下不复存在。因此,在考虑收益分配模式设计时,要将三方的价值贡献作为首要考虑因素制定合理的分配机制,尽量规避后悔心理产生导致的参与退出影响共享停车的正常运行。

基于此,共享停车的收益分配原则,一是要遵循价值原则,以参与方的价值贡献作为收益分配的衡量依据。二是要遵循透明原则,避免合作过程中后悔心理的产生。三是要遵循合作原则,确保合作收益的最大化。

供需双方是市场的主体。在供需高度不对称下,出售(物品或货币)意愿较低的一方处于绝对优势地位。共享停车模式的产生,是基于停车需求远超过了泊位占有的前提条件。因此,泊位供给方在市场交易中处于绝对优势地位。所以,泊位出租的利益分配要确立以泊位提供方为主的原则。

在基于平台推广获得的收益中,更多的是依靠平台运营方的创新与拓展,在三方的价值贡献中,平台运营方是处于优势地位的一方,其他两方处于从属地位,收益分配要求确立以平台运营方为主的原则。

3. 共享停车收益分配模式

共享停车在收益机制设计上,应该能够最大限度地调动泊位资源释放积极性和停车场管理方参与积极性,同时不影响泊位需求方的积极性。即平台运营方要在价格限定的基础上,最大限度地让利于泊位提供方和停车场管理方,同时不影响自身的发展。这对于收益分配模式设计提出了挑战。

当前的共享停车收益分配模式主要有两种,一种是遵循线下市场交易模式,平台通过为供需双方提供线上市场撮合服务,收取相应服务费用,获取资金冗余价值,平台不直接参与收益分配。第二种是平台直接参与交易收益分配,与泊位提供方、停车场管理方按照商定比例进行收益分成。

当前大部分共享停车运营采取直接参与收益分配模式。这种模式使平台运营方与停车场管理方的收益与共享停车泊位发展更加紧密地联系在一起,有利于调动停车场管理方参与推动泊位释放和加强停车管理的积极性,形成更加良好的产业发展环境。同时,也有利于增加平台运营方收益。但是这种收益分配模式,也容易形成平台运营方与需求方的定价博弈,平台运营方与泊位提供方、停车场管理方的收益分配博弈的多方多层博弈,造成博弈损耗。而为了吸引泊位参与方和停车场管理方的参与,平台不得不采取让利模式,但是平台让利临界值并不容易确定。出于个体行为总是趋向于选择自身目标最优化实现的人性现实,泊位提供方和停车场管理方的利益需求也难以有明确的界限。这为三方利益均衡下的利益分配提出了挑战。同时,在由平台主导的收益分配模式下,平台要对所有收益税收负责,而在个人泊位提供者无法提供相应的收益发票的情况下,只能由平台代缴代扣,从而产生税收管理问题。

从以上分析可以看出,当前的两种收益分配模式都存在利弊比较明显的问题。第一种模式方式简洁,但是不利于调动参与方积极性。第二种模式方式复杂,有利于调动参与方积极性,但是存在着让利临界值无法确定和税收管理等问题。

遵循共享停车收益分配基本的价值原则和透明原则,可以综合考量平台当前发展实际和未来发展空间,将当前的两种收益分配模式相结合,确定一种固定收益下的动态互补收益分配模式。

固定收益:一是泊位提供方先期收益固定。由平台根据区域内停车需求调查实际情况,给泊位提供方确定一个定期内的固定收益值,如果达不到该收益值则由平台进行补贴。避免因收益不确定性而影响泊位提供方泊位提供的积极性。同时,在零收益基础上的固定收益值也为泊位提供方的预期收益确定了一个明确的参考值。二是停车管理方的先期收益固定。由平台基于区域内停车需求情况和该停车场可提供泊位量,与停车场管理方确定一个基于一定泊位提供数量的定期内的固定收益值,如果在一定期限内达不到该收益值则由平台进行补贴。

动态调整:一是对于泊位提供方的收益的动态调整。如果在一定期限内泊位使用率及收益率超出泊位提供方的固定收益,由平台运营方根据超出值范围重新调整收益值,提升泊位提供方收益。二是对于停车场管理方收益的动态调整。如果在一定期限内该停车场泊位释放量超出原来的固定数量则重新调整收益值,增加停车场管理方收益。在这种模式下,泊位提供方和停车场管理方的收益都是稳定的,因而预期也是稳定的,可以有效避免因后悔心理导致的泊位释放不稳定的情况出现。同时,将停车场管理方的收益与泊位释放量挂钩,容易形成利益联盟,加快泊位释放。

这种收益模式的缺点是,在前期因为收益支出的固定化,会给平台运营方造成较大的资金压力,平台运营方需要加快平台推广,以确保收益稳定,同时需要稳定的资金储备。除争取社会资本的介入外,也要积极争取社会公共管理组织的大力支持。

8.6 以平台为核心的多边协同服务框架

共享停车是一个复杂的、系统化的多主体合作工程,过程是复杂的,结果是共享的,要想让其能够真正发挥良好的社会效益和经济效益,实现社会福利最大化,需要明晰多元主体的责权利关系,平衡相关主体的利益。

在指导思想上,需要充分考虑政府利益、企业利益、社会利益和各参与体利益,兼顾系统内外各方利益主体需求,通过多重利益整合,促进多边联动,形成价值共同体,深化参与体之间的协同合作,围绕共享停车数字平台,真正构建政府决策、企业主导、社会监督、多方参与的完善的多边协同合作体系,推动技术和管理的双重创新,提升服务质量,实现高效精确的共享停车管理。

在具体策略上,需要集成文化、法制、经济等元素,联动"政府政策、企业资金、社会网络"等资源,推动共享停车参与体之间"人心相通、目标相融、行动合拍、效益共享",切实形成文化引领、法制规范、情感认同、技术支撑的协同合作体系。

在方法选择上,要积极推动文化、法治、社会环境建设和技术创新的协同并进,具体做到以下几点。

(1)强化共享停车的文化认同是共享停车产业发展的逻辑起点,是能够达成共享停车思想共识、行动共振的价值认同的根本路径。

(2)加强共享停车的法治建设,明确共享停车多元主体的权责利边界,是从根本上解决共享停车治理机制问题,为共享停车提供重要的法治保障。

(3)提升共享停车参与体的情感认同,促进共享停车多元主体相互之间的情理融通,建立多边协同合作的情感支撑体系,形成参与体分工合作、各司其职、目标统一、和合共融的协助性局面。

(4)加快共享停车技术创新,提升共享停车服务质量的同时,充分利用互联网、大数据、人工智能等工具实现共享停车参与体内部与外界的信息多渠道沟通和业务跨界融合,促进不同渠道、不同主体间的优势互补、力量互助、关系互促,做到法治与情治合奏、多边与单边联动、内部和外部合境,真正形成共享停车产业创新生态联合体,实现共享停车的整体协同推进。

在实施路径上,需要充分考虑各参与方需求,在分工组织理论的指引下,将科层制、市场制、平台制的组织理论与共享停车的具体实践充分结合,真正形成共享停车参与方紧密合作、多方协同的多边协同服务体系,促进各方密切合作。图8-6构建了基于需求满足、权责明确条件下的共享停车多边协同服务框架。

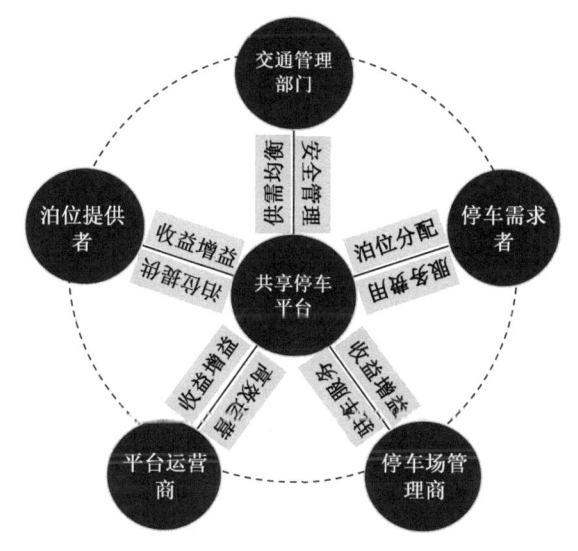

图8-6 共享停车多边协同服务框架

一是以科层制理论为指导,充分发挥政府公共管理部门的权威中心效能,加大社会共享停车意识培育,形成良好的共享停车社会认知舆论环境。通过构建共享停车社会效益评价体系,实施社会行政荣誉奖励制度和经济补助制度,提高社会参与积极性。通过构建政府公共管理部门主导的共享停车数据安全体系,不断提升共享停车智能化管理服务水平,有效解除共享停车参与体的数据安全顾虑。在政府主管部门的主导下构建基于大数据、云计算、区块链、人脸识别技术为手段的多维联动治安管理体系、安全管理责任追溯体系,提升共享停车安全管理效能,有效解除共享停车参与体,特别是停车场管理商对于安全管理的后顾之忧,进而提升各参与体的参与积极性。不断优化城市停车管治结构,将共享停车管理与现代交通管理、城市管理深度融合,实现停车管理的联治联动。

二是以市场制理论为指导,充分发挥"看不见的手"的市场调节作用,促进停车资源的合理均衡分配,提高泊位提供方、平台运营方、停车场管理方的参与积极性。建立以听证定价和市场定价相结合的停车定价制度,形成有效的共享停车价格调节机制,充分发挥价格弹性作用,通过动态价格来分配车位、优化利用率等。

三是以平台制理论为指导,充分发挥数字平台的去中介化、无边界化的延展优势,建立城市级的一网统管的现代共享停车管理体系,实现市政公共停车场、单位自属停车场、居住区停车场的共管共享,实现停车资源的最优化调度、最大范围的实践应用,拓宽共享停车的收益增益。充分发挥数字平台的画像功能、算法规训功能,实现共享停车的可视化管理、数据化管理,不断提升共享停车管理服务的公平与效率,促进收益机制、分配机制的合理化、科学化,进而更大限度地调动各方参与积极性。

总之,推动共享停车多边协同体系的形成,需要树立"主体分工协同、资源互补和能量交换"的理念,通过协调和协作机制促进各参与体之间、参与体与外部之间价值上的共识和共融,彼此理解,相互信任,形成价值共同体,进而深度协作,互惠共生,同心、同德、同力推动共享停车高效运行,真正建立起适合各地实际、满足不同需求、针对性强、参与度高、多样化的共享停车协同合作的有效机制和模式,全面形成支撑保障有力、市场环境优化、行业发展有序、协同治理有效的停车资源共享利用工作新格局,切实提高城市停车资源集约利用效率、缓解供需矛盾,培育共享经济新动能。

8.7 本章小结

本章对共享停车管理服务机制体系建设开展研究。结合政治经济学、管理学等学科基础理论与方法,构建基于分工组织理论的共享停车管理服务多边协同框架。研究通过建立基于科层制组织模式的共享停车安全管理和社会效益补偿机制,有效解决平台运营方、泊位提供方与停车场管理方基于不同利益与责任视角对于安全管理权责和处理方式存在的差异与冲突问题;通过制定基于市场制的共享停车定价策略,平衡泊位需求方与泊位收益方之间的利益关系;通过制定基于平台制的共享停车收益分配策略,调整泊位收益方不同主体之间利益博弈关系。从而找到不同参与体之间最佳利益结合点,建立协同发展体系,激发共享停车各参与体的参与积极性,提升共享停车吸引力。

第9章 城市共享停车吸引力模型设计

9.1 城市共享停车吸引力形成机理分析

吸引力模型是通过一定规则和利益实现事物对事物的吸引。吸引力的形成,既有事物本身的内在因素,也受事物关联因素外在推力的影响,是内力和外力共同作用的结果。城市共享停车吸引力指的是城市中的共享车位对停车需求方的吸引力,同时也包括共享车位体现出的利益对车位提供方、车位管理方的吸引力。城市共享停车吸引力受到城市吸引力和车位吸引力的共同影响,即当城市和车位能够同时满足各方利益时,城市共享停车便会产生吸引力。

根据吸引力理论的基本原理,共享停车吸引力的形成机理,在本质上是停车经济剩余价值需求的内在驱动力与基于现代即时通信技术、数字技术的无边界市场相互作用的结果(见图9-1)。停车经济剩余价值需求既表现为泊位需求者出行成本降低的需求,也表现为泊位提供者、管理服务商提供服务的收益需求,同时表现为管理部门缩减管理成本的需求。停车经济剩余价值作为一种经济运动现象,可以通过定性和定量进行调节,使不同需求方的需求得到平衡与满足。技术手段是满足需求的外在推力,是消除由信息不对称导致的供需时空差异阻力产生的措施。共享停车吸引力形成的过程,就是通过技术手段和管理措施消除阻力不断满足需求的过程。因此,可量化及调节的需求因子和技术措施构成了共享停车吸引力产生的基本要素,并决定着共享停车吸引力的影响程度。

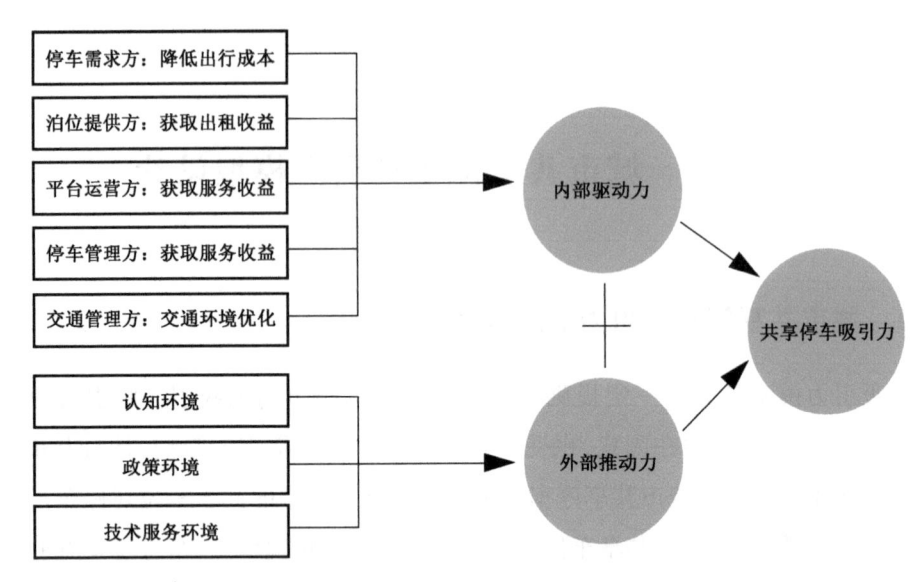

图 9-1 城市共享停车吸引力形成机理

9.2 城市共享停车吸引力维度分析

根据调研数据,对共享停车参与体决策影响因素进行归类分析,可以看出决策影响因素具体可以划分为:(1)停车后步行距离、停车费率差、停车时限的停车设施属性需求;(2)停车位搜寻时间、停车寻位准确度、停车寻位可选择性、停车入驻等待时间、计时计费精确度的停车服务质量需求;(3)数据安全保障、车辆安全保障、社会安全保障、反馈渠道畅通的管理水平需求;(4)效用价值、经济收益、社会收益、生态收益的共享收益需求,共计 4 大类 16 个分项。按照吸引力形成机理进行分析归类,形成共享停车吸引力决策影响因素变量体系。该体系包括内在需求和外在推力,内在需求由价格因素、收益因素、安全因素、自便利因素等构成,外在推力由增加收益、社会评价、管理制度、管理水平等构成。研究根据决策影响因素中的两个方面,从不同维度来分析各个因素对城市共享停车吸引力模型的具体影响,如图 9-2 所示。

```
吸引力模型
├── 内在需求
│   ├── 价格 —— 车位定价标准
│   ├── 收益 —— 车位提供者个人利益
│   ├── 安全 —— 车辆停车安全以及个人信息安全
│   └── 自便利 —— 方便行动、方便消费
└── 外在推力
    ├── 增加收益 —— 车位提供者和停车管理方的收益
    ├── 社会评价 —— 共享车位既往停车评价
    ├── 管理制度 —— 共享车位管理企业制度完善性
    └── 管理水平 —— 共享车位管理方人员专业能力
```

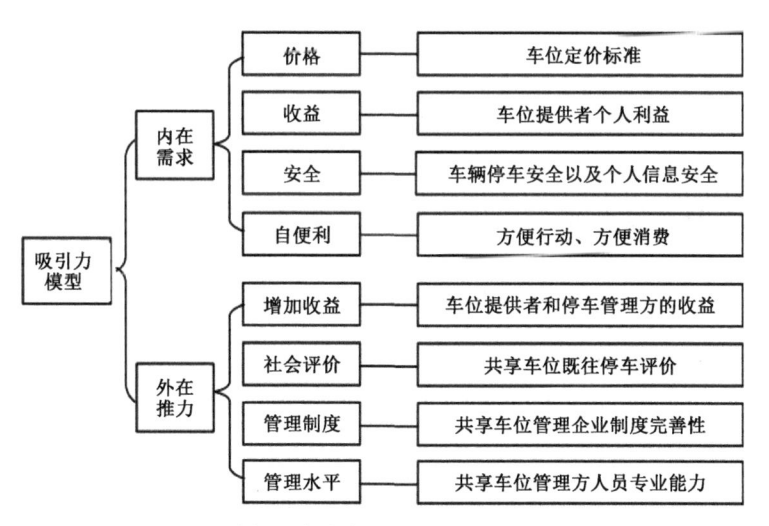

图 9-2　城市共享停车吸引力决策影响因素分析

图 9-2 显示，在内在需求中，大部分研究认为车位的价格是通过车位定价标准确定的，价格作为最主观的表达，也是共享车位对车位需求者最主要的吸引力因素。共享车位收益是车位提供者的个人利益，其能够直接决定城市共享车位数量。安全是车位需求者的内在需求因素，主要包括车辆停车安全和个人信息安全，车辆停车安全是需要共享车位停留期间不会出现车辆损伤，个人信息安全包括数据安全和资产安全。数据安全主要指停车参与体与管理者双方的信息安全问题，共享停车参与体对个人信息安全的顾虑，是影响基于大数据的共享停车供需参与方积极性的首要因素。资产安全主要是指停车需求方在停车后车辆的安全问题，这牵涉到停车场管理者和泊位使用者的权责划分问题，是影响停车需求方和停车管理方积极性的重要问题之一。便利性是停车需求方的内在需求，目的是方便停车后的消费和行动，因此城市停车的便利性在很大程度上会影响吸引力。

在外在推力的决策因素中，增加收益是指共享车位对车位提供方和车位管理方的增益影响，此外也包括共享车位对社会效益的贡献，一般来讲共享车位产生的个人收益和社会效益越大，其吸引力更强。社会评价是社会各界对共享车位使用情况的评价，是决定共享车位在使用过程的效果，也是共享车位吸引力强度的重要决策因素。管理制度是共享车位管理方对车位的管理方案，车位管理方需要制定良好的管理策略才能够提升共享车位的吸引力。管理水平是体现共享车位管理方能力的标准，也是提升共享车位体验的决策因素。

综上所述，共享车位停车需求方的吸引力是出行成本降低、交通环境优化；车位提供方需要争取到更大的个人利益；停车场管理方和停车平台运营方除获得经济收益外，也需要提升自身管理能力，提高其社会评价。

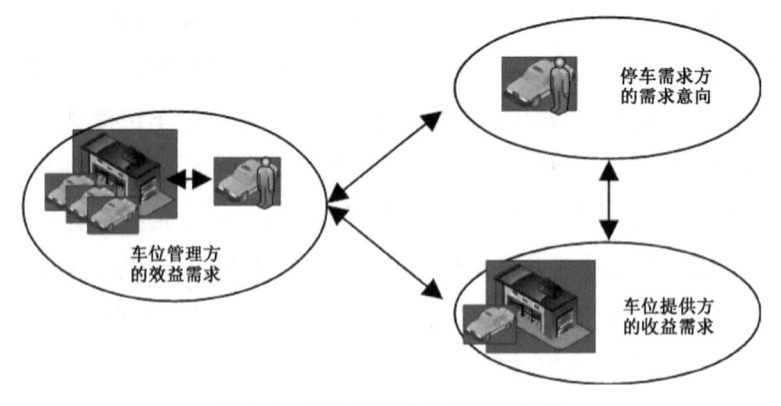

9.3 城市共享停车吸引力模型构建及假设

研究模型的提出需要从城市共享停车的内在需求和外在推力两个决策因素入手，需要考虑两种因素对停车需求方以及车位提供方的吸引力。此外城市共享停车吸引力模型的构建还需要了解其中的逻辑内涵，研究所建立的共享停车吸引力模型需要衡量城市特征对停车需求者意向的影响。因此在共享停车吸引力模型构建过程中一方面需要考虑停车需求方的需求来源，另一方面需要考虑车位提供方的价值观、经济观，最后需要考虑车位管理方的效益需求。

图9-3是城市共享停车吸引力模型，可以看出，在城市共享停车吸引力模型构建中需要考虑停车需求方、车位提供方和车位管理方三者的参与意愿与动力。针对停车需求方的吸引力包括车位价格、车位安全以及车位便利性。针对车位提供方的吸引力，主要是满足其对车位收益的需求，对于大部分的私家车车主而言，微小的共享车位利益并不能够吸引其提供个人车位参与共享。车位管理方在管理过程中会以当前共享车位的效益来制定相应的管理策略，车位管理方的效益指的是其在管理过程中产生的共享车位使用效果和使用收益。因此，为了促进城市共享停车的发展，研究以提出的共享停车吸引力模型为基础，结合共享停车的吸引力决策因素来提出吸引力假设。

图 9-3 城市共享停车吸引力模型

共享车位的价格优势对停车需求方的停车意向具有正向影响,对于停车需求方而言,车位的价格优势能够吸引更多车主参与选择,因此提出假设:

H1:共享停车位价格的吸引力越高,停车需求方的停车意向越强烈。

车主希望在共享停车期间能够保证个人车辆的安全,包括车身不受损、财产不丢失等,以便于车主在外活动时可以将精力更多地放在当前行为,不用考虑车辆安全,因此提出假设:

H2:共享停车安全的吸引力越高,停车需求方的停车意向越强烈。

共享停车的便利性程度一方面能够节省停车需求方的停车时间,另一方面能够影响其后续活动的方便性,因此更简单的停车程序更能够吸引停车需求方的停车选择。此外车位周边购物、娱乐的便利性也会吸引更多的车主参与共享停车选择,因此提出假设:

H3-1:共享停车位停车便捷性的吸引力越高,停车需求方的停车意向越强烈。

H3-2:共享停车位位置便利性的吸引力越高,停车需求方的停车意向越强烈。

停车需求方在选择共享停车往往是采用线上平台,首先会根据既往评价来进行综合考虑,因此当共享车位的历史评价越高,越能够吸引车主参与车位选择,因此提出假设:

H4:共享停车位社会评价的吸引力越高,停车需求方的停车意向越强烈。

针对车位提供方而言,当共享车位的经济效益能够满足基本要求时,其便会产生将个人车位参与到城市停车共享规划中的意向,因此提出假设:

H5:共享停车位收益的吸引力越高,车位提供方的参与意向越强烈。

共享车位的增加收益主要归于车位管理方和车位提供方。对于车位提供方而言,增加收益越高,其参与共享停车的积极性越高。因此提出假设:

H6:共享停车位增加收益的吸引力越高,车位提供方、车位管理方的参与意向越强烈。

共享停车的管理一方面是服务于停车需求方,另一方面是服务于车位提供方;对于停车需求方而言,共享停车的管理质量确保了其车辆停车安全;对于车位提供方而言,共享停车管理质量确保了其私人车位的长期可共享率。而共享停车的管理方管理制定的体现是基于共享车位的使用效果来确定的,一般来讲,共享车位的使用频率越高,管理方所制定的管理策略更为严苛,目的是确保其正常运行。因此可以提出假设:

H7-1:共享停车管理制度的吸引力越高,停车需求方的停车意向越强烈。

H7-2:共享停车管理制度的吸引力越高,车位提供方的参与意向越强烈。

H7-3:共享停车管理水平的吸引力越高,停车需求方的停车意向越强烈。

H7-4:共享停车管理水平的吸引力越高,车位提供方的参与意向越强烈。

H7-5:共享停车使用需求吸引力越高,车位管理方的管理意向越强烈。

H7-6:共享停车供给意向吸引力越高,车位管理方的管理意向越强烈。

综上所述,研究中在提出的城市共享停车吸引力决策因素以及共享停车吸引力模型基础上提出了7个假设,以此来进行城市共享停车吸引力分析。

9.4 城市共享停车吸引力评价指标

城市共享停车吸引力评价指标的确定是城市共享停车的后续顺利发展的前提,构建合理且有效的指标体系能够更为全面地分析城市共享停车吸引力的水平。研究认为城市共享停车吸引力模型包括对停车需求者、车位提供者及车位管理者的吸引,为此在构建城市共享停车吸引力评价指标体系中,以停车需求者吸引力、车位提供者和车位管理者吸引力为评价对象,结合研究提出的吸引力决策影响因素以及假设构建评价指标体系,见表9-1。

表9-1 城市共享停车吸引力评价指标体系

对象	一级指标	二级指标	评价对象
城市共享车位吸引力	共享车位价格	车位定价标准	停车需求方
	共享停车安全	车辆安全	停车需求方
		财产安全	停车需求方
	共享停车便利性	位置便捷	停车需求方
		环境便利	停车需求方

续表 9-1

对象	一级指标	二级指标	评价对象
城市共享车位吸引力	共享车位社会评价	线上评分	停车需求方
		线下口碑	停车需求方
	共享车位收益	车位经济收益	车位提供方
	共享车位增加收益	车位收益	车位提供方
		车位附带经济收益	车位提供方
	共享停车管理	车位管理制度完善性	停车需求方、车位提供方
		车位管理能力强度	停车需求方、车位提供方
		车位需求方的需求程度	车位管理方
		车位提供方的共享意向	车位管理方

表 9-1 中显示,研究以共享车位假设为基础提出评价指标,并在此基础上提出二级指标,利用研究提出的指标体系来进行城市共享停车的吸引力评价。

为了确定城市停车对车位需求方、车位提供方以及车位管理方的吸引力大小,需要对吸引力进行测算,采用主成分分析法来确定吸引力大小。主成分分析法是一种将原有指标体系分成多个指标进行综合评价的方法,能够在互不相干的指标下进行评价。主成分分析的计算步骤中包括主成分计算和计算主成分个数,可以表示为式(9-1)。

$$\begin{cases} F_k = a_1 X_1 + a_2 X_2 + \cdots + a_k X_k \\ F_l = b_1 Q_1 + b_2 Q_2 + \cdots + b_l Q_l \\ F_m = c_1 Z_1 + c_2 Z_2 + \cdots + c_m Z_m \end{cases} \tag{9-1}$$

式(9-1)中,X_k 表示车位需求方吸引力中的单个指标,a_k 表示车位需求方吸引力评价指标指标权重,k 表示车位需求方评价指标数量;Q_l 表示车位提供方吸引力中的单个指标,b_l 表示车位提供方吸引力评价指标指标权重,l 表示车位提供方评价指标数量;Z_m 表示车位管理方吸引力中的单个指标,c_m 表示车位管理方吸引力评价指标指标权重,m 表示车位管理方评价指标数量。可以得到主成分评价值,见式(9-2)。

$$F = \sum \alpha_{k,l,m} F_{k,l,m} \tag{9-2}$$

式(9-2)中，$\alpha_{k,l,m}$ 表示主成分的方差贡献率。

在研究中采用主成分分析来对指标体系中的指标进行降维分析，在分析过程中需要满足以下假设：

假设1：主成分分析的变量具有连续性

假设2：参与分析的变量存在线性相关关系

采用KMO和Bartlett's检验来对假设进行检验，当检验系数值在0.6以上时，表明样本数据符合主成分分析对数据结构的要求；当KMO检验系数值大于0.8时，认为主成分分析结果在应用中具有较高的实用性能。

9.5 城市共享停车吸引力模型性能分析

9.5.1 模型信效度分析

研究通过分析共享停车吸引力维度，借此提出城市共享停车吸引力模型的理论模型，并提出城市共享停车吸引力模型的评价指标体系，为了确保研究提出的吸引力模型的有效性和可信性，首先对城市共享停车吸引力模型进行信度和效度检验。针对研究所构建的吸引力模型，采用信度和效度检验来检验模型的效能，信度检验结果如表9-2所示。

表9-2 停车吸引力模型的信度检验

指标	标准化因子负载	标准误差	信度	AVE值
共享车位价格	0.826	0.061	0.836	0.629
共享停车安全	0.877	0.083	0.865	0.679
共享停车便利性	0.765	0.089	0.829	0.612
共享车位社会评价	0.922	0.072	0.847	0.649
共享车位收益	0.894	0.087	0.816	0.651
共享车位增加收益	0.865	0.067	0.826	0.649
共享停车管理	0.883	0.073	0.803	0.637

从表9-2中可以看出，从政府管理方、停车场管理方、平台运营方、泊位提供

方、停车需求方五个维度进行分析,可以发现,五个方面的信度均在 0.8 以上,表明研究所提出的共享停车吸引力模型具有较高的可信度。其次对模型的效度进行分析,效度分析如表 9-3 所示。

表 9-3　停车吸引力模型的效度检验

指标	共享车位价格	共享车位安全	共享车位便利性	共享车位社会评价	共享车位收益	共享车位增加收益	共享车位管理
共享车位价格	0.628	0.349	0.217	0.325	0.218	0.329	0.116
共享停车安全	0.349	0.701	0.265	0.307	0.371	0.254	0.131
共享停车便利性	0.217	0.265	0.679	0.254	0.375	0.181	0.172
共享车位社会评价	0.325	0.307	0.254	0.649	0.336	0.129	0.262
共享车位收益	0.218	0.371	0.375	0.336	0.656	0.204	0.194
共享车位增加收益	0.329	0.254	0.181	0.129	0.204	0.691	0.205
共享停车管理	0.116	0.131	0.172	0.262	0.194	0.205	0.723

从表 9-3 中可以看出,相同维度之间的相关性系数均大于 0.6,并且可以看出相同维度指标的相关性系数均大于其余指标相关性评价中的相关性系数。以上结果表明,研究所提出的共享停车吸引力模型能够对不同指标进行良好区分,具有较高的区分效度。其次采用主成分分析来对城市共享停车吸引力模型进行合理性判断,如图 9-4 所示。

从图 9-4 中可以看出,随着组件号的不断增加,主成分分析的特征值不断减小,即主成分的数据不断趋于平缓和稳定,表明研究提出的主成分是合理的。

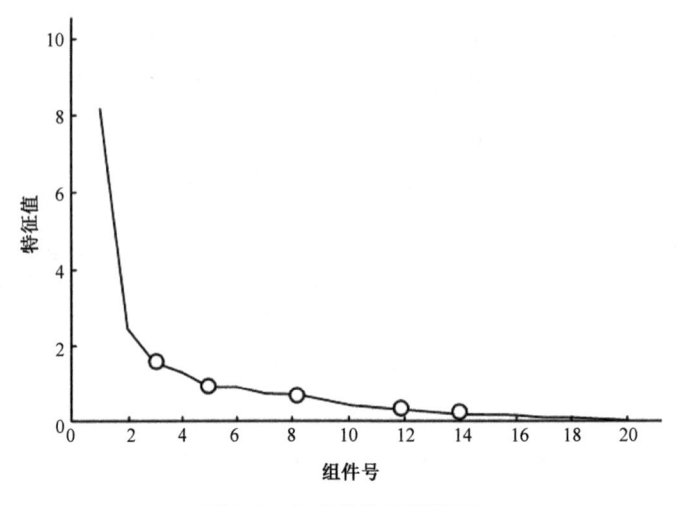

图 9-4 主成分分析碎石图

9.5.2 城市共享停车吸引力模型假设检验分析

研究所建立的城市共享停车吸引力模型需要对其进行路径系数分析以及假设检验,对模型建立的路径系数分析可以具体了解城市共享停车吸引力模型中的潜在变量关系,检验结果见表 9-4。

表 9-4 共享停车吸引力模型假设检验

假设关系	标准化路径系数	t	假设性检验结果
H1	0.304	4.421***	接受
H2	0.217	3.115**	接受
H3-1	0.199	5.024***	接受
H3-2	0.289	2.204*	接受
H4	0.317	2.057*	接受
H5	0.225	4.354***	接受
H6	0.312	3.418***	接受
H7-1	0.203	3.006**	接受
H7-2	0.277	1.967*	不接受
H7-3	0.209	3.648***	接受
H7-4	0.274	1.977*	不接受

续表 9-4

假设关系	标准化路径系数	t	假设性检验结果
H7-5	0.197	2.174*	接受
H7-6	0.212	1.969*	不接受

注：* 表示检验结果 $p<0.05$，** 表示检验结果 $p<0.01$，*** 表示检验结果 $p<0.001$。

从表 9-4 中可以看出，在路径系数分析和检验结果可以得知，城市共享停车对车位需求方和车位提供方的检验结果具有显著差异。其中对于车位需求方而言的，车位价格的吸引力、停车便捷性的吸引力、共享停车管理水平的吸引力达到了 0.001 的显著水平。因此可以得知，假设 H1、H3-1 以及假设 H7-3 通过检验，且表明车位价格、停车便捷性以及共享停车管理水平的吸引力越高，停车需求方的停车意向越高。针对车位提供方，假设 H5 和假设 H6 通过检验，并且检验结果显示车位收益和车位增加收益的吸引力达到了 0.001 的显著水平，即表明车位收益以及车位增加收益越高，车位提供方参与车位共享的意愿越强。共享停车安全的吸引力、停车便利性的吸引力、车位社会评价的吸引力的显著水平均在 0.05 以下，表明停车需求方能够受到共享停车安全、共享停车便利以及车位社会评价的吸引力影响。共享停车管理制度和共享停车管理水平的吸引力对车位提供方的检验结果显示为 0.05 的显著水平，表明共享停车管理制度和共享停车管理水平的吸引力越高，车位提供方的车位共享意向越强。

此外，从表 9-4 中可以看出，在假设性检验结果中显示，针对车位提供方而言，管理制度水平吸引力以及管理制度吸引力越高，其参与共享意向越强表现出不接受的假设。然而共享停车管理制度以及管理水平对停车需求方的停车意向吸引力正向影响的假设表现出接收的结果，进一步说明了共享停车管理方对停车需求方和车位提供方的吸引力存在差异。此外假设 H7-5 与 H7-6 表现出不同的结果，即表明共享车位使用的吸引力越高，能够促使共享停车管理方提供更好的服务，也会进一步增加共享停车对管理方的吸引力。共享车位提供方的共享参与意向程度并不会直接产生对共享停车管理方的吸引力，因此表现出不接受的结果。

9.5.3 城市共享停车吸引力模型测试分析

在吸引力模型的应用测试中,以我国某城市为研究环境,以该城市中的共享车位为中心点,以共享车位对车位需求方的吸引力为研究对象,分析该城市共享停车对停车需求方的吸引力。在城市共享停车吸引力模型测试中评价了共享停车吸引力对停车需求方、车位提供方和共享停车管理方的吸引力关系,如图9-5所示。

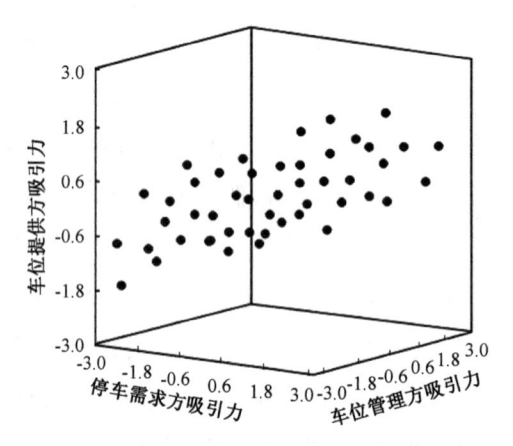

图 9-5 城市共享停车吸引力相关性分析

从图9-5中可以看出,随着共享停车对停车需求方的吸引力值不断提升,共享停车对车位提供方的吸引力值也呈现不断提升的状态。停车需求方的吸引力值不断提升受到共享停车吸引力的正向影响,同时车位提供方的吸引力值也不断提升受到共享停车吸引力的正向影响。从图中可以看出,研究提出的城市共享停车吸引力模型能够对停车需求方和车位提供方产生显著的正向影响,即能够借助吸引力模型中的假设关系来促使停车需求方和车位提供方参与到城市车位共享中。同时,共享停车的吸引力能够对车位管理方产生极为显著的吸引力,并且表现为正向影响。最后通过模型的安全性评价来分析共享停车吸引力模型的安全性,分数在0~0.5表示安全性较差,在0.5~1表示一般安全性,在1~1.5表示较高安全性,大于1.5表示完全安全,结果如图9-6所示。

从图9-6中可以看出,随着停车需求方所需要的车位数量不断提升,停车位吸引力模型的安全性评价整体呈现不断提升的状态。其中当车位需求量在

5 000以下时,吸引力模型的安全性评价在0.75以内,当共享停车位的数量提升至7 000位以上时,吸引力模型的安全性评价超过了1.5,并在9 000停车位需求量时达到了1.67。

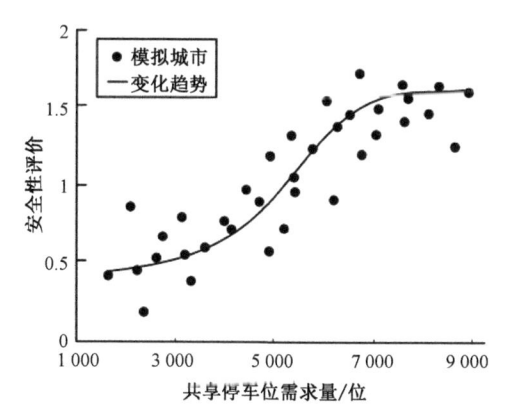

图9-6 城市共享停车吸引力模型安全性评价

综上,在吸引力模型的信度和效度检验中,研究提出的吸引力模型具有较高的信度和效度,并且从主成分分析中显示研究中提出的共享停车吸引力模型评价指标中的主成分选择是合理的。在共享模型的应用测试中可以得知,研究提出的吸引力假设均表现出显著水平,即研究所提假设合理。最后在城市共享停车吸引力模型的应用测试显示,停车需求方和车位提供方之间同样存在较为显著的相关性,且模型的安全性也较高。以上结果表明,研究所提出的城市共享停车吸引力模型能够实现对城市停车需求方和车位提供方、停车管理方等各方的吸引,且具有较高的信度和效度,对城市共享停车发展具有重要意义。

9.6 本章小结

本章开展城市共享停车吸引力研究,建构城市共享停车吸引力模型。通过对共享停车形成机理分析,在共享停车决策影响因素研究的基础上构建共享停车吸引力模型,提出了城市共享停车吸引力假设,建立了吸引力评价指标体系。吸引力模型性能分析结果表明,研究所提出的城市共享停车吸引力模型能够实现对城市停车需求方和车位提供方、停车管理方等各方的吸引,且具有较高的信度和效度,对城市共享停车发展具有重要意义。

第 10 章 总结与展望

10.1 研究总结

共享停车是在当前背景下解决城市停车供需矛盾、优化交通环境的有效手段。数字共享停车是数字技术、共享理论、平台经济和现代智能交通发展需求深度融合的产物,是共享停车在数字时代的新发展。数字共享停车作为一种新的产业模式和社会发展问题解决方案,在理论创新、技术创新上存在很大的拓展空间,迫切需要加强其理论、技术研究,以便更好地实现其价值效能。加强数字共享停车的理论和技术研究具有重要的现实意义。

本书结合当前城市交通发展的实际需求,深入分析国内外现有研究成果,针对数字共享停车发展中存在的关键问题,开展系统研究。首先阐明了数字共享停车概念,并对其属性特征、系统定位等进行了分析界定,对数字共享停车服务流程、平台系统架构、关键问题进行了分析设计,在此基础上,围绕数字共享停车的关键技术和管理服务的核心问题开展研究,在关键技术研究上,按照数据采集与融合、数据处理与分析、数据应用的结构顺序,对数据优化与应用开展系统研究。在数据采集与融合上,考虑数字共享停车平台智能化与可靠性需求,构建多源交通信息采集与融合优化模型,提升了 DPSP 的采集、融合能力。在数据处理上,考虑共享停车精确度需求,构建共享停车数据处理优化系统,解决数据传输与处理效率和质量问题,保证数据传输精度的同时,有效降低耗能。在数据交互与应用上,考虑共享停车及时性需求,研究在 5G 通信技术的支持下,采用隐马尔可夫模型进行精准的车辆定位,并利用 ADMM、GM-SVR 算法,解决共享停车实时动态匹配问题。在此基础上,考虑未来电动汽车发展趋势,针对共享停车电力系统集成与能耗问题,开展用电系统优化设计,构建能源互补系统,并进行用电系统优化建模,得到最优电力竞价曲线。在管理服务方面,分析了共享停车管理服务中存在的问题,引进组织分工理论,建立了共享停车多边协同机制,建立了共享停车吸引力模型,并对模型的有效性进行了检验。

(1) 对数字共享停车基础理论进行了梳理和归纳。通过对共享停车发展历程回溯与时代发展特征的总结,结合国内外发展研究成果,阐明了数字共享停车概念,并对其属性特征、系统定位进行了研究分析。对数字共享停车系统平台构建进行研究,分析设计数字共享停车服务流程,构建一种以平台为核心的数字共享停车系统框架,该框架涵盖了平台需求设计、功能设计和系统体系设计。对影响数字共享停车的关键问题、提升其吸引力的有效路径进行了研究分析,指出以平台为核心的数字共享停车良性发展的关键是在政策支持的情况下重点解决好以算力、算法为基础的数据采集、融合、处理与应用的优化问题,并分析其相互关系,形成了相对完整的数字共享停车理论基础和技术框架。

(2) 开展了数字共享停车数据采集与融合优化研究,研究结果可以有效提升数字共享停车平台的智能化与可靠性,解决共享停车运营中存在的停车位推荐不准确的问题。研究设计基于轻量化 CNN 的 SSD-MobileNet-v1 目标检测算法和基于 LPR-Net 网络设计的多源交通目标识别方案,提高数据采集的准确性与效率;构建基于遗传算法和粒子群算法的多源交通信息组合优化模型,并设计一种交通信息流不均衡采集的补偿方法,提高数据采集的可用性和完整性;构建基于遗传算法的多源交通信息融合优化模型,对碎片化、异构信息进行筛选与重构,提高数据的融合效率与一致性。验证结果表明,所提出的基于 SSD-MobileNet-v1 的检测算法相比标准 SSD 算法平均精确率均值提升了 35%,在物理内存使用方面减少了 42.3%。与 YOLOv2 算法、Faster R-CNN 算法进行对比,SSD-MobileNet-v1 模型收敛时准确率最高,达到了 95.6%。利用多源交通信息数据集分别对多源交通信息组合优化模型和多源交通信息融合优化模型进行测试,结果表明这两个模型能够有效提高数据采集与融合的效率和可靠性。

(3) 开展了数字共享停车数据处理优化研究,研究结果可以有效消除冗余数据,提升数据传输精度,降低能耗,提升数据准确性,解决共享停车运营中存在的计时计费不精确的问题。研究利用 CLDAA 算法和均值滤波算法来消除冗余数据、降低数据噪声,提高数据的处理效率,减少无线传感器网络(WSN)的冗余数据传输量,进而提高传输效率与数据处理效率;采用 DKFS 方案来过滤虚假数据,提高数据的传输精度。研究能够有效地消除冗余数据和虚假数据,提高传输精度,减少传输消耗。实验结果表明,与传统的 TCDCP 算法相比,采用 CLDAA 算法进行冗余数据消除后,错误数据发送率更低。在经均值滤波算法进行优化后,无线传感器的反馈数据误差为 1.7 m,比未经均值滤波算法处理时低 0.7 m。采用相同的测试数据集对 DKFS 和 SEF 两种方案进行比较测试,在 n 为 2、3、4 时分别为 100%、97.2% 和 79.4%;而 SEF 方案分别为 28.3%、24.1% 和 16.5%。

(4) 开展了数字共享停车适时匹配技术研究,设计 GPS/BDS 和 5G 双模式工作体系,提出了基于 5G 技术的车辆定位方案和停车位动态实时匹配方案,实现了静态预约和动态预约相结合,可以有效提升数字共享停车的响应度,解决共享停车运营中存在的需求反馈滞后的问题。研究在 5G 通信技术支持下采用隐马尔可夫模型来进行车辆定位,解决车辆定位偏移问题。采用 ADMM 算法对停车位实时信息进行计算,并据此预测区域内的停车位变化,为停车位预约和实时匹配提供支持。采用 GM-SVR 算法对停车位进行分配与预约。采用动态预约和静态预约相结合的方式帮助用户就近预约车位,提高停车资源利用率。算例结果显示,在传统的车位分配方式下,当车位需求量达到 4 000 时,用户的满意度逐渐趋于最大值,最高的用户满意度达到了 59.4%。动态实时匹配技术支持下的用户满意度也随着停车位需求量的增加而增加,最终在停车需求量达到 3 500 时逐渐趋于最大值,最大用户满意度达到了 82.7%。

(5) 开展了数字共享停车用电系统优化研究,考虑未来电动汽车发展趋势及其对共享停车的影响,进行了数字共享停车用电系统优化设计,研究结果可以有效降低电动汽车停车场运营成本。针对 EV 集成到电力系统中的各种挑战,提出了 IPL 概念。建立了以充放电为基础,集成电力存储、能源转换为目标的能源互补系统,并设计基于 ROA 的约束方法,优化 IPL 调度。将问题建模为 RMIP,并用 GAMS 软件求解,得到 IPL 的最优竞价曲线。考虑到电价不确定性引起的所有可能情况,研究了乐观、确定性和悲观三种不同策略下的最优调度问题,每种策略都在有 DRP 和无 DRP 两种情况下进行了算例分析。研究结果证明,当市场价格高于 0.085 和 0.077 美元/kWh 时,无 DRP 和有 DRP 情况下的电力获取分别等于零。通过降低市场价格,在电价低于 0.062 和 0.065 美元/kWh 的两种情况下,电力获取都会增加,在无 DRP 和有 DRP 的情况下,电力获取都会达到其最高值,即 1 000 kW。需要注意的是,根据考虑的从上游电网转移电力的限制条件,每小时只能从电力市场购买 1 000 kW 的电力。通过应用 DRP 平滑负荷曲线,可以有效降低系统运行成本。该研究结果可以广泛应用于电动汽车停车场建设与管理服务中,并可供电力系统运营商予以借鉴。

(6) 城市共享停车多边协同机制研究。研究通过建立基于科层制组织模式的共享停车安全管理和社会效益补偿机制,有效解决平台运营方、泊位提供方与停车场管理方基于不同利益与责任视角对于安全管理权责和处理方式存在的差异与冲突问题;通过制定基于市场制的共享停车定价策略,平衡泊位需求方与泊位收益方之间的利益关系;通过制定基于平台制的共享停车收益分配策略,调整泊位收益方不同主体之间利益博弈关系。从而找到不同参与体之间最佳利益结合点,建立协同发展体系,激发共享停车各参与体的参与积极性。

(7) 城市共享停车吸引力模型设计。通过对共享停车形成机理分析,在共享停车决策影响因素研究的基础上构建共享停车吸引力模型。提出了城市共享停车吸引力假设,建立了吸引力评价指标体系。对吸引力模型性能分析结果表明,研究所提出的城市共享停车吸引力模型能够实现对城市停车需求方和车位提供方、停车管理方等各方的吸引,且具有较高的信度和效度,对城市共享停车发展具有重要意义。

10.2 创新点

本研究是在数字强国、交通强国战略背景下,以数字共享停车应用模式为研究对象,以共享停车数字平台技术创新为研究核心,以数据采集、融合、处理、交互与应用为研究重点,针对性开展研究。本书的创新点包括:

(1) 构建 DPSP 数据采集与融合优化模型,采用先进的算法和技术,通过结合轻量化卷积神经网络(CNN)和多源交通目标识别方案,设计基于轻量化卷积(CNN)的 SSD-MobileNet-v1 目标检测算法和基于 LPR-Net 网络设计的多源交通目标识别方案,以及基于遗传算法和粒子群算法的优化模型,实现了数据采集融合的智能化、高融合度和高可靠性,可以更好地解决当前城市共享停车实际运行中存在的停车位推荐不准确的问题。

(2) 构建了 DPSP 数据处理优化系统,通过综合运用可变长度数据聚合算法(CLDAA)、均值滤波算法和动态密钥筛选方案(DKFS)等先进技术,有效消除冗余数据、过滤虚假数据,显著提升了数据传输效率和精度,可以有效解决城市共享停车存在的计时计费不精确问题。

(3) 构建了 DPSP 车位实时匹配优化模型,利用 5G 技术和 GPS/BDS 双模式定位,ADMM 算法,GM-SVR 算法,实现了静态预约与实时动态匹配相结合的车位分配方案,有效解决了车辆定位偏移、车位匹配不准确和需求响应延迟等问题。提高了停车寻位的精准度、实时性和停车资源利用率,可以有效解决城市共享停车存在的需求响应延迟问题。

(4) 针对电动汽车发展可能引发的电力集成与能耗问题,设计 DPSP 用电系统优化方案。该方案基于鲁棒优化的风险约束方法和智能电动汽车停车场调度优化,降低了电力负荷和系统运行成本,解决了共享停车电力集成与能耗问题。

10.3 研究展望

作为一种新兴的融合动态交通和静态交通管理的现代智慧交通管理模式和生态产业,数字共享停车处于不断的发展过程中,理论研究、政策机制、运营组织、方法体系也需要不断创新,受限于本书的研究范围和作者的研究能力,本书的研究可能还存在很多不足,未来将进一步深入开展数字共享停车理论和技术研究,以更好地促进数字共享停车理论和技术体系的健全与发展。未来可从以下几个方面开展更加深入的研究:

(1) 利用价格弹性机制进行市场资源分配被证明是科学有效的方法,在共享停车参与体需求因子中,泊位需求者、个人泊位提供者、停车场管理商对于价格灵敏度都相对较高,充分说明价格机制是影响城市停车资源时空均衡分配的重要因素之一,也是增加停车经济剩余价值的重要手段,将来可以对城市共享停车动态定价算法进行研究。

(2) 标准规范对于产业发展具有重要的指导意义,城市共享停车作为一种新兴业态更需要标准规范的指引。但是,当前实践中还缺乏具有全局指导性的科学完善的标准体系。未来可以在考虑社会效益补偿的共享停车评价机制等方面进一步拓展,对共享停车管理标准、服务标准、技术标准进行深入细致的研究。

(3)本书在研究中提出了限时提醒、超时呼叫和超时移车的管理机制,超时移车同时将牵涉到新的车位占有分配问题,需要从整个停车共享角度考虑车位调配,建立新的调配机制并进行技术创新,对于这一问题的研究将进一步提升停车管理水平及停车需求者的参与积极性,加强其研究具有一定的社会现实意义。未来可以深入开展停车场内车位调配机制与技术研究。

参 考 文 献

[1] ETCP智慧停车产业研究院、第一财经商业数据中心.中国智慧停车行业大数据报告[EB/OL].[2022-06-16].https://www.sohu.com/a/213153118_483389.

[2] 2021年北京市交通发展年度报告[R].北京:北京交通发展研究院,2021:58-59.

[3] 公安部交通管理局.全国新能源汽车保有量已突破1 000万辆[EB/OL].[2022-08-19].https://www.mps.gov.cn/n2254314/n6409334/c8577234/content.html.

[4] Childs M. Parking spaces: a design, implementation and use manual for architects, planners and engineers[M]. New York: McGraw-Hill, 1998.

[5] Asakura Y, Kashiwadani M. Effects of parking availability information on system performance[C]//1994 Vehicle Navigation and Information Systems Conference, Yokohama, Japan, 1994: 251-254.

[6] Leephakpreeda T. Car-parking guidance with fuzzy knowledge-based decision making [J]. Building and Environment, 2007, 42(2): 803-809.

[7] Pjhj W, Borgers A, Timmermans H. Travelers micro-behavior at parking lots - a model of parking choice behavior[C]//Proceedings of the 82nd Annual Meeting of the Transportation Research Board, Washington D. C., Ameraca, 2003: 1-12.

[8] Thompson R, Richardson A. A parking search model[J]. Transportation Research Part A: Policy and Practice, 1998, 32(3):159-170.

[9] 关宏志,刘兰辉.大城市商业区停车行为调查及初步分析:以北京市西单地区为例[J].北京工业大学学报,2003,29(1):47-50.

[10] 陈宇,王金龙,徐以涛,等.基于遗传算法的传感器网络选址问题研究

[C]//第二十一届南京地区研究生通信年会论文集,南京,2012.

[11] 李伟,余森,王伟.基于时间最短路径的停车场车位引导算法[J].自动化仪表,2015(8):22-25.

[12] 袁静.解决最优停车位问题的改进蚁群算法[J].计算机与数字工程,2013(3):493-495.

[13] 季彦婕,王伟,邓卫.停车场内部泊车行为特性分析及最优泊位学则模型[J].东南大学学报,2009,39(2):399-403.

[14] 郭鹏飞,巩晨静,王刚.基于ZigBee技术的智慧预约停车系统设计[J].山东师范大学学报,2018(3):302-308.

[15] 郭丹丹,沈晓峰,杨艳,等.基于ETC与云技术的网络智能预约停车的应用研究[J].教育教学论坛,2018(25):64-65.

[16] 吴正.小区共享车位预约系统的设计与实现[J].信息通信,2019(1):62-64.

[17] 尹红亮,沈金星,郑三洋,等.基于Logitsitc模型的城市CBD地区停车需求影响因素分析[J].大连交通大学学报,2017(4):25-30.

[18] 章伟.城市停车场泊位多步预测方法及泊位预约策略优化研究[D].杭州:浙江大学,2018:14-15.

[19] 林秋松.基于预约机制的白云机场到达区车道边社会车辆停车问题研究[D].广州:华南理工大学,2018:9-11.

[20] 宁瑞昌.基于预约模式的停车选择模型研究[D].西安:长安大学,2017:6-8.

[21] 韩艳,彭玉青,赵屾.基于停车预约机制的停车预约决策行为研究[J].交通工程,2021(5):20-26.

[22] Geng Y, Cassandras C. New smart parking system basedon resource allocation and reservations [J]. IEEE Transactions on Intelligent Transportation Systems, 2013, 14(3): 1129-1139.

[23] Gupta V, Murray R, Shi L, et al. Networked sensing estimation and control systems [M]. 2009.

[24]《"十四五"国家信息化规划》专家谈：激发数据要素价值 赋能数字中国建设[EB/OL]．[2022-10-27]．http：//www.cac.gov.cn/2022-01/21/c_1644368244622007.htm

[25] Lee U, Magistretti E, Gerla M, et al. Dissemination and harvesting of urban data using vehicular sensor platforms[J]. IEEE Transaction on Vehicular Technology, 2009, 58(2)：882-901.

[26] Kevin W. CafNet：A cany-and-forward delay-tolerant network[D]. Cambridge：Massachusetts Institute of Technology, 2007.

[27] Atakan B. On exploiting sampling jitter in vehicular sensor networks[J]. IET Transactions on Vehicular Technology, 2014, 63(1)：403-407.

[28] Viriyasitavat W, Bai F, Tonguz O. Dynamics of network connectivity in iirban vehicular networks[J]. IEEE Journal on Selected Areas in Communications, 2011, 29(3)：515-533.

[29] Abdrabou A, Liang B, Zhuang W. Delay a nalysis for sparse vehicular sensor networks with reliability considerations[J]. IEEE Transactions on Wireless Communications, 2013, 12(9)：4402-4413.

[30] Momen A, Azmi P, Bazazan F. Optimised random structure vehicular sensor network[J]. IET Intelligent Transport Systems, 2011, 5(1)：90-99.

[31] Krause A, Rajagopal R, Gupta A, et al. Simultaneous optimization of sensor placements and balanced schedules[J]. IEEE Transactions on Automatic Control, 2011, 56(10)：2390-2405.

[32] Yu X, Liu Y, Zhu Y. Efficient sampling and compressive sensing for urban monitoring vehicular sensor networks[J]. IET Wireless Sensor Systems, 2012, 2(3)：214-221.

[33] Li X, Shu W, Li M. Performance evaluation of vehicle-based moble sensor networksfor traffic monitoring[J]. IEEE Transactions on Vehicular Technology, 2009, 58(4)：1647-1653.

[34] Zhu Y, Bao Y, Li B. On maximizing delay-constrained coverage of urban

vehicular networks[J]. IEEE Journal of Selected Areas in Communications, 2012, 30(4): 804-817.

[35] Heitor S, Boukerche A, Richard W. Cooperative target tracking in vehicular sensor networks[J]. IEEE wireless Communications, 2012, 19(5): 66-73.

[36] Hu S, Wang Y, Huang C. Measuring air quality in city areas by vehicular wireless sensor networks [J]. Journal of Systems and Software, 2011, 84(11): 2005-2012.

[37] Zheng Y, Zhang L, Xie X, et al. Mining interesting locations and travel sequences from GPS trajectories [C]//Proceedings of International Conference on World wild web, New York, United States, 2009: 791-800.

[38] 张伟. 城市交通流数据优化感知关键技术研究[D]. 大连：大连理工大学, 2014: 3-12.

[39] 周敏. 城市交通流多源信息采集与融合方法的研究及应用[D]. 杭州：浙江工业大学, 2008: 8-11.

[40] 姚庆华, 和永军, 缪应锋. 面向综合智能交通系统的多源异构数据集成框架研究[J]. 云南大学学报, 2017, 39(S1): 41-45.

[41] 谢侃, 吕卫民, 谢振东, 等. 基于多源数据共享的车辆调度优化系统的研究[C]. 第十五届中国智能交通年会, 深圳, 2020.

[42] 熊励, 薛珊. 多源信息云智能交通系统自适应服务模型构建[C]//2012 中国信息经济学年会会议论文集, 重庆, 2021.

[43] Roman C, Liao R, Ball P, et al. Detecting on-street parking spaces in smart cities: performance evaluation of fixed and mobile sensing systems[J]. IEEE Transactions on Intelligent Transportation Systems, 2018:1-12.

[44] Wang X, Shi H, Zhang C. Path planning for intelligent parking system based on improved ant colony optimization[J]. IEEE Access, 2020(99):1.

[45] Liu J, Wu J, Sun L. Control method of urban intelligent parking guidance system based on Internet of Things[J]. Computer Communications, 2020, 153: 279-285.

[46] Liu J, Liang X, Ruan W, et al. High-performance medical data processing technology based on distributed parallel machine learning algorithm[J]. The Journal of Supercomputing, 2021, 78(4): 5933-5956.

[47] Guang Y, Zhang Z, Wang Y, et al. Gas shrinking laminar flow for robust high-power waterjet laser processing technology[J]. Optics Express, 2019, 27(26): 38635-38644.

[48] Dai L, Liu J, Ju Z, et al. Iris center localization using energy map with image inpaint technology and post-processing correction[J]. IEEE Access, 2020, 8(99):16965-16978.

[49] Wu Z, Zhou C. Construction of an intelligent processing platform for equestrian event information based on data fusion and data mining[J]. Journal of Sensors, 2021(6):1-9.

[50] Hong H, Tsangaratos P, Ilia I, et al. Application of fuzzy weight of evidence and data mining techniques in construction of flood susceptibility map of Poyang County[J]. Science of the Total Environment, 2018, 625: 575-588.

[51] Khosravi V, Doulati A, Yousefi S, et al. Monitoring soil lead and zinc contents via combination of spectroscopy with extreme learning machine and other data mining methods[J]. Geoderma, 2018, 318: 29-41.

[52] Marozzo F, Talia D, Trunfio P. A workflow management system for scalable data mining on clouds[J]. IEEE Transactions on Services Computing, 2018, 11(3): 480-492.

[53] Abdelaziz A, Hamad E. Design of a compact high gain microstrip patch antenna for tri-band 5G wireless communication[J]. Frequenz, 2019, 73(1-2): 45-52.

[54] 刘建华. 浅谈5G技术在智慧交通中的应用探索[J]. 信息系统工程, 2020(7): 61-62.

[55] 谢冰. 5G无线技术在综合智慧交通体系中的相关应用与研究[J]. 汽车世界, 2019(19): 123-124.

[56] Hossain M, Elshaficy I, Al-Sanie A. Cooperative vehicle positioning with multi-sensor data fusion and vehicular communications[J]. Wireless Networks, 2019, 25(3): 1403-1413.

[57] Liu F, Han H, Cheng X, et al. Performance of tightly coupled integration of GPS/BDS/MEMS-INS/Odometer for real-time high-precision vehicle positioning in urban degraded and denied environment[J]. Journal of Sensors, 2020(4): 1-15.

[58] Kong Y, Vine S, Liu X. Optimal storage and loading zones within surface parking facilities for privately owned automated vehicles[J]. IET Intelligent Transport Systems, 2020, 13(12): 1754-1760.

[59] Paidi V, Fleyeh H, Nyberg R. Deep learning-based vehicle occupancy detection in an open parking lot using thermal camera[J]. IET Intelligent Transport Systems, 2020, 14(10): 1295-1302.

[60] Song J, Zhang W, Wu X, et al. Laser-based SLAM automatic parallel parking path planning and tracking for passenger vehicle[J]. IET Intelligent Transport Systems, 2019, 13(10): 1557-1568.

[61] Lee M, Kim S, Lim W, et al. Probabilistic occupancy filter for parking slot marker detection in an autonomous parking system using AVM[J]. IEEE Transactions on Intelligent Transportation Systems, 2019, 20(6): 2389-2394.

[62] Childs M C. Parking spaces: a design, implementation and use manual for architects, planners and engineers[M]. New York: McGraw-Hill Professional Publishing, 1999: 96-97.

[63] Hensher D A, King J. Parking demand and responsiveness to supply, pricing and location in the Sydney central business district[J]. Transportation Research A, 2001(35): 177-196.

[64] Howard S Stein, John Resha. Shared Parking Handbook[R]. Beaverton, Oregon: Stein Engineering, 1997.

[65] Litman T. Parking management: strategies, evaluation and planning[M]. Victoria: Victoria Transport Policy Inst., 2006.

[66] 石金霞.中小城市中心区停车需求预测方法研究[J].黑龙江交通科技,2016(2):133-135.

[67] 肖浩汉.城市共享停车的运营管理机制设计与影响分析[D].北京:北京交通大学,2020:10-12.

[68] 彭丹.共享经济背景下停车发展策略研究:以佛山为例[J].交通科技与管理,2022(3):37-39.

[69] 季彦婕,陈丹丹.基于博弈理论的弹性停车激励机制运营效益评估模型[J].交通运输工程学报,2019(4):161-170.

[70] 聂楚濠,关宏志,赵鹏飞.基于非齐次泊松过程的共享停车场运营策略[J].科学技术与工程,2021,,21(34):14821-14828.

[71] 周立兰,王京元.区域共享停车策略实施模式及关键问题研究[D].深圳:深圳大学,2020.

[72] Jos van Ommeren, Jesper de Groote, Giuliano Mingardo. Residential parking permits and parking supply[J]. Regional Science and Urban Economics, 2014(45): 33-44.

[73] Inga Molenda, Gernot Sieg. Residential parking in vibrant city districts[J]. Economics of Transportation, 2013(2): 131-139.

[74] 陈永茂,过秀成,冉江宇.城市建筑物配建停车设施对外共享的可行性研究[J].现代城市研究,2010(1):21-25.

[75] 刘斌,张晔,康浩.城市中心区停车资源共享配置方法研究[C]//城市交通模式转型与创新:中国城市交通规划2011年年会论文集,2011:241-249.

[76] 孙展,戴冀峰.停车泊位共享可行性时空量化分析方法与应用[C]//共享与品质:2018中国城市规划年会论文集(06城市交通规划),杭州,2018.

[77] 李菲.居住区停车资源共享的策略研究[D].大连:大连理工大学,2012:8-9.

[78] 段满珍.居住区共享停车博弈分析[M].武汉:武汉大学出版社,2018:10-12.

[79] Shao Chaoyi, Yang Hai, Zhang Yi, et al. A simple rservation and alloca-

tion model of shared parking lots[J]. Transportation Research Part C: Emerging Technologies, 2016, 71: 303-312.

[80] 薛行健,欧心泉,晏克非.基于泊位共享的新城区停车需求预测[J].城市交通,2010(5):52-56.

[81] 苏靖,关宏志,秦焕美.基于停车位共享效用的混合用地停车需求比例研究[J].城市交通,2013(3):42-46.

[82] 刘晓利,岳晶晶.基于泊位共享的区域综合体停车需求预测研究[J].物流工程与管理,2021(10):109-113.

[83] 张丽莉,储江伟,范东溟.基于神经网络的有效停车泊位预测方法研究[J].黑龙江工程学院学报,2015(3):37-44.

[84] 路扬,何胜学,王冬冬,等.基于时间窗与优先级的网络共享停车匹配模型[J].武汉理工大学学报(交通科学与工程版),2019,43(2):128-132.

[85] 陈峻,王斌,张楚.基于时空容量的配建停车资源共享匹配方法[J].中国公路学报,2018,31(3):96-104.

[86] 武涛.基于泊位共享策略的停车资源匹配研究[D].西安:长安大学,2019:6-8.

[87] Xu S, Cheng M, Kong X T R, et al. Private parking slot sharing[J]. Transportation Research Part B: Methodological, 2016, 93:596-617.

[88] Tan B, Xu S, Zhong R, et al. Sequential auction based parking space sharing and pricing mechanism in the era of sharing economy[J]. Industrial Management and Data Systems, 2019, 119(8): 1734-1747.

[89] Shao C, Yang H, Zhang Y, et al. A simple reservation and allocation model of shared parking lots[J]. Transportation Research Part C: Emerging Technologies, 2016, 71:303-312.

[90] Li C, Tao Y, Liu S. A shared parking space optimization model to alleviate China's parking problem considering travelers' tiered credit risk[J]. Transportation Letters, 2019.

[91] David W Gillen. Effects of parking costs on urban transport modal choice

[J]. Transportation Research Record: Journal of the Transportation Research Board, 1977, 637: 46-51.

[92] Anderson S P, de Palma A. The economics of pricing parking[J]. Journal of Urban Economics, 2004, 55(1): 1-20.

[93] J Andrew Kelly, J Peter Clinch. Temporal variance of revealed preference on-street parking pricing elasticity [J]. Transport Policy, 2009, 16(4): 193-199.

[94] Dadi Baldur Ottosson, Cynthia Chen, Tingting Wang, et al. The sensitivity of on-street parking demand in response to price changes: a case study in seattle, WA [J]. Transport Policy, 2013, 25: 222-232.

[95] Calthrop E, Proost S. Regulating on-street parking[J]. Regional Science and Urban Economics, 2006, 36(1): 29-48.

[96] van Ommeren J, Wentink D, Dekkers J. The real price of parking policy [J]. Journal of Urban Economics, 2011, 70 (1): 25-31.

[97] Allen Greenberg. Designing pay-per-mile auto insurance regulatory incentives [J]. Transportaiton Research Part D: Transport and Environment, 2009, 14(6): 437-445.

[98] Shi J, Jin L, Li J, et al. A smart parking system based on NB-IoT and third-party payment platform[C]. Proceedings of the 17th International Symposium on Communications and Information Technologies, Cairns, 2017: 1-5.

[99] Shao C, Yang H. Pricing strategies under hybrid mode of curbside and shared parking in a bottleneck[C]. Proceeding of the 22nd International Conference of Hong Kong Society for Transportation Studies, Hongkong, 2017: 283-289.

[100] 张秀媛,董苏华,柳昌江.城市通勤停车需求管理[J].哈尔滨工业大学学报,2012,44(8):124-129.

[101] 陈沁.基于共享的停车设施停放许可和浮动收费方法[D].南京:东南大学,2018:16-19.

[102] 王鹏飞,关宏志,刘鹏,等.共享停车泊位的分配-定价-收益分配机制[J].中国公路学报,2020,33(2):158-169,180.

[103]彭勇,李新新.停车泊位共享收益分配研究:基于不完全信息讨价还价博弈模型[J].价格理论与实践,2018(2):267-70.

[104]谢金,叶晓飞,陆丽丽,等.基于结构方程模型的居住区共享停车风险和收益分析[J].科技与管理,2019,21(5):48-54.

[105]李敏.基于价格弹性和行为选择的共享停车动态定价方法研究[D].宁波:宁波大学,2020:7-9.

[106]方可.城市共享停车规划对策研究:以湖南金融中心片区为例[J].中外建筑,2020(7):120-124.

[107]张文静.共享停车的发展现状及对策建议[J].现代商贸工业,2022,43(7):49-50.

[108]前瞻产业研究院.2019年中国共享停车行业市场现状及发展趋势分析[EB/OL].[2022-07-11].https://bg.qianzhan.com/trends/detail/506/191227dec55121.html.

[109]陈淑媚.基于"互联网+"的停车管理系统分析与设计[D].昆明:昆明理工大学,2018:25-40.

[110]阎湜,潘鹏,许紫薇,等.ITS应用下停车共享平台的模式研究[J].中国商论,2017(28):161-163.

[111]黄溦华,刘海峰,李翔.基于互联网+的智慧停车云服务实践研究[J].交通工程,2017(5):46-51.

[112]宋世湘,张昱,舒娟,等.共享与互利:智能错时停车系统使用现状与发展趋势研究[J].现代管理,2019,9(5):691-701.

[113]贺惜.基于泊位共享理论的停车场选址优化模型及其建设序列研究[D].北京:北京交通大学,2018:23-27.

[114]范汝城.基于大数据时代下智慧停车发展趋势展望与分析[J].智能建筑与城市信息,2019(3):85-87.

[115]柴洋,孙诗嘉.基于智享泊车的共享模式研究[J].全国流通经济,2020(10):28-129.

[116]叶柄杨.浅析智慧停车在智慧城市建设中的发展现状与瓶颈[J].中

国安防, 2019(10): 50-54.

[117] 陈盛兴, 郭丰荣. 数字平台形塑社会分工发展趋势[N]. 中国社会科学报, 2022-06-08(5).

[118] P V Waerden, Borgers A, Timmermans H. Travelers micro-behavior at parking lots: a model of parking choice behavior[C]. Proceedings of the 82nd Annual Meeting of the Transportation Research Board, Washington D. C. , 2003:35-50.

[119] Dell' Orco M, Ottomanelli M. Modelling uncertainty in parking choice behaviour[C]. Proceedings of the 82nd Annual Meeting of the Transportation Research Board, Washington D. C. , 2003: 1-20.

[120] Bonsall P, Palmer I. Modelling drivers' car parking behaviour using data from a travel choice simulator [J]. Transportation Research Part C, 2004,38(12): 321-347.

[121] 高良鹏. 面向停车共享的弹性停车激励机制影响机理与优化设计[D]. 南京:东南大学,2019:5-6.

[122] Jean Wolf. Using GPS data loggers to replace travel diaries in the collection of travel data [D]. Atlanta: Georgia Institute of Technology, 2000.

[123] 肖光年,隽志才,高晶鑫. 基于GPS定位数据的出行端点推断[J]. 吉林大学学报(工学版), 2016(3):770-776.

[124] Guangnian Xiao, Zhicai Juan, Chunqin Zhang. Detecting trip purposes from smartphone-based travel surveys with artificial neural networks and particle swarm optimization [J]. Transportation Research Part C: Emerging Technologies. 2016, 71: 447-463.

[125] Yassine K, Elgarej M. Milk-run collection monitoring system using the internet of things based on swarm intelligence[J]. International Journal of Information Systems and Supply Chain Management, 2022, 3(15): 1-17.

[126] Munthe I, Rambe B, Pane R, et al. UML modeling and black box testing methods in the school payment information system[J]. Jurnal Mantik, 2020, 3(4): 1634-1640.

[127] Maihulla A, Yusuf I, Bala S. Reliability and performance analysis of a series-parallel system using Gumbel – Hougaard family copula. International Journal of Mathematics in Operational Research[J]. Journal of Computational and Cognitive Engineering, 2022, 1(2): 74-82.

[128] Liu L, Wang L, Lu Z, et al. Cost-and-quality aware data collection for edge-assisted vehicular crowdsensing[J]. IEEE Transactions on Vehicular Technology, 2022, 71(5): 5371-5386.

[129] Abualigah L, Alkhrabsheh M. Amended hybrid multi-verse optimizer with genetic algorithm for solving task scheduling problem in cloud computing[J]. The Journal of Supercomputing, 2022, 78(1): 740-765.

[130] Li S, He H, Li J. Big data driven lithium-ion battery modeling method based on SDAE-ELM algorithm and data pre-processing technology[J]. Applied Energy, 2019, 242:1259-1273.

[131] Wan Y, Zhou J, He W, et al. Modeling the curb parking price in urban center district of china using TSM-RAM approach[J]. Journal of Advanced Transportation, 2020, 4: 1-22.

[132] Ni X, Lu W, Zhang C, et al. A comparative analysis of information provision strategies for parking variable message sign display problems[J]. Journal of Intelligent and Fuzzy Systems, 2020, 39(3): 2725-2735.

[133] Xue Y, Cheng L, Lin P, et al. Parking space reservation behavior of car travelers from the perspective of bounded rationality: a case study of nanchang city [J]. Journal of Advanced Transportation, 2020, 3:1-13.

[134] Xie Z, Wu X, Guo J, et al. Parking lot allocation model considering conversion between dynamic and static traffic[J]. Journal of Intelligent and Fuzzy Systems, 2021, 3:1-11.

[135] Jang C, Kim C, Lee S, et al. Re-plannable automated parking system with a standalone around view monitor for narrow parking lots[J]. IEEE Transactions on Intelligent Transportation Systems, 2020: 777-790.

[136] Nain M, Goyal N. Energy efficient localization through node mobility and propagation delay prediction in underwater wireless sensor network[J]. Wireless Personal Communications, 2021, 2: 1-19.

[137] 杨卓东, 张欣. 改进自适应中值滤波的图像去噪[J]. 通信技术, 2015, 48(11): 1257-1260.

[138] 杜培军, 孙敦新, 林卉. 窗口大小对 SAR 图像滤波效果的影响分析[J]. 国土资源遥感, 2006, 68(1): 12-14.

[139] 余胜威, 丁建明. MATLAB 图像滤除去噪分析及其应用[M]. 北京: 北京航空航天大学出版社, 2015.

[140] Patanvariya D, Chatterjee A. A compact bow-tie shaped wide-band microstrip patch antenna for future 5G communication networks[J]. Radioengineering, 2021, 30(1): 40-47.

[141] Bashir T, Han X, Aziz A, et al. Design and analysis of reflectarray compound unit cell for 5G communication[J]. Applied Computational Electromagnetics Society Journal, 2021, 35(12): 1513-1518.

[142] Guan X, Shi W, Liu J, et al. Silicon photonics in optical access networks for 5G communications[J]. IEEE Communications Magazine, 2021, 59(6): 126-131.

[143] Fang Z, Jin H, Dong S, et al. Ultrathin single-crystalline LiNbO3 film bulk acoustic resonator for 5G communication[J]. Electronics Letters, 2020, 56(21): 1142-1143.

[144] Muhammad G, Alqahtani S, Alelaiwi A. Pandemic management for diseases similar to COVID-19 using deep learning and 5G communications[J]. IEEE Network, 2021, 35(3): 21-26.

[145] Qureshi M, Aziz A, Amin A, et al. Design of a new wideband single-layer reflective metasurface unit cell for 5G-communication[J]. Applied Computational Electromagnetics Society Journal, 2020, 35(8): 975-978.

[146] Inam M, Dahri M, Jamaluddin M, et al. Design and characterization of

millimeter wave planar reflectarray antenna for 5G communication systems[J]. International Journal of RF and Microwave Computer-Aided Engineering, 2019, 29(9): e21804.1-e21804.12.

[147] 梁伟,胡坚明,张毅,等.基于个体偏好的停车泊位优选建模与实证分析[J].清华大学学报,2017,57(1):100-106.

[148] 王强,张雷,陈浩,等.基于熵权多目标决策法的停车者行为选择模型[J].中国高新技术企业,2016(23):17-18.

[149] 粟周瑜,李超.城市商圈机动车停放选择模型[J].公路与汽运,2015(2):53-57.

[150] 赵凛,张星臣.基于"前景理论"的先验信息下出行者路径选择模型[J].交通运输系统工程与信息,2006,6(2):42-46.

[151] Tan B, Arat H, Baltacolu E, et al. Overview of the next quarter century vision of hydrogen fuel cell electric vehicles[J]. Pergamon, 2019(20).

[152] Mohiti M, Monsef H, Lesani H. A decentralized robust model for coordinated operation of smart distribution network and electric vehicle aggregators[C]// 2018 IEEE International Conference on Environment and Electrical Engineering and 2018 IEEE Industrial and Commercial Power Systems Europe, Palermo, Italy, 2018. 1-6.

[153] Anastasiadis A, Konstantinopoulos S, Kondylis G, et al. Electric vehicle charging in stochastic smart microgrid operation with fuel cell and RES units[J]. International Journal of Hydrogen Energy, 2017, 42(12): 8242-8254.

[154] Rezaee S, Farjah E, Khorramdel B. Probabilistic analysis of plug-in electric vehicles impact on electrical grid through homes and parking lots[J]. IEEE Transactions on Sustainable Energy 2013, 4: 1024-1033.

[155] Zhang L, Li Y. A game-theoretic approach to optimal scheduling of parking-lot electric vehicle charging[J]. IEEE Transactions on Vehicular Technology, 2016, 65(6): 4068-4078.

[156] Zhang L, Li Y. Optimal management for parking-lot electric vehicle char-

ging by two-stage approximate dynamic programming[J]. IEEE Transactions on Smart Grid, 2017, 8(4):1722-1730.

[157] Chen Z, Wu L, Fu Y. Real-time price-based demand response management for residential appliances via stochastic optimization and robust optimization[J]. IEEE Transactions on Smart Grid, 2012, 3(4): 1822-1831.

[158] Borowy B, Salameh Z. Optimum photovoltaic array size for a hybrid wind/PV system [J]. IEEE Transactions on Energy Conversion, 1994, 9(3): 482-488.

[159] Valverde L, Rosa F, Bordons C, et al. Energy management strategies in hydrogen smart-grids: a laboratory experience[J]. International Journal of Hydrogen Energy, 2016, 41(31):13715-13725.

[160] Cau G, Cocco D, Petrollese M, et al. Energy management strategy based on short-term generation scheduling for a renewable microgrid using a hydrogen storage system[J]. Energy Conversion and Management, 2014, 87: 820-831.

[161] Pashaei-Didani H, Nojavan S, Nourollahi R, et al. Optimal economic-emission performance of fuel cell/CHP/storage based microgrid[J]. International Journal of Hydrogen Energy, 2019, 44(13): 6896-6908.

[162] Yu D, Xu X, Dong M, et al. Modeling and prioritizing dynamic demand response programs in the electricity markets [J]. Sustainable Cities and Society, 2020, 53:101921.

[163] Ghalelou A, Fakhri A, Nojavan S, et al. A stochastic self-scheduling program for compressed air energy storage (CAES) of renewable energy sources (RESs) based on a demand response mechanism[J]. Energy Conversion and Management, 2016, 120: 388-396.

[164] Aalami H, Pashaei-Didani H, Nojavan S. Deriving nonlinear models for incentive-based demand response programs [J]. International Journal of Electrical Power & Energy Systems, 2019, 106: 223-231.

[165] Nojavan S, Ghesmati H, Zare K. Robust optimal offering strategy of large

consumer using IGDT considering demand response programs[J]. Electric Power Systems Research, 2016, 130: 46-58.

[166] 潘璐,刘春雨,曹天恒. 居住停车问题分析及治理策略研究:以北京市朝阳区 L 社区为例[J]. 城市交通, 2020, 18(6):8.

[167] 秦亚莘, 吴海燕. 城市潜力地段共享停车位资源需求预测仿真[J]. 计算机仿真, 2020, 37(1):4.

[168] 张新洁, 关宏志, 边芳. 考虑车位占用率的机场停车场收费定价模型[J]. 科学技术与工程, 2019, 19(16):5.

[169] Bagherzade S, Hooshmand R A, Firouzmakan P, et al. Stochastic parking energy pricing strategies to promote competition arena in an intelligent parking [J]. Energy, 2019, 188(Dec. 1):116084.1-116084.18.